KB201112

이해도움 1 CHRONOLOGY OF THE PATRIARCHS

족장들의 연대기

| 연대 계산의 근거 |
열왕기상 6:1에 근거하여 솔로몬이 전을 건축할 때는 이스라엘 자손이 애굽 땅에서 나온 지 480년이요, 솔로몬이 이스라엘 왕이 된 지 4년, 솔로몬은 주전 970년에 이스라엘 왕으로 즉위한 것을 기준으로 계산하여 솔로몬이 예루살렘 성전을 건축할 때는 966년.
∴ 출애굽 연도: 966 + 480 = 주전 1446년

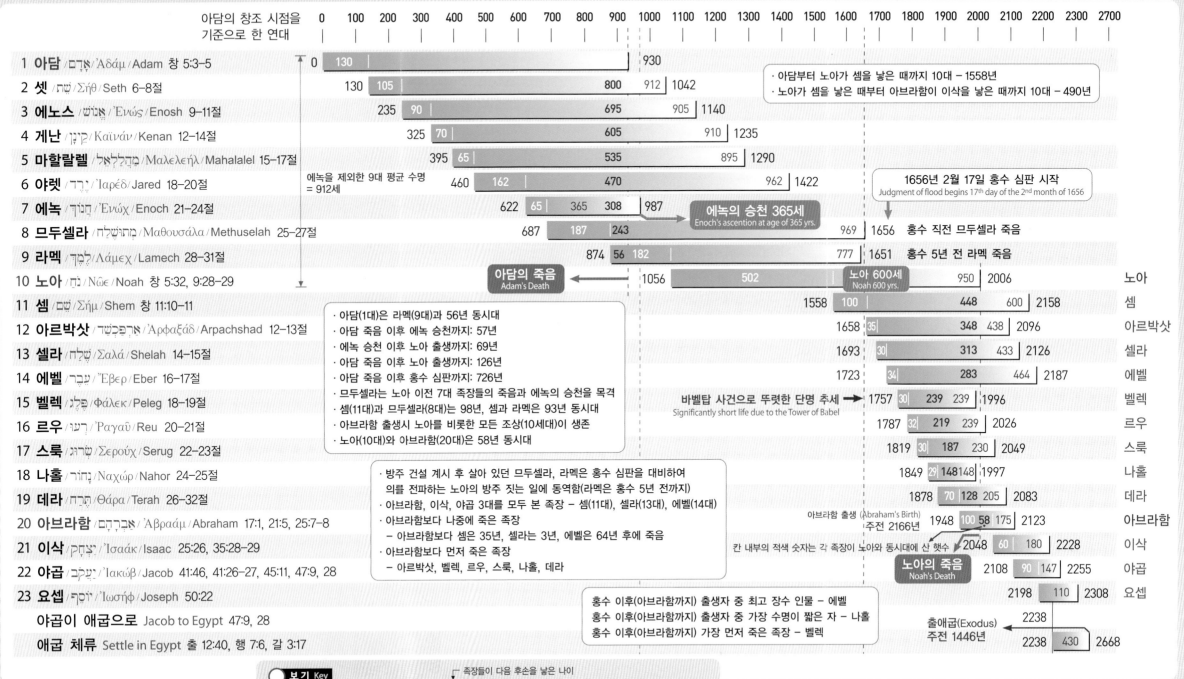

- 아담부터 노아가 셈을 낳은 때까지 10대 – 1558년
- 노아가 셈을 낳은 때부터 아브라함이 이삭을 낳은 때까지 10대 – 490년

1656년 2월 17일 홍수 심판 시작
Judgment of flood begins 17th day of the 2nd month of 1656

에녹의 승천 365세
Enoch's ascension at age of 365 yrs.

아담의 죽음
Adam's Death

노아 600세
Noah 600 yrs.

- 아담(1대)은 라멕(9대)과 56년 동시대
- 아담 죽음 이후 에녹 승천까지: 57년
- 에녹 승천 이후 노아 출생까지: 69년
- 아담 죽음 이후 노아 출생까지: 126년
- 아담 죽음 이후 홍수 심판까지: 726년
- 므두셀라는 노아 이전 7대 족장들의 죽음과 에녹의 승천을 목격
- 셈(11대)과 므두셀라(8대)는 98년, 셈과 라멕은 93년 동시대
- 아브라함 출생시 노아를 비롯한 모든 조상(10세대)이 생존
- 노아(10대)와 아브라함(20대)은 58년 동시대

바벨탑 사건으로 뚜렷한 단명 추세 →
Significantly short life due to the Tower of Babel

- 방주 건설 계시 후 살아 있던 므두셀라, 라멕은 홍수 심판을 대비하여 의를 전파하는 노아의 방주 짓는 일에 동역함(라멕은 홍수 5년 전까지)
- 아브라함, 이삭, 야곱 3대를 모두 본 족장 – 셈(11대), 셀라(13대), 에벨(14대)
- 아브라함보다 나중에 죽은 족장
  – 아브라함보다 셈은 35년, 셀라는 3년, 에벨은 64년 후에 죽음
- 아브라함보다 먼저 죽은 족장
  – 아르박삿, 벨렉, 르우, 스룩, 나홀, 데라

칸 내부의 적색 숫자는 각 족장이 노아와 동시대에 산 햇수

노아의 죽음
Noah's Death

아브라함 출생 (Abraham's Birth)
주전 2166년

홍수 이후(아브라함까지) 출생자 중 최고 장수 인물 – 에벨
홍수 이후(아브라함까지) 출생자 중 가장 수명이 짧은 자 – 나홀
홍수 이후(아브라함까지) 가장 먼저 죽은 족장 – 벨렉

출애굽(Exodus)
주전 1446년

| 홍수 직전 므두셀라 죽음
| 홍수 5년 전 라멕 죽음

에녹을 제외한 9대 평균 수명 = 912세

	아담의 창조 시점을 기준으로 한 연대	0	100	200	300	400	500	600	700	800	900	1000	1100	1200	1300	1400	1500	1600	1700	1800	1900	2000	2100	2200	2300	2700	
1	아담 /אָדָם/Ἀδάμ/Adam 창 5:3–5	0 130									930																
2	셋 /שֵׁת/Σήθ/Seth 6–8절	130 105							800 912 1042																	
3	에노스 /אֱנוֹשׁ/Ἐνώς/Enosh 9–11절	235 90							695 905 1140																	
4	게난 /קֵינָן/Καϊνάν/Kenan 12–14절	325 70							605 910 1235																	
5	마할랄렐 /מַהֲלַלְאֵל/Μαλελεήλ/Mahalalel 15–17절	395 65							535 895 1290																	
6	야렛 /יֶרֶד/Ἰαρέδ/Jared 18–20절	460 162							470 962 1422																	
7	에녹 /חֲנוֹךְ/Ἐνώχ/Enoch 21–24절	622 65 365 308 987																								
8	므두셀라 /מְתוּשֶׁלַח/Μαθουσάλα/Methuselah 25–27절	687 187 243								969 1656															
9	라멕 /לֶמֶךְ/Λάμεχ/Lamech 28–31절	874 56 182							777 1651																
10	노아 /נֹחַ/Νῶε/Noah 창 5:32, 9:28–29	1056 502									950 2006														노아
11	셈 /שֵׁם/Σήμ/Shem 창 11:10–11	1558 100															448 600 2158								셈
12	아르박삿 /אַרְפַּכְשַׁד/Ἀρφαξάδ/Arpachshad 12–13절	1658 35															348 438 2096								아르박삿
13	셀라 /שֶׁלַח/Σαλά/Shelah 14–15절	1693 30															313 433 2126								셀라
14	에벨 /עֵבֶר/Ἔβερ/Eber 16–17절	1723 34															283 464 2187								에벨
15	벨렉 /פֶּלֶג/Φάλεκ/Peleg 18–19절	1757 30 239 239 1996																								벨렉
16	르우 /רְעוּ/Ῥαγαῦ/Reu 20–21절	1787 32 219 239 2026																								르우
17	스룩 /שְׂרוּג/Σερούχ/Serug 22–23절	1819 30 187 230 2049																								스룩
18	나홀 /נָחוֹר/Ναχώρ/Nahor 24–25절	1849 29 148 148 1997																								나홀
19	데라 /תֶּרַח/Θάρα/Terah 26–32절	1878 70 128 205 2083																								데라
20	아브라함 /אַבְרָהָם/Ἀβραάμ/Abraham 17:1, 21:5, 25:7–8	1948 100 58 175 2123																								아브라함
21	이삭 /יִצְחָק/Ἰσαάκ/Isaac 25:26, 35:28–29	2048 60 180 2228																								이삭
22	야곱 /יַעֲקֹב/Ἰακώβ/Jacob 41:46, 41:26–27, 45:11, 47:9, 28	2108 90 147 2255																								야곱
23	요셉 /יוֹסֵף/Ἰωσήφ/Joseph 50:22	2198 110 2308																								요셉
	야곱이 애굽으로 Jacob to Egypt 47:9, 28	2238																									
	애굽 체류 Settle in Egypt 출 12:40, 행 7:6, 갈 3:17	2238 430 2668																									

하나님의 구속사적 경륜으로 본

창세기의 족보

The Genesis Genealogies
in Light of God's Administration
in the History of Redemption

The GENESIS GENEALOGIES
in Light of God's Administration
in the History of Redemption

Huisun
Seoul, Korea

Genesis, Jesus and Genealogies

Dr. Frank A. James III, Ph.D., D.Phil.
President and Professor of Historical Theology
Reformed Theological Seminary

All too often genealogies are viewed as uninteresting or even worse, boring. But Dr. Abraham Park's new book, *The Genesis Genealogy Viewed Through God's Administration in the history of redemption*, demonstrates the great value and even the excitement of an in-depth study of Biblical genealogies. A strong foundation is necessary for any enduring structure. And so it is also true that the book of Genesis is a firm foundation for our Biblical faith. Genesis is the groundwork not only for understanding our beginnings, but it is also the basis for understanding ourselves as well as our relationship with God and with one another. One simply cannot overstate the importance of Genesis as the foundational paradigm for all Christian thinking. Dr. Abraham Park is to be congratulated for his important and worthy contribution to our understanding of this foundational book.

Dr. Park displays a remarkable facility with the Hebrew language. Time and again, his linguistic skills are on display. This indicates not only the seriousness of his research but also his love for the book of Genesis. He has rightly understood that one cannot fully grasp God's work of salvation, unless one digs deeply into the book of beginnings. The old adage that one cannot understand the future unless one first understands the past, holds true in Biblical studies. Dr. Park takes this adage to heart in this remarkable book.

The biblical point of departure for Dr. Park is Deuteronomy 32:7 where the song of Moses declares: "Remember the days of old, consider the years of all generations ···" He carefully considers the ten genealogies of Genesis (of heaven and earth, of Adam, of Noah, of Noah's sons, of Shem, of Terah and Abraham, of Ishmael, of Isaac, of Esau, and of Jacob) and through each of these the history of redemption is clearly expounded. Dr. Park employs these genealogies to reveal the core of God's work of redemption in history which find their ultimate expression in the work of Jesus Christ.

There are several distinguishing features of Dr. Park's important book. First, it is a book suffused with Scripture. It is absolutely clear that Dr. Park loves the Bible and it is obvious that he drinks deeply from the fountain of Biblical study. Second, it has a clear evangelistic thrust. At many points the clear implication of his exposition is a warm invitation to embrace Jesus as Lord and Savior. Dr. Park, it would seem, has never lost sight of the Great Commission in Matthew 28:19-20. Thirdly, I was delighted to see that he takes the historicity of the Genesis account seriously. In a day when some many modern theologians cast doubt on the historicity of Adam, for example, it is refreshing to see a firm affirmation of historicity. Finally, the text is clearly and well written. The average reader will not get lost in technical jargon, but will indeed see the teaching of Scripture with ease.

This book is a sweeping vista of God's plan of redemption from Genesis down through the ages to its final expression in the person and work of Jesus Christ. Dr. Park's book is a journey worth taking. I heartily recommend this insightful work of Dr. Park for seminaries and colleges. I can assure this book will not disappoint. Read it, study it, pray over it and then put its wisdom to work in your life and ministry.

Dr. Frank A. James III, Ph.D., D.Phil.

IV

창세기, 예수 그리스도 그리고 족보들

프랭크 A. 제임스 박사
미국 리폼드신학대학원 총장, 역사신학 교수

대부분의 사람들은 유감스럽게도 성경의 족보들을 연구하는 데 흥미가 없으며, 심지어 지루하다고 생각합니다. 그러나 박 아브라함 박사님의 새로운 저서 "하나님의 구속사적 경륜 속에서 본 창세기의 족보"는 성경에 나오는 족보들을 깊이 있게 연구하여, 그 위대한 가치를 드러내고 있으며 더불어 흥미까지 더하고 있습니다.

어떤 구조가 오래 유지되기 위해서는 단단한 기초가 필수적입니다. 성경에 근거한 믿음을 갖기 위해서 우리에게 꼭 있어야 할 확실한 기초는 바로 창세기입니다. 창세기는 인류의 기원뿐만 아니라 하나님과 우리의 관계 그리고 우리 서로간의 관계는 물론이고, 우리 자신을 이해하는 데 근본이 되는 책입니다. 기독교의 모든 사고의 근원적인 토대(土臺)로서, 창세기의 중요성은 아무리 강조해도 지나치지 않습니다. 박 아브라함 박사님께서 바로 이러한 근본이 되는 책을 이해하는 데, 매우 중요하고 가치 있는 공헌을 한 것은 높이 찬사를 받아 마땅합니다.

 박 아브라함 박사님은 히브리 원어에 있어서 아주 탁월한 능력을 이 저서에서 잘 보여 주고 있습니다. 그의 언어학적인 능력은 이 저서에서 지속적으로 나타나고 있습니다. 이것은 그의 연구가 얼마나 진실한가를 보여줄 뿐만 아니라 창세기에 대한 그의 남다른 애정을 나타내고 있는 것입니다.

 저자는, 창세기를 깊이 연구하지 않으면 하나님의 구속사적 경륜을 온전히 알 수 없다는 바른 이해를 가지고 있습니다. 지나간 과거를 먼저 이해하지 않으면 다가올 미래도 이해할 수 없다는 오랜 금언(金言)은, 성경을 연구할 때도 그대로 적용됩니다. 박 아브라함 박사님은 그의 경이(驚異)로운 저서에서 이러한 금언을 깊이 새기고 있습니다.

 저자는 "옛날을 기억하라, 역대의 연대를 생각하라"고 모세가 외친, 신명기 32:7을 성경 연구의 출발점으로 잡고 있습니다. 그리고 이 저서에는 창세기 족보의 10대(하늘과 땅, 아담, 노아, 노아의 아들들, 셈, 데라와 아브라함, 이스마엘, 이삭, 에서와 야곱 등)를 아주 심도 있게 다루고 있으며, 그리고 이들 각각을 통하여 하나님의 구속사를 선명하게 드러내고 있습니다. 박 아브라함 박사님은 하나님의 구속사적 경륜의 핵심을 나타내기 위하여 족보들을 잘 활용하고 있으며, 그 구속사적 경륜이 예수 그리스도의 사역 속에서 결정적으로 성취되고 있음을 드러내고 있습니다.

박 아브라함 박사님의 이 중요한 저서에는 몇 가지 뛰어난 특징들이 있습니다.

첫째, 이 책은 오직 성경 말씀으로 가득 채워져 있습니다.
박 아브라함 박사님은 성경을 절대적으로 사랑하시는 것이 분명합니다. 그리고 저자는 확실히 성경 연구라는 수원(水源)에서 심원(深遠)한 생명수를 마시고 있습니다.

둘째, 이 책은 복음 전도의 분명한 메시지를 전달하고 있습니다.
저자는 많은 부분에서, '예수님을 구원의 주로 맞이하라'는 자비로운 초청을 분명하게 하고 있습니다. 그래서 저자는 마태복음 28:19-20에 나타난 '모든 족속으로 제자를 삼으라'고 하신 위대한 위임(委任) 명령을 단 한 번도 놓치지 않고 있습니다.

셋째, 저는 이 책에서 저자가 창세기 내용의 '역사성'을 엄숙하게 인정하고 있는 것을 보고 너무나도 기뻤습니다.
많은 현대 신학자들이 아담의 역사성을 의심하고 있는 이 때에, 박 아브라함 박사님이 성경의 역사성을 확실히 증언하고 있는 것은 너무도 통쾌한 거사(巨事)입니다.

마지막으로, 이 책은 문장(文章)이 명료하게 잘 쓰여져 있습니다.
이 책을 읽는 일반 독자들은 전문 용어 때문에 어려워할 필요가 없으며, 아주 쉽게 성경의 가르침을 깨달을 수 있을 것입니다.

이 저서는 창세기로부터 시작하여 모든 세대를 통해 진행되어 온 하나님의 구속사적 경륜이 마침내 예수 그리스도와 그의 사역을 통해 최종적으로 성취되는 것을 한눈에 보여 주고 있습니다.

박 아브라함 박사님의 책은 '독서(讀書) 여행'을 할 만한 가치가 충분한 책입니다. 저는 이 통찰력 가득한 저작(著作)이 많은 신학교와 대학교에서 읽혀지기를 진심으로 추천하는 바입니다. 저는 이 책이 독자들의 기대를 절대로 실망시키지 않을 것이라 단언합니다. 이 책을 읽으십시오! 이 책을 연구하십시오! 이 책을 가지고 기도하십시오! 그리고 이 책의 지혜가 여러분의 삶과 목회 사역에서 활용되도록 하십시오!

Dr. Frank A. James III, Ph.D., D.Phil.

하나님의 구속사적 경륜으로 본

창세기의 족보

박윤식

Rev. Yoon-Sik Park, D.Min., D.D.

조영엽 박사|
계약신학 대학원 대학교 교수|

금번 박윤식 목사님의 성역 50주년을 맞이하여 「하나님의 구속 사적 경륜 속에서 본 창세기의 족보」라는 귀한 저서를 한국 교회 앞에 내놓게 된 것을 진심으로 축하합니다.

목사님은 이 책 서문에서 "이 책이 하나님 앞에 내어 놓기에는 무한히 부끄러운 열매입니다. … 이 책은 신학적이거나 학문적인 연구물이 아닙니다. … 본 서를 읽어 나감에 있어서 졸한 문장이나 혹은 본의 아닌 실수와 잘못이 있으면 시정하여 주시기 바라며, 그리스도의 넓은 관용을 구하는 바입니다. 베드로가 '주여 형제가 내게 죄를 범하면 몇 번이나 용서하여 주리이까'라고 물었을 때, 주님께서는 마태복음 18:22에서 '네게 이르노니 일곱 번뿐 아니라 일흔 번씩 일곱 번이라도 할지니라'고 말씀하셨습니다. 그동안 저에게 허물이 있었다면 예수 그리스도의 크신 자비와 사랑으로 덮어 주시기를 바랍니다. 그리고 부족한 종을 통해서 이루어진 것이 있다면, 그것은 팔십 묵은 죄인이 이룩한 것이 아니라 전적으로 주님께서 하신 것임을 고백합니다."라고 함으로, 목사님의 인격·신앙·학문적 자세를 엿볼 수 있었습니다.

저는 미국에서나 한국에서 여러 사람들이 목사님을 거론·비판·규탄하는 글들을 접할 수 있었으므로 목사님의 실체를 파악하고자 하는 차제에 이 저서를 접하게 되었습니다. 그리고 첫장부터 끝장까지 내용을 살펴본 결과, 창세기의 족보를 구속사적 관점에서 정확하게 음미하였음을 알 수 있었습니다.

뿐만 아니라 목사님은 이 책 전반에 걸쳐서 하나님의 말씀, 성구들로 엮어 놓았습니다. 이는 목사님이 얼마나 성경에 능통하고 관통한가를 보여 주는 사례라고 생각합니다.

바라기는 이 책을 대하는 이(교수·교역자·신학생·평신도)마다 누구든지 하나님의 구속의 은총에 감사 감격하여 더욱 하나님께 영광을 돌려 드리기를 소원하며 이 책을 기쁘게 추천하는 바입니다.

계약신학 대학원 대학교 교수 **조 영 엽** 박사

차영배 박사 |
전 총신대학교 총장 |

성경은 살아 계신 하나님의 말씀입니다. 만약 성경이 없었다면 인류는 암흑 속에서 소망이 없었을 것입니다. 창세기는 성경의 서론이면서 이후에 나오는 모든 성경에 기록되어 있는 구원 원리에 근거를 두고 있습니다. 창세기를 모르면 성경의 핵심을 결코 알 수 없습니다. 창세기는 10개의 족보(톨도트)로 구성되어 있습니다. 그러므로 창세기의 족보를 연구함으로 성경 전체를 관통하는 하나님의 구원의 뜻을 깨달을 수 있습니다.

이 책은 이렇게 중요한 창세기의 족보를 구속사적으로 연구하고 있습니다. 처음 이 책을 보면서 신선한 충격과 함께 놀라움을 금치 못했습니다. 박윤식 목사는 나이가 80이 넘은 노령에도 불구하고 그 내용의 깊이에 있어 상상을 초월한 것이었기 때문입니다.

국내외적으로 창세기의 족보에 대하여 연구한 책이 있지만, 이 책은 여러 가지 면에서 이들과 어깨를 견줄 뿐만 아니라, 더 나아가 이 분야에서 아주 독보적인 책이라고 여겨집니다.

이 책은 아담부터 아브라함까지 족보에 나오는 인물들의 생애를 연대기적으로 정리하였습니다. 이 분야의 전문 신학자들도 하기 어려운 작업인데 노령의 목회자가 복잡한 족보의 연대를 정리하고도 표로 만들었다는 것은 참으로 놀라운 일입니다. 특히 성경을 중심으로 구속사적인 입장에서 기록하여 구석 구석마다 예수 그리스도의 모습이 잘 나타나고 있습니다. 짧은 족보를 통하여 이처럼 방대하고 수준 높은 내용을 정리한 것을 보면서 저자가 오랜 시간 동안 많은 연구를 하였음을 느낄 수 있었습니다.

책은 저자의 사상을 나타내는 것입니다. 이 책은 저자가 가지고 있는 성경적이고 복음적인 신앙을 나타내기에 충분합니다. 이 책을 통하여 박윤식 목사가 '오직 예수'만을 드러내는 건전한 신앙을 가진 복음적인 분임을 알게 되었습니다. 그동안의 저자에 대한 잘못된 오해들을 불식시키기에 충분한 책이라 사료됩니다.

날이 갈수록 어둠의 먹구름이 짙어져 가는 때에 이렇게 귀한 내용을 담은 책이 세상에 빛을 보게 된 것은 한국 교회 전체에 너무나 다행스러운 일이며 하나님의 크신 축복입니다. 바라기는, 이 책이 많은 목회자들과 평신도들에게 널리 읽혀지는 가운데 한국 교회가 하나님의 말씀으로 돌아가는 운동의 큰 동력이 되기를 바라면서 적극 추천하는 바입니다. 이 귀한 책을 읽는 분들에게 성 삼위 하나님의 축복이 넘치기를 기원합니다.

전 총신대학교 총장 **차 영 배** 박사

임태득 목사 |
예장 합동 증경 총회장, 대구 대명교회 원로목사 |

　평강제일교회 원로 박윤식 목사님께서 성역 50주년 희년을 맞아
「창세기의 족보」란 제하의 책자를 완성하여 출판하신 일을 진심으
로 축하합니다.
　말로 표현하는 것보다 글로 책자를 남기는 일은 힘들고 어려운 일
인데, 목사님께서 평소에 성서를 수백 독 하신 열매라 여겨집니다.

　창세기에 나타난 여러 인물들을 연대별로 구분하고 신앙 계열과
불신앙의 계열을 구분하였고, 그때 그때의 시대적 상황과 배경들을
성경 중심으로 깊이 있게 취급하였으며, 불신 계열의 가인의 족보와
신앙 계열의 셋 가계의 족보의 차이점을 확실히 알게 하였습니다.
　그리고 창세기 족보의 중심이 되는 믿음의 조상 아브라함이 세
상과 분리되어 나오는 역사적 과정을 구속사적 측면에서 성경적으
로 깊이 있게 취급함으로 누구나 쉽게 이해할 수 있게 하였고, 흥미
롭게 읽을 수 있는 책으로 완성시킨 것은 참으로 귀한 노력의 결실
이라 하겠습니다.
　「창세기의 족보」는 성경을 연구하는 이들이 가지는 족보의 의문
점과 궁금한 면을 취급하여, 노아 홍수 이후 사람의 연한이 120년
이란 말과 노아가 방주를 지은 기한이 120년이란 견해를, 치우치지
않고 평신도가 읽어도 이해할 수 있게 성경을 대조하여 설명을 함

으로, 의문을 가진 분들에게 확신을 주게 한 것은 깊이 있는 성경 연구의 결과라 하겠습니다.

그동안 평강제일교회 원로 박윤식 목사님은 잘못된 오해들로 인하여 한국 교계와 일부 사람들에게 부정적인 판단을 받고, 그에 대한 진실이 가려져 그 신앙과 인품 등이 제대로 알려지지 못하였습니다. 그를 목회 현장에서 실제로 만나 본 사람들은 그의 신앙적인 건전함과 순수함, 철저하게 예수 그리스도만을 증거하는 말씀의 능력에 반하곤 합니다. 그는 항상 자신처럼 부족한 사람이 여든이 넘도록 예수 그리스도의 영광스러운 복음을 전하는 자로 쓰임 받는 것이 너무도 감사하다고 말하는 겸손한 분입니다.

이러한 박윤식 목사님의 진면목이 제대로 알려졌으면 하는 개인적 바람을 가지고 있었는데, 이번에 「창세기의 족보」라는 책을 통하여 그의 참모습이 일부분이나마 세상에 알려지게 된 것은 참으로 다행한 일이라 할 것입니다.

이 책은 성경 중심의 신앙생활을 원하시는 분들과 경건한 계열의 자손들을 계승하기를 바라는 분이면 누구나 읽을 수 있기를 바랍니다. 불신앙의 후예들은 하나님의 축복권에서 점점 멀어진다는 사실을 인식하고, 이 책을 읽는 이들이 경건한 자손들의 계보를 지속시키기를 바라면서 흔쾌히 추천합니다.

예장 합동 증경 총회장, 대구 대명교회 원로목사 **임 태 득**

堀内　顕
호리우치 아키라

日本福音自由教会協議会　グレース宣教会　代表牧師
일본복음자유교회협의회 그레이스선교회 대표목사

本書を通して、聖書が伝えようとするメッセージが歴史的事実として心に伝わってきます。他の著作では詳しく知ることが出来ないものを知ることになるでしょう。神のことばである聖書の学びが楽しくなり、生き生きとしてきます。信仰が知識としてだけではなく、生活と実践となってきます。信仰生活が口先だけではなく、行いの伴った日常生活となります。

　본 서를 통해서 성경이 전하려고 하는 메세지가 역사적 사실로 마음에 전해져 옴을 느낄 수 있으며, 다른 저서를 통해서는 자세히 알 수 없는 것을 알게 될 뿐 아니라 하나님의 말씀인 성경을 배우는 즐거움과 그로 인해 생기가 넘쳐 남을 느끼게 됩니다. 또한 신앙이 지식으로 그치지 않고 생활과 실천으로 나타나게 되며, 신앙 생활이 입술로만 그치는 것이 아니라 행함을 동반한 일상 생활로 나타나게 됩니다.

　著者とは、ほぼ40年にわたり、聖書信仰の立場から著者の生活と教会形成を観察してきました。近くまた遠く離れて、親しく見聞きして、著者の信仰姿勢に学びました。その間、説教や奉仕についてひどく批判する者たちがいましたが、著者は、神を愛し、人々を愛し、一貫して聖書を神のことばとして説き続けてきました。本書の特徴は、あの有名な説教者F・B・マイヤー師の著書のように、深い霊性と豊かな聖書知識に基づく解説にあります。

　저자와는 거의 40년에 걸쳐, 성경 신앙에 입각해서 교제하는 가운데 저자의 생활과 교회 형성을 관찰해 왔습니다. 가까이서 또 멀리 떨어져서 친히 보고 들으며 저자의 신앙 자세를 배웠습니다. 그동안에 저자의 설교나 사역에 관해서 몹시 비판하는 사람들이 있었습니다만, 저자는 하나님을 사랑하고, 이웃을 사랑하고, 일관성 있게 성경은 하나님의 말씀이라 증거해 오셨습니다. 또한 본 서에서 나타나는 특징은 그 유명한 F.B.마이어 목사님의 저서와 같이 깊은 영성과 풍부한 성경

지식에 근거한 해석에 있습니다.

著者が批判されてきたようなことは、私共の長年の交わりの中にはありませんでした。それどころか、著者とその奉仕する教会との信仰の交わりを通して、励まされた私共の信徒たちは、聖書を熱心に通読するようになる者、熱心に神の御約束に信頼して祈る者、主に忠実に仕える者、個人伝道に励み、多くの人々をキリストの御救いに導き続ける者となり、キリストを愛し、人々を愛する教会形成に邁進しています。その結果、18の教会が生まれています。

저자가 비판 받아 왔던 그러한 일들은 우리들의 오랜 기간의 교제에서는 볼 수도 없었으며, 오히려 저자와 사역하시는 교회와의 신앙의 교제를 통해서, 자극을 받은 저희 교회 성도들은, 열심히 성경을 통독하는 자, 열심히 하나님의 약속을 신뢰하고 기도하는 자, 충성스럽게 주를 섬기는 자, 개인 전도에 힘쓰며 쉬지 않고 많은 사람들을 그리스도의 구원으로 인도하는 자들이 되어, 예수님을 사랑하고, 이웃을 사랑하는 교회 형성에 매진해 왔습니다. 그 결과 열여덟 교회를 개척하기에 이르렀습니다.

願わくは、読者一人ひとりが、本書を通して、創造主なる神を信じる者の内に働かれる御業の大きさと真実とを御言葉の中に発見し、神の豊かな祝福に満たされるように祈りつつ、重ねて本書を推薦します。

바라기는 독자 한 사람 한 사람이, 본 서를 통해서, 믿는 자 가운데 일하시는 창조주 하나님의 크신 사역과 진실을 말씀 가운데서 발견하시고, 풍성하신 하나님의 축복이 충만하기를 기도하면서 거듭 본 서를 추천하는 바입니다.

日本福音自由教会協議会 グレース宣教会 代表牧師
F. H. I. 国際飢餓対策機構連合 会長
(社) キングスガーデン三重 理事長

堀内 顕
호리우치 아키라

일본복음자유교회협의회 그레이스선교회 대표목사
F.H.I. 국제기아대책기구연합 회장, (사회복지법인) 킹스가든미에 이사장

堀内 顕

| 저자 서문

Preface

박윤식 목사 |

"태초에 하나님이 천지를 창조하시니라"(창 1:1)

창세기는 기원에 관한 책이라 불립니다. 그 이유는 우주의 기원과 인류의 창조, 그리고 타락과 구원에 관한 '기원'이 창세기에서 시작되기 때문입니다. 그러나 창세기는 시작에 관한 책이자 동시에 성경 전체의 서론이면서 구속사의 청사진을 제시하는 책이기도 합니다(사 46:10, 48:3).

그러므로 창세기의 핵심인 '족보'(톨도트, תוֹלְדֹת)를 살펴보는 것은 구속사적으로 매우 중요한 의미가 있습니다. 왜냐하면 창세기의 '족보'는 단순히 한 세대의 생사(生死)의 명단을 나열한 것이 아니고, 성경 전체를 관통하는 하나님의 놀라운 구원 섭리를 담고 있기 때문입니다. 족보 속에 있는 인물들의 생애와 사상, 그리고 거기 부가되어 설명된 중요한 사건들을 자세히 연구하고 살피면, 성경 전체에 흐르는 구속사적 경륜을 이해하는 데 큰 도움이 됩니다.

저는 성경을 읽으면서 "옛날을 기억하라 역대의 연대를 생각하라"(신 32:7), "옛적 길, 곧 선한 길이 어디인지 알아보고 그리로 행하라"(렘 6:16)고 하신 말씀에 주목하여, 역대의 연대가 기록된 창세기의 족보에 특별한 관심을 가지고, 그 참된 의미를 알고자 성경을 읽고 여러 책자들을 참고하면서 오랫동안 연구를 해 왔습니다.

　저는 창세기 족보의 세대들을 성경에 기록된 연대 그대로 믿었고 그 연대를 따라 구속사를 입체적으로 보았습니다. 그때 딱딱한 족보 속의 시간과 공간은 살아서 꿈틀대기 시작했고, 그 속에 숨은 무궁무진한 하나님의 섭리가 생수가 분출하듯 엄청나게 솟구쳤습니다.

　창세기의 족보 속에는 경건한 역대 족장들의 신앙이 살아 꿈틀대고 있었고, 그들이 걸어간 믿음의 발자취가 한 발자국 한 발자국 선명한 자욱으로 고스란히 남아 있었고, 여자의 후손(창 3:15)을 애타게 기다리면서 달려온 숨가쁜 심장의 고동 소리, 맥박 소리가 힘차게 울리고 있었습니다. 저는 창세기의 족보를 통하여 역대의 연대 속에 감추인 뜻을 깨닫고 많은 눈물을 흘리며 은혜의 감격 속에서 밤을 지새우곤 하였습니다.

　그리고 그 내용을, 사랑하는 평강제일교회 성도들과 함께 수요예배와 특별집회 때마다 하나하나 사경(査經)해 보면서 더 큰 은혜를 맛보았습니다. 저는 창세기 족보를 중심으로 역대의 연대를 연구하면서 받았던 은혜를 가지고 맨 처음 1968년도에 강단에서 선포하였고, 1983년 당시 원지동 수양관에서 약 6개월간 사경회를 통해 선포했습니다. 그리고 그것을 수정 보완하여 2005년도에 약 1년 동안 국내외의 여러 강단에서 다시 선포할 때, 제 자신과 받는 성도들 모두가 성령의 큰 감화와 폭포수 같은 은혜를 체험하였습니다.

　그동안 저는 오랜 설교 사역을 하면서도 나 같은 것에게 무슨 출판이 필요하냐며 책으로 출판하는 일을 미루어 왔습니다. 그러나, 2007년 불초한 종의 사역이 만 50주년 되는 희년을 맞아, 사랑하는 동역자들과 성도들의 강청에 의해 출판을 결심하고 강론식으로 정리하였습니다. 이 책이 하나님 앞에 내어 놓기에는 무한히 부끄러운 열매이지만 이 말씀을 통해 저와 사랑하는 성도들이 받은바 은혜가 컸으므로, 한국 교회에도 더 큰 은혜의 파동으로 퍼져 가기를 소원하는 간절한 마음으로 세상에 내어 놓게 되었습니다.

이 책은 신학적이거나 학문적인 연구물이 아닙니다. 다만 기도의 무릎을 꿇고 또 꿇으면서 성경을 수백 번 읽고 또 읽으면서 성령의 조명을 통하여 받은 은혜를 강단에서 선포하며 정리한 것입니다. 이 책을 쓰면서 많은 믿음의 선배들이 각자의 신앙을 따라 해석해 놓은 문헌이나 자료들을 참고하면서 많은 은혜를 받기도 했습니다. 저도 전도자의 고백처럼 "이미 있던 것이 후에 다시 있겠고 이미 한 일을 후에 다시 할지라 해 아래는 새 것이 없나니"(전 1:9)라고 고백하지 않을 수 없습니다.

하나님의 모든 말씀은, 평생 동안 연구해도 완전히 깨달을 수 없는 신비요 그 내용 또한 무궁무진한 것이기에, 여기 정리한 내용이 완벽한 것이라 할 수 없습니다. 본 서를 읽어 나감에 있어, 졸한 문장이나 혹은 본의 아닌 실수나 잘못이 있으면 시정하여 주시기 바라며, 그리스도의 넓으신 관용을 구하는 바입니다.

베드로가 "주여 형제가 내게 죄를 범하면 몇 번이나 용서하여 주리이까"라고 물었을 때, 주님께서는 마태복음 18:22에서 "네게 이르노니 일곱 번뿐 아니라 일흔 번씩 일곱 번이라도 할지니라"고 말씀하셨습니다. 그동안 저에게 허물이 있었다면 예수 그리스도의 크신 자비와 사랑으로 덮어 주시기 바랍니다. 그리고 부족한 종을 통해서 이루어진 것이 있다면, 그것은 팔십 묵은 죄인이 이룩한 것이 아니라 전적으로 주님께서 하신 것임을 고백합니다.

"내 시대가 주의 손에 있사오니"(시 31:15)라고 회고했던 다윗의 고백처럼 저의 지나온 생애와 평강제일교회의 역사는 오직 하나님의 주권적인 은혜의 손길 속에 있었습니다. 참으로 능하신 하나님의 힘, 성령의 힘이었습니다. 이렇게 하나님의 은혜로 지금까지 달려온 사역의 길 오십 년을 넘기며, 왜소한 인생의 흔적을 뜻 깊은 책으로 남기게 되어 하나님 앞에 감사한 마음 한이 없습니다.

끝으로 부족한 사람을 위하여 항상 기도해 주시는 평강제일교회 동역자들과 장로님들, 여러 제직들과 성도들과 사랑하는 아내와 자녀들에게 진심으로 감사한 마음을 전합니다. 아울러 이 책이 나오기까지 원고 정리를 위하여 수고한 여러 손길들에게 고마운 마음을 여기에 담아 둡니다.

우리의 죄를 위하여 십자가에서 죽으시고 삼 일 만에 부활하신 이 세상의 유일한 구원자 되시는 예수 그리스도가 항상 이 민족과 전 세계의 교회에 함께하시고, 죄악이 관영한 이 땅에 물이 바다 덮음같이 하나님의 말씀이 온 우주와 열방을 덮는 그날이 앞당겨지기를 소망합니다(마 28:20, 사 11:9, 합 2:14).

모든 영광을 오직 살아 계신 하나님께 돌려 드립니다. 할렐루야!

2007년 10월 27일
천국 가는 나그네 길에서
예수 그리스도의 종 **박 윤 식 목사**

| 차례

제 5 장   **새로운 구원의 역사** · 253

제 1 장

역대의 연대를 생각하라

Consider the Years of All Generations

역대의 연대를 생각하라
CONSIDER THE YEARS OF ALL GENERATIONS

"옛날을 기억하라 역대의 연대를 생각하라
네 아비에게 물으라 그가 네게 설명할 것이요
네 어른들에게 물으라 그들이 네게 이르리로다" 신 32:7

　신명기는 40년 광야 여정을 마치고 죽음을 목전에 둔 모세가 선포한 세 편의 고별설교로 구성되어 있습니다. 120세 된 노장 모세가 위대한 생을 보내고 비장한 심정으로 이스라엘 백성에게 최후의 훈계이자 마지막 유언으로 선포했던 말씀입니다. 제1차 설교는 '과거 하나님의 구원 역사의 회고'(신 1:1-4:43), 제2차 설교는 '각종 율법의 재강론'(신 4:44-26:19), 제3차 설교는 '장래 역사의 전망'(신 27-30장), 끝으로 '모세의 죽음과 새 지도자 여호수아의 등장'(신 31-34장)으로 마무리되고 있습니다. 이때는 오랜 광야 여정을 거의 끝마치고, 출애굽 40년 11월 1일에 모압 평지에 이르러 감격스러운 가나안 입성을 두 달 열흘 정도 앞둔 시점입니다(신 1:3-5). 이 설교를 듣는 주요 대상은 출애굽 2세대들이었는데, 그 이유는 그 시대의 모든 군인들이 세렛 시내를 건너기 전에 모두 죽었기 때문입니다(신 2:13-15). 모세는 광야 2세대가 가나안 입성 후에도 지속적으로 말씀에 순종하는 믿음의 세대가 되기를 바라는 마음으로 이 말씀을 선포하였습니다.

신명기 32장은 이스라엘의 배반과 타락, 그에 대한 하나님의 심판이라는 암울한 주제를 담고 있습니다. 그러나 이 노래에 담긴 진정한 뜻은, 선민을 향한 하나님의 한없으신 사랑과 긍휼의 약속입니다. 이스라엘을 향하여 '여수룬'이라는 사랑스런 칭호를 쓰면서(신 32:15), 이스라엘을 만세 전에 예정하신 하나님이 전 역사의 주권자이시고 이스라엘의 복의 근원이시며, 그들의 미래까지 주관하시는 분임을 깊이 새겨 주고자 했던 것입니다.

특히 신명기 32:7은, 택한 백성이 장차 가나안 땅에 입성하여 정착한 후에 빚어 낼 암울한 역사를 염려하면서, 그것을 예방하고 이겨 낼 수 있는 세 가지의 구체적인 명령과 방안을 제시하고 있습니다. 택한 백성을 향한 뜨거운 하나님의 사랑입니다. 그것은 "옛날을 기억하라", "역대의 연대를 생각하라", "네 아비와 어른들에게 물으라"는 세 가지 명령으로 이루어져 있습니다. 모세는 그 모든 옛날과 역대 연대의 걸음을 집중적으로 주목하게 함으로써, 그 신앙의 발자취가 가나안 땅을 차지할 그들의 신앙으로 이어지기를 바랐습니다.

모세는 가나안 입성을 앞두고 있는 백성에게, 이스라엘 백성은 하나님이 창세 전에 택하신 기업이요(신 32:8-9, 엡 1:4-5), 가나안 땅도 역시 하나님의 백성을 위하여 창세 전에 예비하신 기업임을 선포하였습니다(신 32:49). 이렇게 예비된 땅 가나안을 기업으로 온전히 얻기 위해서는 반드시 세 가지 명령을 지키라는 것입니다. 이 세 가지 명령은 오늘날 천국을 바라보며 전진하는 성도들이 지켜야 할 가장 구체적인 행동 강령이기도 합니다.

첫 번째 명령,

I. 옛날을 기억하라 Remember the Days of Old

[זְכֹר יְמוֹת עוֹלָם] 너는 오랫동안 지나온 날을 잊지 말라

1. 하나님의 구원 역사로서의 옛날
The "days of old" in light of God's history of salvation

'옛날'은 히브리어로 '예모트 올람'(יְמוֹת עוֹלָם)인데, 단순히 지나간 과거가 아니라, 하나님의 선하신 그 말씀이 역사 속에서 성취된 흔적 있는 과거를 말합니다(신 4:32, 사 46:9, 시 77:5-6, 11-12, 78:1-8, 143:5). 인류를 구원하시려는 하나님의 약속이 성취되어 온 역사를 말하는 것입니다. 원어적으로 볼 때도 '옛날'의 범위는 상당히 포괄적이며, 하나님의 구원 역사가 진행되어 온 과거의 시간 전체를 의미합니다. '옛날'은 '날'을 뜻하는 히브리어 '욤'(יוֹם)의 복수형 '예모트'(יְמוֹת)와 '영원히'라는 뜻의 '올람'(עוֹלָם)의 합성어이므로, 그 범위는 태고사까지 거슬러 올라갈 수 있습니다.

구체적으로 옛날 에덴동산에서 있었던 아담과 하와의 타락, 가인의 끔찍한 살인과 그 후예들의 불신앙적인 행동들, 노아 당시 죄악이 관영한 세대의 모습, 바벨탑을 쌓던 인간들의 교만, 아브라함에게 하신 횃불 언약과(창 15장) 그 후 이스라엘 백성이 430년간 애굽에서 종살이한 시대, 거기서 해방 받아 영광스럽게 출애굽 한 일, 광야 40년의 시련 기간 등이 모세가 염두에 두었던 기억해야 할 '옛날'입니다. 타락한 인간이 에덴동산에서 쫓겨난 이후 지금까지 하나님 앞에 수많은 죄악을 저질러 왔음에도 불구하고, 하나님은

끊임없이 구원 역사를 진행시켜 오셨습니다. 하나님의 그 뜨거운 사랑과 눈물의 역사가 담겨 있는 세월들이 바로 '옛날'인 것입니다. 이 옛날을 가리켜 예레미야 6:16에서는 '옛적 길', '선한 길'이라고 하였습니다.

그것은 메시아의 약속을 믿고 성취해 가는 신앙의 노선이었습니다. 선을 지키기 위해 악과 싸우면서 닥치는 어떠한 고난도 감수하며 걸어야 했던 고난의 길이었습니다(히 11:36). 그러나 그 결과는 감사하게도 확실한 평강의 축복이 약속된 길이었습니다(렘 6:16下). 창세기의 족보 속에는 이 모든 내용이 고스란히 담겨 있습니다. 우리가 기억해야 하는 옛날의 사건들, 선한 길, 하나님의 뜨거운 사랑과 눈물과 열심의 흔적들이 창세기의 족보 속에 면면히 녹아 있습니다.

2. 기억하라
Remember

'기억하라'는 말은 히브리어로 '자카르'(זָכַר)로서, 이것은 '① 추억하다(출 13:3), ② 생각하다(욥 7:7), ③ 회상하다(시 63:6), ④ 미래를 내다보고 생각하다(사 47:7), ⑤ 유의하다, 되새기다' 등의 뜻을 갖고 있습니다. '기억하라'는 뜻의 자카르(זָכַר)는 신명기에서만 열다섯 번이나 반복됩니다(신 5:15, 7:18 2회, 8:2, 18, 9:7, 27, 15:15, 16:3, 12, 24:9, 18, 22, 25:17, 32:7). 인간은 '망각의 존재'이기 때문에 오랜 세월이 지나고 세대가 바뀌면 아무리 중요한 일도 까맣게 잊어버리게 마련입니다. 요셉이 꿈을 해석해 준 술 맡은 관원장이 그러했습니다(창 40:23).

사실 이스라엘의 과거는 기억하고 싶지 않은 수치스러운 일들로 가득합니다. 430년간 타국의 종이 되었고(출 12:40-41), 40년 동안 나라 없이 광야에서 유랑하였습니다. 그러나 하나님은 이스라엘 백성에게 시대마다 모세를 비롯한 여러 선지자를 통해 '애굽에서 종 되었던 과거'를 기억하라고 거듭 말씀하셨습니다(출 13:3, 14, 20:2, 신 5:6, 15, 6:12, 7:8, 8:14, 13:5, 10, 15:15, 16:12, 24:18, 22, 수 24:17, 삿 6:8, 렘 34:13, 미 6:4). 애굽에서의 430년 동안의 연단이 얼마나 혹독했는지 성경은 그것을 자주 뜨거운 쇠 솥, 곧 '쇠풀무'에 비유하였습니다(신 4:20, 왕상 8:51, 렘 11:4).

또한 하나님은 고생스러운 광야의 길을 걷게 하신 것을 기억하라고 하셨습니다(신 8:2, 9:7). 고생하던 때를 쉽게 잊어버리는 백성은 과거보다 더 심한 고난을 당할 수밖에 없기 때문입니다.

하나님은 '기억하라'라고 명령하시고 가만히만 계시지 않았습니다. 선민들이 잘 기억하도록 여러 가지 기념물들을 두셨습니다. '기억하다'(자카르)에서 파생한 명사 '지카론'(זִכָּרוֹן)은 '기념물, 생각나게 하는 것'을 가리키는 단어입니다. 하나님은 '옛날'이 영원히 지워지지 않는 기억으로 남을 수 있도록 이스라엘 백성에게 수많은 기념일과 기념물들을 주셨습니다.

첫째, 하나님은 위대한 역사적 사건을 연상시켜 기억하도록
     여러 가지 '기념일'(Memorial Day)을 정하셨습니다.

대표적으로 유월절을 기념일로 정하여 '영원한 규례'로 지키도록 하셨습니다(출 12:14, 17, 24). 그래서 그들은 그 명령을 따라 무교병과 쓴 나물을 먹었습니다(출 12:8, 민 9:11). 이는 죽음의 재앙이 넘어감으로 인해 생명을 건졌던 출애굽의 구원 사건을 기억하고 기념하기 위함입니다.

출애굽기 13:16 "이것으로 네 손의 기호와 네 미간의 표를 삼으라 여호와께서 그 손의 권능으로 우리를 애굽에서 인도하여 내셨음이니라 할지니라"

이스라엘 백성이 반드시 지켜야 할 중요한 삼대 절기에는 유월절과 칠칠절과 초막절이 있습니다(출 34:22-23, 신 16:16). 이 삼대 절기는 과거 이스라엘 역사에서 하나님이 베푸신 크고 기이한 구속의 은혜를 기억하라는 의미입니다.

또한, 안식일을 거룩히 지키라고 명령하시며 "너희는 나의 안식일을 지키라 이는 나와 너희 사이에 너희 대대의 표징이니"(출 31:13), "내가 내 안식일을 주어 그들과 나 사이에 표징을 삼았었노라"(겔 20:12)고 말씀하셨습니다(겔 20:20).

둘째, 하나님이 인간의 역사에 개입하셨을 때 그 역사 현장의 부산물들을 '기념물'(Memorials)로 반드시 보존하라고 당부하셨습니다. 이것들 역시 고난의 세월 속에서 베풀어 주신 은혜를 기억하고 감사하게 하려는 것이었습니다.

성경에 나타난 기념물 몇 가지를 살펴보면 다음과 같습니다.

고라 일당과 회중 가운데 유명한 250명의 족장이 모세와 아론을 거스렸을 때(민 16:1-3), 땅이 그 입을 열어 그들과 그 가족과 속한 모든 사람과 물건까지 삼키고 여호와의 불이 나와서 250인을 소멸하였습니다(민 16:31-35). 이때 하나님의 지시를 받은 모세는 엘르아살에게 명하여 "불탄 자들의 드렸던 놋 향로를 취하여 쳐서 제단을 싸서 이스라엘 자손의 기념물이 되게" 하였습니다(민 16:36-40).

이스라엘 백성이 모세와 아론을 원망하며 그 지도권에 도전했을 때 아론의 지팡이에만 싹이 나게 하여, 그것을 언약궤 앞으로 가져다가 간직하여 패역한 자에 대한 표징으로 삼으셨습니다(민 17:10).

또 하나님은 광야에서 이스라엘 백성에게 먹이신 만나를 항아리에 담아 후손들을 위하여 언약궤 앞에 두어 간수하라고 명령하셨습니다(출 16:32-34).

하나님은 두 돌판도 언약궤에 넣어 간수하라고 명하셨습니다(신 10:2, 5). 이렇게 하나님은 아론의 싹 난 지팡이, 만나를 담은 항아리, 언약의 두 돌판을 언약궤에 담아(히 9:4) 대대로 보존하여 하나님의 은혜를 기억케 하는 기념물이 되게 하셨습니다.

광야에서 이스라엘 백성이 만든 놋뱀 역시 기념물이었습니다(민 21:4-9, 왕하 18:4). 험한 길 때문에 마음이 상하여 하나님을 원망하던 이스라엘 백성이 불뱀에 물려 죽게 되었을 때, 놋으로 만든 뱀을 쳐다봄으로 다시 살게 하셨습니다. 이 놋뱀은 훗날 십자가에 달리실 예수 그리스도를 예표하는 것으로(요 3:14-15), 진노 가운데서 긍휼을 베푸시는 하나님을 기억케 하는 기념물이었습니다.

또한 하나님은 모세 후에 여호수아를 세워 요단강을 건널 때 요단강 물이 갈라져 마른 땅이 되는 기적을 기념하게 하셨습니다(수 3장). 이때 하나님은 요단강 도하 사건을 영원히 기념하는 표징이 되도록(수 4:6) 열두 돌 기념비를 두 곳에 세우게 하셨습니다. 그 중하나는, 요단 가운데서 돌 열둘을 취하여 길갈에 세우게 하셨고(수 4:8, 20), 다른 하나는, 요단 가운데 언약궤를 멘 제사장들의 발이 굳게 섰던 곳에 세우게 하셨습니다(수 4:9). 여호수아 4:7에서는 "이 돌들이 이스라엘 자손에게 영영한 기념이 되리라"고 말씀하고 있습니다.

결국 "옛날을 기억하라"는 것은, 과거의 시간들이 고난과 시련의 역사였지만 그 속에서 하나님의 뜨거운 사랑과 은혜, 권고가 깃들어 있음을 깨닫고 하나님의 놀라운 구속 경륜을 깊이 헤아리라는 뜻입니다.

두 번째 명령,

Ⅱ. 역대의 연대를 생각하라
Consider the Years of All Generations
[בִּינוּ שְׁנוֹת דּוֹר־וָדוֹר]
너희는 거듭된 세대들의 연수들에 관심을 기울이라

모세는 이제 두 번째로 "역대의 연대를 생각하라"고 명령하고 있습니다. 이 명령은 "옛날을 기억하라"는 첫 번째 명령과 동일한 것으로 생각하기 쉽습니다. 그러나 거기에는 분명한 차이점이 있습니다.

1. 역대의 연대
Years of all generations

'역대의 연대'와 '옛날'은 과거를 가리킨다는 점에서는 일치하지만, '역대의 연대'는 '옛날'보다 훨씬 구체적이고 세밀한 역사를 지칭합니다. '연대'(שְׁנוֹת, 쉐노트)라는 말은 '해'(year)를 가리키는 히브리어 '샤나'(שְׁנָה)의 복수형입니다. '옛날'이 상당히 포괄적인 과거의 시간 전체를 포함하는 단어라면, '연대'는 '옛날'이라는 시간 속

에서 특별히 의미 있고 중요한 특정 시점을 가리킵니다. 또한 '역대'
라는 표현은 '세대'를 가리키는 히브리어 '도르'(דוֹר)가 두 번 반복
된 단어로, 하나님의 구원 역사 속에 나타나는 각 세대를 가리키는
말씀입니다.

그러므로 '옛날'이 과거의 시간 속에 이루어진 '하나님의 구원
역사'를 가리킨다면, '역대의 연대'는 그 구원 역사 속에서 각 세대
별로 하나님이 역사하신 구체적인 구속사적 경륜을 가리킵니다.

이러한 각 세대의 구속사적 경륜을 가장 핵심적으로 압축하여
기록한 것이 '족보'입니다. 그러므로 '족보'에 나타난 하나님의 구
원 역사를 성령의 도우심으로 상고할 수 있다면 그 세대에 감추인
하나님의 놀라운 구원의 섭리를 밝히 깨닫게 될 것입니다.

2. 생각하라
Consider

'역대의 연대를 생각하라'는 말씀에서 '생각하라'의 히브리어
'빈'(בִּין)의 기본적인 뜻은 '분별과 통찰'입니다. 사물과 사건의 이
치를 면밀히 관찰하여 살핌으로써 깊이 이해하고 분별하는 것입니
다. 따라서 '역대의 연대를 생각하라'는 것은 단순히 과거를 회상하
라는 의미가 아니라, 열심히 연구하고 관찰하여 깨달으라는 것입니
다. 이사야 선지자도 이스라엘 백성에게 '생각하여 보라!'고 거듭하
여 말씀합니다.

이사야 51:1-2 "의를 좇으며 여호와를 찾아 구하는 너희는 나를 들을
지어다 너희를 떠낸 반석과 너희를 파낸 우묵한 구덩이를 생각하여
보라 2너희 조상 아브라함과 너희를 생산한 사라를 생각하여 보라

아브라함이 혈혈 단신으로 있을 때에 내가 부르고 그에게 복을 주어
창성케 하였느니라"

위 구절에도 내용상 '역대의 연대를 통해서 나타났던 사건들과
인물들의 경험을 생각해 보라'는 뜻이 담겨 있습니다. 이스라엘의
조상 아브라함과 사라의 믿음, 그리고 이스라엘의 과거 역사를 '생
각하여 보라'는 말씀입니다. 다가올 역사적 현실이 바벨론 포로 생
활에서 고국으로 돌아갈 희망이 전혀 보이지 않을지라도, 아브라함
에게 베푸신 언약을 생각하고, 애굽에서 종 되었던 때 하나님이 이
루신 큰 역사를 하나하나 헤아려 보고 소망을 잃지 말라는 메시지
입니다.

세 번째 명령,

Ⅲ. 네 아비에게 물으라 그가 네게 설명할 것이요 네 어른들에게 물으라 그들이 네게 이르리로다

Ask Your Father, and He will Inform You

[שְׁאַל אָבִיךָ וְיַגֵּדְךָ זְקֵנֶיךָ וְיֹאמְרוּ לָךְ]

너는 네 아버지에게 간청하라 그러면 그가 네게 뜻을 알려 줄 것이다
그리고 네 장로들이 네게 말해 줄 것이다

모세의 세 번째 명령은 "네 아비에게 물으라 그가 네게 설명할 것이
요 네 어른들에게 물으라 그들이 네게 이르리로다"라는 말씀입니다.

1. 네 아비와 어른들
Your father and elders

물어보는 대상은 '아비와 어른들'입니다. '아비'는, '아버지'를 뜻하는 히브리어 '아브'(אָב)라는 단어로서, 일반적으로 부모를 지칭하기도 하지만 동시에 선조를 가리키기도 합니다. 그러므로 '아비'는 각 세대를 이끌었던 믿음의 족장들을 의미합니다.

또 '어른들'은 히브리어로 '자켄'(זָקֵן)인데, '늙은이, 장로'를 뜻하는 단어입니다. 이스라엘의 역사에서 '장로'는 단순히 나이 든 노인이 아니라 백성들의 지도자였습니다. 그래서 하나님은 모세에게 이스라엘 백성의 장로들을 불러 출애굽에 관한 대책을 숙의하도록 명령하셨습니다(출 3:16, 18).

모세가 말한 '아비'와 '어른들'은 아브라함을 비롯한 믿음의 족장들과 백성의 지도자들을 가리키는 전문적인 용어입니다. 그들은 하나님이 명하신 규례를 듣고 지켜 온 자들이요, 하나님이 주신 말씀과 규례 밖으로 넘어가지 않고, 하나님이 일으키신 역사의 실체를 조상들의 구전을 통해 교육 받은 해박한 경험자들입니다.

여기 역대 연대의 족장들은 대부분 장수한 인물들이었음을 주목해야 합니다. 인생을 살면서 짧은 시간에 배우고 습득할 수 있는 것이 있는가 하면, 오랜 시간을 통해 자기 경험에서 얻어지는 것이 있습니다. 특별히 경건한 족장들이 장수하면서 수많은 세월 동안 경험하고 깨달은 영적 진리가 얼마나 많았겠습니까? 그들에게 하나님의 말씀은 단순한 지식이 아니라 삶 속에 뿌리내린 산 지혜였습니다. 욥기 12:12에서 "늙은 자에게는 지혜가 있고 장수하는 자에게는 명철이 있느니라"고 말씀하셨습니다. 그러므로 레위기 19:32에서는 "너는 센 머리 앞에 일어서고 노인의 얼굴을 공경하며 네 하나

님을 경외하라 나는 여호와니라” 하였고, 잠언 16:31에서는 “백발
은 영화의 면류관이라 의로운 길에서 얻으리라” 하였던 것입니다.

그러므로 하나님은 경건하게 살면서 장수한 역대 연대의 족장들
에게 영적 지도권을 주시고 백성이 그들에게 묻게 하셨던 것입니
다. 나라에 어려움이 닥칠 때 사회의 ‘원로’들에게 자문을 구하듯
이, 가나안에 입성하여 새로운 사회와 문화 속에 살아가면서 신앙
에 큰 혼돈이 올 때 주저 없이 아비와 어른들에게 물을 것을 명령한
것입니다.

2. 물으라
Ask

“물으라”는 히브리어로 ‘샤알’(שָׁאַל)인데 그 뜻은 ‘요청하고 간청
하다’입니다. ‘강력한 질문’의 뜻이 내포된 단어입니다. 이 말은 거
지가 구걸하고 애원하듯이 능동적으로 선조들에게 정확한 답변을
듣기 위해 최선을 다해 구하라는 강한 의미가 있습니다. 곧 이스라
엘의 자손들이 큰 관심을 가지고 여호와께서 자기들에게 행하신 큰
일을 배우려고 적극적으로 힘쓰기를 요청한 것입니다.

과거에 이스라엘의 왕들과 백성이 자기 힘으로 해결할 수 없
는 어려운 일에 직면했을 때, 하나님께 직접 묻거나, 하나님의 사
람과 선지자들에게 물었습니다(왕상 22:7, 왕하 3:11, 22:13, 대하 18:6).
열왕기상 22:7에서 여호사밧왕은 전쟁 중에 “우리가 물을 만한 여
호와의 선지자가 여기 있지 아니하니이까”라고 하였습니다. 다윗
도 여호와께 수없이 묻고 또 묻는 삶을 살았습니다(삼상 23:2, 30:8,
삼하 5:19, 5:23, 대상 14:10). 다윗이 적극적으로 물을 때 하나님이

친히 응답하셨고, 그때마다 다윗은 승전의 영광을 차지하였습니다. 그러나 여호와께 묻지 않은 여호수아는, 위장하고 찾아온 기브온 족속에게 속아 화친 조약을 맺는 큰 실수를 범하게 되었습니다 (수 9:14-15).

3. 설명할 것이요 이르리로다
He will inform you and they will tell you

하나님은 아비와 어른들에게 물으면 반드시 응답이 있을 것이라고 말씀하셨습니다. 신명기 32:7은 "… 네 아비에게 물으라 그가 네게 설명할 것이요 네 어른들에게 물으라 그들이 네게 이르리로다"고 말씀하고 있습니다. 아비에게 물으면 분명히 설명해 주시고, 어른들에게 물으면 충분히 일러 주실 것이라고 말씀하십니다.

여기 '설명할 것이요'는 히브리어로 '나가드'(נָגַד)인데, '어떤 물건을 높은 곳에 놓아 사람들 눈에 잘 띄게 한다'는 어원에서 유래된 단어입니다. 하나님이 사람에게 자기 뜻을 계시할 때 사용되는 말입니다. 하나님이 꿈으로 자신의 뜻을 알려 주시는 경우(창 41:25)나, 선지자들이 하나님의 말씀을 받아 백성들에게 선포하여 알게 하는 경우(신 4:13)에도 '나가드'라는 단어가 쓰였습니다.

또 '이르리로다'는 히브리어로 '아마르'(אָמַר)인데, 이것은 '말하다, 증명하다, 대답하다'라는 뜻을 가지고 있습니다. 백성이 지도자들에게 물을 때, 확실히 대답해 준다는 뜻입니다.

신앙적인 문제는 아브라함과 같은 믿음의 족장들에게 물어 답을 얻고, 공동체 속에서 빚어지는 생활상의 문제는 행정적인 책임을 진 지도자들에게 묻는 것이 올바른 방법입니다.

이제 많은 '아비와 어른들'은 세월의 흐름과 함께 역사에서 사라지고 말았습니다. 그러나 그들은 지금도 살아서, 묻는 후손들에게 대답하고 있습니다. 우리는 성경에 나타난 많은 믿음의 족장들에게 그들 세대에 감추어진 하나님의 구속 경륜을 물어 깨닫고, 오늘날 우리 세대에 하나님의 뜻을 성취시키는 삶을 살아야 할 것입니다.

4. 법고창신의 정신으로
The unchanging Word of God

조선 후기의 실학자(實學者) 박지원(1737-1805)은 '법고창신'(法古創新)이라는 유명한 말을 남겼는데, 신명기 32:7의 "옛날을 기억하고 역대의 연대를 생각하라"는 의도와 같은 의미이기에 잠시 전하고자 합니다. 이 말은 '옛 것을 본받아 새로운 것을 창조(創造)한다'는 뜻으로, '옛 것을 익히고 새로운 것을 안다'는 '온고이지신'(溫故而知新)보다 한층 더 역동적인 말이라 하겠습니다.

세상 것은 그 무엇이든 항상 변하기 마련이므로 '옛 것'과 '새 것'을 구분하는 것조차 무의미합니다. 그러나 살아 계신 '하나님의 말씀'은 영원토록 변하지 않는 것입니다(히 13:8, 1:12). 그 말씀은 어제나 오늘이나 한결같이 썩지 않고, 녹슬지 않고, 좌우의 날선 검으로 지금도 우리 앞에 살아서 증거되고 있습니다(히 4:12, 벧전 1:23).

그러므로 모세가 하나님의 계시를 받아 명령한 신명기 32:7의 말씀대로 옛날을 기억하고 역대의 연대를 생각할 때, 법고창신(法古創新)의 참의의를 바로 세울 수 있을 것입니다. 하나님의 말씀 그 자체가 새 역사입니다. 하나님의 말씀을 잊어버리고 빼앗겨 버릴 때 악이 생기고, 흠이 생기고, 사곡(邪曲)[1]한 역사가 생기게 되는 것입니다(신 32:5).

이제 우리는 안식의 땅 영원한 가나안(하나님의 나라, 천국)을 바라보는 성도로서, 120세 노령의 모세가 가나안 입성 직전에 마지막으로 애절하게 외쳤던 그 말씀을 오늘의 음성으로 받아야 하겠습니다. 우리가 성령의 도우심으로 족보 속에 담긴 그 '옛날'과 '역대의 연대'를 상고해 나갈 때, 하나님의 구속사적 경륜 속에 감추인 보화들을 발견할 수 있을 것입니다. 또한 이것을 우리 자신만 아는 데 그치지 않고 주님이 다시 오시는 그날까지 남아 있을 경건한 신앙의 후손들에게 올바로 가르쳐 전수해야 합니다. 그것이 하나님이 우리를 세상에 남겨 두신 이유이며, 언약의 후손들을 세상 끝날까지 보존하시려는 하나님의 구속 섭리입니다(창 45:7).

오늘날 이러한 하나님의 뜻을 깨닫고 이 길을 걷는 자, 족보 속에 담긴 옛날과 역대의 연대의 경건한 선조들의 발자취를 따르는 자들은 히브리서 기자의 말씀대로 '남아 있는 안식'의 주인공으로 들어가게 될 것을 확신합니다(히 4:1-11).

하나님의 구속 경륜과
창세기의 족보

God's Administration of Redemption
and the Genesis Genealogies

I
하나님의 구속 경륜
GOD'S ADMINISTRATION OF REDEMPTION

성경은 창조 기사의 기술(記述)로 시작하여(창 1-2장), 새 하늘과 새 땅으로 끝을 맺고 있습니다(계 21-22장). 성경은 단순히 이스라엘 민족사가 아니라, '창조'라는 큰 역사적 사건을 시발점으로 하여 새 하늘과 새 땅의 완성에 이르기까지 '하나님의 구속사'라는 대(大)주제를 가지고 기록되어 있습니다.

'구속사'라는 말에서 '구속'(救贖)은 '해방'과 같은 뜻으로, 죄의 속박에서 그 값을 주고 풀려나 자유롭게 되는 '구원'을 말합니다. 따라서 '구속'은 반드시 어떤 대가를 지불해야 한다는 것을 전제하고 있습니다. 죄의 결과인 '사망'(롬 6:23)의 값을 우리 대신 지불하시고 구속을 이루신 분은 천상천하에 오직 예수 한 분뿐이십니다 (마 20:28).

디모데전서 2:6에서는 "그가 모든 사람을 위하여 자기를 속전으로 주셨으니", 마태복음 20:28에서는 "자기 목숨을 많은 사람의 대속물로 주려 함이니라", 에베소서 1:7에서는 "그의 피로 말미암아 구속 곧 죄 사함을 받았으니"라고 말씀합니다. 또한 베드로전서 1:18-19

에서는 우리의 구속함이 금이나 은으로 된 것이 아니라 '그리스도의 보배로운 피'로 된 것이라고 하였습니다. 죄를 알지도 못하신 분에게 (히 4:14-15) 전 인류의 죄를 몽땅 전가하시고 우리에게는 하나님의 의를 선물로 주셨습니다(롬 8:3-4, 4:25, 고후 5:21, 엡 2:8, 골 1:20-22, 벧전 3:18). 죄 없는 분을 '죄 있는 모양'으로 이 땅에 보내시어, '율법의 요구'를 만족시키기 위해 주님의 생명을 값으로 지불하셨습니다(롬 8:3-4). 그리하여 골로새서 1:20-22에서는 '악한 행실로 원수가 되었던 우리를 그의 육체의 죽음(십자가의 피-20절)으로 화목케 하사 거룩하고 흠 없고 책망할 것이 없는 자로 그 앞에 세우고자 하셨다'고 말씀하고 있습니다.

'구속사'란 바로 이러한 예수 그리스도의 죽음과 부활을 중심으로 죄인들을 구원하는 전 역사를 말합니다. 좀 더 폭넓은 의미에서 '구속사'를 정의하자면, 인류의 시조 아담과 하와의 타락으로 잃어버렸던 낙원의 회복을 위해 인류와 만물을 새롭게 하시려는 하나님의 경륜이라고 할 수 있습니다(계 21:5).

따라서 세계사의 중심은 구속사이고, 구속사의 중심은 예수 그리스도입니다. 예수 그리스도는 주전(BC)과 주후(AD)를 나누는 세기적 원년의 주인이요, 구약의 최종 완성이고, 신약의 근거이며, 신구약 성경의 핵심입니다. 이 땅에서 펼쳐지는 모든 역사는 예수 그리스도를 중심으로 진행되고 예수 그리스도를 통하여 성취되며, 예수 그리스도가 다시 오심으로 완성될 것입니다.

성경은 이러한 구속사의 주인공이신 예수 그리스도를 가리켜 '하나님의 비밀'이라고 하였습니다. 그래서 골로새서 2:2에서 "하나님의 비밀인 그리스도"라고 말씀하고 있습니다. 골로새서 1:26-

27에서는 "이 비밀은 만세와 만대로부터 옴으로 감취었던 것인데 이제는 그의 성도들에게 나타났고 하나님이 그들로 하여금 이 비밀의 영광이 이방인 가운데 어떻게 풍성한 것을 알게 하려 하심이라 이 비밀은 너희 안에 계신 그리스도시니 곧 영광의 소망이니라"라고 말씀하고 있습니다.

우리가 살고 있는 세상의 모든 역사는 하나님의 구원 역사 속에 기초하고 있습니다. 왜냐하면 하나님이 역사의 근원이자 그 발달과 변화의 근본이기 때문입니다(대상 29:11-12, 욥 12:23, 시 103:19, 단 4:25, 엡 1:11). 하나님의 구속사는 세속 역사와 분리된 별개의 역사가 아닙니다. 하나님은 역사 속에 들어오셔서 역사와 함께, 역사를 통하여, 역사의 지평 위에서 일하고 계시기 때문입니다. 그러므로 성경을 깊이 연구하고 상고하여 볼 때 비로소 세계사의 과거와 현재와 미래의 진상을 밝히 알 수 있게 됩니다.

지금까지 우리는 하나님을 믿고 그분의 자녀가 되었지만, 이토록 거대한 세상 역사의 주관자이신 하나님의 마음이 얼마나 넓고, 또 그분의 계획이 얼마나 섬세한가를 제대로 깨닫지 못하고 있었습니다. 이제 우리는 하나님의 구원 계획을 처음부터 자세히 상고함으로 크신 하나님을 바라보는 눈을 가지고, 그 구원 계획을 높이 찬양할 수 있기를 소원합니다. 그리고 지금 우리 자신이 하나님의 구속사의 과정에서 어느 지점쯤에 서 있는지, 자신의 위치와 사명을 새롭게 발견할 수 있기를 바랍니다.

1. 하나님의 경륜으로서의 구속사
The history of redemption as a part of God's administration

아담이 타락한 이후 성부 하나님이 계획하시고, 성자 예수님이 성취하시고, 성령님이 완성하신 전 인류의 모든 역사는 하나님의 경륜 가운데 흐르고 있는 구속사입니다.

(1) '하나님의 경륜'이 무엇입니까?

'경륜'이란 말은 통상적으로 우리 귀에 익숙한 단어가 아닙니다. 한자로는 '날 경(經), 낚시줄 륜'(綸)으로, '일을 조직하여 경영함'이라는 뜻입니다. '경륜'이란 말의 헬라어는 '오이코노미아'(οἰκονομία)입니다. 이 단어가 에베소서에 세 번 쓰였습니다(엡 1:9, 3:2, 9). 그 뜻은 '청지기(눅 16:2-4, 갈 4:2), 직분(고전 9:17), 경륜(골 1:25), 심오한 뜻'(엡 1:9)으로 번역됩니다. 이러한 의미를 종합해 볼 때, '경륜'은 청지기가 집을 관리하고 다스리듯이, 온 우주의 주인이신 하나님이 인류의 구원을 위해 지상의 교회와 그리스도를 통해 '천하를 다스리는 경영'을 의미합니다. 그렇다면 '하나님의 경륜'은 하나님이 자기 백성의 구원을 위하여 우주 만물의 운행과 질서, 시간을 가장 적절히 조절하며, 분배하고, 배열하며, 계획하고, 지배하며 관리하시는 일체의 과정을 뜻합니다(골 1:25). 그것은 오직 죄악된 인류의 구원을 온전히 이루어 가는 데 초점이 있는 것이며, 그 경륜을 실현시키는 일은 전적으로 '그리스도'와 '교회'와 관련되어 있습니다(엡 1:20-23).

하나님의 경륜과 구속사의 관계를 정리하자면, 하나님이 영원 전부터 계획하신 작정을 성취시키기 위해서 전 우주와 세상의 역사 속에서 행하시는 하나님 자신의 관리와 경영이 '하나님의 경륜'이요, 인간의 구속을 위한 하나님의 작정대로 이 땅에서 성취되고 펼쳐진 그 모든 역사가 '구속사'입니다. 구속사의 핵심은 메시아에 대한 예언과 그 예언의 성취에 있습니다.

(2) 하나님의 경륜은 오직 하나님의 작정과 예정 속에서 이루어집니다.

'하나님의 작정'이라 함은 '영원 전부터 창세 전에 하나님이 미리 계획하신 자신의 뜻'을 말합니다(엡 1:4-5, 3:11). 우리의 구원은 영원 전부터 예정된 것입니다(딛 1:2, 딤후 1:9). 마태복음 25:34에서는 "창세로부터 너희를 위하여 예비된 나라를 상속하라"라고 하였습니다. 이처럼 세상 창조 이전에 하나님은 우리 각자의 구원을 위한 계획을 미리 마련하신 것입니다.

하나님이 예수님을 통해 자기 백성을 구원코자 하신 것은 창세 영원 전부터 작정되고 계획된 것입니다(요 1:1-4, 18, 17:5, 24, 잠 8:22-23). 그래서 예수님이 이 땅에 오신 사건을 가리켜 에베소서 1:9에서 바울은 '때가 찬 경륜'이라고 하였습니다. 이것은 하나님의 구원 계획이 성육신하신 예수 그리스도를 통해 역사 속에서 마침내 성취되었음을 나타낸 말입니다. 그러므로 하나님의 모든 구속 경륜은 사도 바울이 강조했듯이 오직 그리스도 안에서만 성취되는 것입니다(엡 1:3-4, 7, 9-10, 12, 15, 20).

또한 사도 바울은 예수님이 이 땅에 오신 이후 이스라엘의 선민 개념을 무너뜨리시고 이방인도 구원하시려는 하나님의 작정과 계획이 실현된 것을 깨닫고 놀라워하면서, 그것을 가리켜 '비밀의 경륜'이라고 하였습니다(엡 3:9). 그것은 이전까지 아무에게도 알려지지 않았던 것이기 때문입니다.

하나님은 지금도 '때가 찬 경륜'과 '비밀의 경륜'이라는 구속사의 설계대로 친히 역사 속에 개입하셔서 영원 전에 계획하신 자신의 뜻을 하나하나 빠짐없이 실현해 나가고 계십니다. 이 구속 역사는 하나님의 작정과 계획이 모두 성취될 때까지 멈추지 않고 전개될 것이며 예수 그리스도의 재림으로 마침내 완성될 것입니다.

2. 구속사의 내용과 범위
The focus and scope of redemptive history

(1) 구속사의 내용은 타락한 인류의 구원입니다.

인류 구원의 내용 한복판에는 하나님의 은혜가 한없이 솟구치고 있습니다. 구속사의 핵심은 무서운 심판이나 진노가 아니고, 한 사람이라도 더 구원에 이르기를 원하시는 하나님의 인내, 은혜와 자비의 역사입니다(살전 5:9, 딤전 2:4, 벧후 3:9). 하나님은 한 번도 타락한 인류 구원의 의지를 포기한 적이 없습니다. 죄악의 관영으로 인류가 심판의 위기를 맞을 때마다 언제나 생각 밖의 은혜를 베풀어 주셨습니다. 그것은 바로 '거룩한 씨'를 보존하시고(벧후 2:5), 최후의 그루터기를 남기신 데서 발견됩니다(사 6:13). 하나님은 아주 절망적인 상황에서 생명을 용솟음치게 하셨고, 인간의 죄가 커지고 많아질수록 하나님의 은혜와 자비가 더욱 강하게 빛을 발하게 하셨습니다(롬 5:20).

(2) 구속의 범위는 인간의 전인적 구속과 전 우주의 회복입니다.

아담 한 사람의 범죄로 하나님의 진노와 저주가 전 인류에게 미쳤고, 또 사람뿐 아니라 온 우주 만물에도 영향을 미치게 되었습니다(롬 5:12, 15, 17, 20). 그러므로 '구속'은 단순히 인간에게 국한된 문제가 아닙니다. 전 우주를 다 포괄하며, 영혼뿐만 아니라 육체도 포함하는 전인(全人) 구속을 가리킵니다(롬 8:19-23).

사도 바울은 로마서 8장에서 타락으로 인한 우주적인 3대 탄식에 대하여 말씀하였습니다.

첫째, 피조물의 탄식입니다(롬 8:22). 인간의 타락으로 저주가 피조물에게도 확산되었기에(창 3:17-19), 모든 피조세계도 하나님의 아들들이 타락에서 회복될 영광스러운 구속의 날을 고대하고 있는 것입니다(롬 8:19). 왜냐하면 그때 모든 피조물도 저주의 상태에서 벗어나 창조 본연의 위치로 돌아갈 것이기 때문입니다.

둘째, 성도의 탄식입니다(롬 8:23). 성도들은 비록 예수 그리스도를 믿음으로 하나님의 자녀가 되었지만, 아직 육신은 병들고 죽어야 하는 불완전한 상태에 있기에, 이제 주님의 재림으로 말미암아 우리의 몸까지 영화롭게 되기를 간절히 소망하는 것입니다(고전 15:50-58).

셋째, 성령의 탄식입니다(롬 8:26). 성령님은 모든 성도들이 타락에서 하루 빨리 실제적으로 회복되기를 간절히 소망하시면서, 성도를 위하여 '말할 수 없는 탄식'으로 기도해 주십니다.

하나님의 모든 구속의 역사가 성취되는 날, 이 우주적인 3대 탄식도 다 그치고 전 우주가 회복되는 영광스러운 순간이 도래하게 될 것입니다.

(3) 구속의 방법은 예수 그리스도의 대속입니다.

이 구속사는 아담이 타락한 이후 '여자의 후손'에 관한 약속으로 이어졌습니다(창 3:15). 이 약속 이후 하나님은 친히 아담과 그 아내를 위하여 가죽옷을 지어 입히셨습니다(창 3:21). 옷을 짓기 위해 짐승의 가죽이 사용된 것은 인간을 위해 짐승이 피 흘리고 죽어간 것을 보여 줍니다. 죄를 지은 인간을 감싸기 위해 죄 없는 짐승이 대신 희생된 것입니다. 이것은 장차 무죄하신 예수 그리스도가 속죄 어린양으로(요 1:29, 고전 5:7, 계 5:6) 십자가에서 희생의 피를 흘려 죄인들을 대속(代贖)하시고 구원하실 것을 예표합니다. 예수 그리스도의 십자가의 공로만이 인간의 죄와 고통을 해결시켜 주십니다. 죄인은 십자가의 보혈로서 그리스도의 의를 받아야 하고, 그리할 때 모든 죄의 수치를 온전히 가리울 수 있습니다(롬 3:25, 13:14, 갈 3:27, 엡 4:24, 골 3:10).

가죽옷을 하나님이 직접 지으시고 손수 입혀 주신 것은(창 3:21下), 범죄한 후 인간이 전적으로 무능하게 되었으므로(롬 3:10) 인간의 구원은 오직 하나님의 주권적인 은혜로만 가능하다는 사실을 보여 줍니다.

창세기 3:15이 '복음'의 최초 선포라면, 창세기 3:21은 '속죄'의 최초 선포라 할 것입니다. 보배로운 그리스도의 피의 희생으로 말미암아 인간을 구속하실 놀라운 섭리를 이미 아담과 하와를 통해 보여 주신 것입니다. 그런 의미에서 창세기 3장은 인류 타락의 시작이요 동시에 타락한 인류의 살 길을 열어 준 복음의 시작이요, 속죄 복음의 근원지인 것입니다.

3. 구속사의 최고 봉우리 그리스도
Christ, the apex of redemptive history

구속사의 정점에는 누가 계십니까? 정점은 문자적으로 '맨 꼭대기, 최고 지점'이라는 뜻입니다. 그런 의미에서 바로 성육신하신 예수 그

리스도가 구속의 절정입니다. 왜냐하면 하나님의 구속 경륜은 예수
님의 십자가에서 온전히 공개되고 거기서 성취되었기 때문입니다.

(1) 성경은 점진적으로 메시아를 소개하고 있습니다.

신구약은 모든 사건과 각 시대의 흐름에 따라 점진적으로 메시
아를 소개하였습니다(요 5:39, 45-47, 히 1:1-2). 그렇기 때문에 성경을
보는 우리의 관심은 오직 메시아와, 그분을 통해 성취하시는 구속
사, 거기에 집중되어야 합니다. 즉 그리스도를 통해서 어떻게 인류
를 구원하셨고, 또 어떻게 그 구원의 끝을 마무리 하실 것인가에 대
해 집중해야 하는 것입니다.

처음 약속된 메시아의 약속은 '여자의 후손'으로 오신다는 것이
었습니다(창 3:15). 이 약속은 '처녀가 잉태하는 아들'로 좀 더 점진
적으로 계시되었으며(사 7:14), 때가 차매(갈 4:4) 예수 그리스도가
동정녀 마리아의 몸에서 성령으로 잉태되어 나심으로 마침내 성취
된 것입니다(마 1:18-25).

(2) 예수 그리스도의 십자가의 죽으심은, 하나님의 구속 경륜 가운데
작정된 것이었습니다.

예수님의 십자가는 우연히 일어나거나 갑자기 이루어진 사건이
아니었습니다. 예수님 자신은 십자가를 앞두고 "인자는 이미 작정
된 대로" 간다고 하셨고(눅 22:22), "내가 이를 위하여 이때에 왔나
이다"라고 하셨습니다(요 12:27). 겟세마네 동산에서도 자신의 뜻이
아니라 오직 "아버지의 뜻"대로 되기를 간구하셨습니다(마 26:38-
42, 눅 22:44, 히 5:7). 이에 대하여 사도 바울은 그리스도께서 "성경
대로" 우리 죄를 위하여 죽으셨다고 하였습니다(고전 15:3). 과연 우

리의 구속주이신 예수님은 성경대로 이 땅에 오시어, 성경대로 사셨고, 성경대로 십자가에 죽으셨습니다. 성경대로 삼 일 만에 사망 권세를 깨뜨리시고 부활하셨으며, 성경대로 이 땅에 40일 동안 계시다가 승천하셨습니다. 그분의 재림 또한 성경에 기록된 말씀 그대로 마침내 성취될 것입니다. 이 모든 것이 하나님의 영원한 구속 경륜 가운데 작정된 것입니다.

(3) 예수 그리스도는 십자가로 구속을 단번에 이루셨고, 그 속죄 효력은 영원합니다.

히브리서 9:12에서는 "… 오직 자기 피로 영원한 속죄를 이루사 단번에 성소에 들어가셨느니라"고 말씀하고 있습니다. 예수님의 십자가는 약 2,000년 전의 역사적인 한 사건으로 마친 것이 아닙니다. 그 공효는 현재까지 발생하고 있으며 그 구속의 효력은 영원합니다. 구약의 제사장은 죽음을 인하여 계속 바뀌어야만 했습니다 (히 7:23). 속죄를 위하여 날마다 속죄 제물을 준비해야 했고 그 제물의 피를 계속 드려야 했습니다(히 7:20-28). 그러나 맹세 언약으로 세우신 우리의 대제사장 예수 그리스도는 영원한 제사장이요(히 7:21-24), 동시에 영원한 제물로서 자신을 단번에 드리신 분입니다(히 7:26-28, 9:26, 28, 10:10, 롬 6:10). '단번에'라는 말은 헬라어로 '에파팍스'($\dot{\epsilon}\varphi\acute{\alpha}\pi\alpha\xi$)인데 '한 번으로 영원히'라는 뜻입니다.

그러므로 예수님이 십자가 대속의 죽음으로 이루신 구원은 임시 변통이 아니라 영원한 구원을 성취하신 것입니다.

(4) 재림을 통해 구속 사역은 완성될 것입니다.

구약에서 예수 그리스도는 여러 부분과 여러 모양으로 계시되어 왔습니다(히 1:1). 예수 그리스도는 구약의 예언대로 말씀이 육신이 되어 이 땅에 오셨습니다. 때가 차매 육신을 입고 오신 예수님은 이 땅에 계시는 동안 십자가에 달려 돌아가시기까지 계속해서 말씀을 선포하시며 한순간도 쉬지 않고 일을 하셨습니다(갈 4:4, 요 5:17). 그것은 만세 전에 예정된 죄인의 구원을 위한 하나님의 열심이었습니다(사 9:7, 고후 11:2, 사 62:1). 예수 그리스도는 십자가에서 피 흘리심으로 인간을 향한 끝없는 사랑을 확증하시고(롬 5:8, 요일 4:10) 구속 사역을 완성하셨습니다. 이 후로 성령님은 예수님이 이룩하신 십자가 보혈의 공로를 구원 받기로 예정된 각각의 사람들에게 적용시킴으로 구원의 길로 인도하고 계십니다. 이제 초림으로 구속 사역을 이루신 하나님은 재림을 통해 그것을 완성하실 것입니다.

주님이 재림하실 때 그리스도 안에서 죽은 자들이 먼저 신령한 몸으로 부활하고 살아 있는 성도들이 신령한 몸으로 변화하여 구원의 완성을 이루게 될 것입니다(고전 15:51-54, 살전 4:16-17). 천년 왕국 후에, 세상을 타락시킨 사단 마귀는 불과 유황 못에 던짐을 당하고, 마침내 처음 하늘과 처음 땅은 없어지고 새 하늘과 새 땅이 이루어질 것입니다(계 20:1-10, 21:1).

이처럼 아담이 타락한 이후 한순간도 쉬지 않고 달려온 하나님의 구속 역사는 주님의 재림으로 영광스럽게 최종 완성을 이룩할 것입니다. 하나님의 구속사가 그 정점에 도달할 때까지 하나님의 손에서 귀하게 쓰임 받는 성도들이 되시기를 바랍니다.

II
하나님의 구속사와 족보
GOD'S HISTORY OF REDEMPTION AND THE GENEALOGIES

1. 족보의 구속사적 의미
The redemptive-historical significance of the genealogies

구속사는, 하나님의 형상으로 창조되었으나 죄를 짓고 사망의 길을 걷게 된 인간의 구원과 우주 만물의 회복을 이루는 전체 역사입니다. 구속사의 가장 큰 흐름은 창조와 타락과 회복입니다. 따라서 여자의 후손으로 태어날 메시아가 누구인지, 그리고 그를 소망하는 하나님의 백성들이 메시아를 통해 얻게 될 구원에 초점이 모아져 있습니다. 이러한 구속사의 핵심적인 흐름과 주제들이, 족보에 기록된 각 인물들을 통해 명백하게 제시되어 있습니다.

족보에 기록된 인물들의 이름과 그들이 향수한 연대에는 매우 간결하게 구속사가 압축되어 있습니다.

성경은 이러한 구속사의 큰 흐름을 여러 단위의 족보를 통해 말씀하고 있습니다. 대표적으로 창세기 5장에 나오는 아담의 족보는 아담에서 그의 10대손 노아까지, 창세기 11장에 나오는 셈 자손의 족보는 셈에서 그의 10대손 아브라함에 이르는 과정을 소개해 줌으로써 메시아가 아브라함의 후손으로 오실 것을 명확히 해 주고 있습니다. 특히 창세기 5장과 11장 족보의 경우, 약 4,000-6,000년 전의 사람임에도 불구하고 한 인물의 출생, 그 자녀의 출산, 그리고 그가 향수한 햇수까지 빠짐 없이 연속적으로 기록하고 있습니다. 그리하여 하나의 완전한 연대표를 제시하고 있습니다. 이들 족보는 실재하는 역사 속에서 하나님의 구속사가 한 세대도 빠짐없이 계속되고 있음을 명확히 전달하고 있습니다.

창세기의 족보 이후에 룻기의 족보(룻 4:18-22)는 유다의 아들 베레스의 출생에서 다윗의 출생까지 약 840년에 해당하는 인물을 단 10명으로 압축한 짧은 족보입니다. 이것은 야곱의 열두 아들 가운데 넷째 아들 유다를 통해 메시아가 오실 것을 보여 줍니다. 또한 히브리 원문 성경에서 가장 마지막에 기록된 역대기는 1장부터 9장까지가 족보이며, 아담부터 암흑기 이전까지 약 3,600년이 훨씬 넘는 기간에 해당하는 수많은 인물들이 구속사적 관점에서 기록되어 있습니다. 이러한 구약의 구속사의 흐름을 전체적으로 요약하고 있는 것이 마태복음 1장의 족보입니다. 마태는 "아브라함과 다윗의 자손 예수 그리스도의 세계"(마 1:1)라고 시작함으로써, 창세기 5장과 창세기 11장과 룻기의 족보, 그리고 역대기의 족보(대상 1-9장)를 거쳐 마침내 메시아로 오신 예수님을 소개하고 있습니다.

그러므로 창세기의 족보를 깊이 상고하면 할수록 예수 그리스도를 향한 구속사적 경륜이 더 밝히 드러나게 됩니다. 각 족보에 나타난 이름, 출생과 사망, 각 인물에 대한 설명 등은 그 시대의 상황을 선명하게 알려 주고 있으며, 나아가 장차 오실 예수 그리스도의 다양한 모습을 증거하는 계시적 역할을 하고 있습니다. 이런 의미에서 족보는 구속사의 핵심이요, 족보에 대한 연구는 하나님의 경륜을 가장 확실하게 찾아내는 지름길이 될 것입니다.

세상에 뜻 없는 소리는 하나도 없습니다. 하물며 성경의 족보에 나타난 인물들이겠습니까? 여기에는 무수한 보화들이 가득 담겨 있는 것입니다. 그러므로 족보를 인물의 무의미한 반복적인 열거로 여기는 우를 범하지 말아야 할 것입니다. 우리는 보혜사 성령님의 감동과 감화를 통해 족보 속에서 세밀하게 구속사의 광맥을 찾아야 할 것입니다.

2. 족보의 형식과 흐름
Structure and flow of the genealogies

하나님이 여러 부분과 여러 모양으로 섭리하신 구속 역사 속에는 한 가지 뚜렷한 목적과 방향이 있습니다(히 1:1-2). 바로, 택한 백성을 구속하시기 위해 여자의 후손으로 약속된 메시아를 보내시는 일입니다(창 3:15). 메시아를 보내신 하나님의 구속 경륜을 기록한 것이 성경이며, 그 가운데 가장 간결하게 압축된 기록이 족보입니다. 이러한 족보는 여러 가지 형식과 흐름을 가지고 있습니다.

(1) 족보의 형식
족보는 그 형식에 따라

첫째, **상향식**(조상으로 거슬러 올라가는 형식)과 **하향식**(자손으로 내려가는 형식) 족보로 구분할 수 있습니다.

누가복음 3장에 나오는 족보는 대표적인 상향식 족보로, 예수 그리스도로부터 거슬러 올라가 아담과 그리고 하나님에 이르고 있습니다. 역대상 6:33-47은 헤만에서 시작하여 레위로 올라가는 상향식 족보입니다.

하향식 족보는 족보의 마지막에 등장하는 인물(맨 끝 자손)에 초점이 모아져 있습니다. 예를 들어 창세기 5장 아담의 족보에서는 마지막 10대손인 '노아'에 초점이 모아져 있고, 창세기 11장에 나오는 셈에서 아브라함까지의 족보 역시 10대째 인물인 아브라함에게 초점이 모아져 있습니다.

둘째, 수직적 족보와 수평적 족보로 구분할 수 있습니다.

수직적 족보는 직계 자손의 흐름을 중심으로 기록된 족보입니다. 창세기 4장의 가인 계열의 족보나 창세기 5장의 셋 계열의 족보가 대표적인 경우입니다. 수평적 족보는 한 인물의 여러 아들들의 족보를 한꺼번에 다 기록하는 족보입니다. 노아의 세 아들 중 함과 야벳에 대한 족보(창 10:2-20), 나홀의 족보(창 22:20-24), 그두라의 가계(창 25:1-6), 이스마엘의 자손(창 25:12-16), 에서의 자손(창 36:1-43) 등의 기록이 여기에 해당됩니다.

(2) 족보의 두 가지 흐름

하나님의 구속 역사가 진행되는 동안 그 구속사를 단절시키려는 사단의 집요한 공세 또한 한 세대도 쉬지 않고 지속되었습니다. 가인의 살인 사건(창 4:1-12)을 시작으로 아기 예수를 살해하려는 헤롯의 음모(마 2:1-13)에 이르기까지 사단의 역사는 구속사 전반을 통해 끊임없이 계속되었습니다. 창세기 4장은 구속사를 단절시키려 했던 가인 계열의 족보이며, 창세기 5장은 아담의 아들 '셋'을 중심으로 하나님의 구속사를 이끌어 갔던 사람들의 족보라 할 수 있습니다. 이렇게 족보는 하나님의 구속사의 뜻을 성취시켜 나가는 신앙적인 자손들의 족보와, 그 뜻을 대적하는 불신앙적인 자손들의 족보라는 두 가지 흐름이 있습니다.

성경의 중심적인 족보는 신앙적인 자손들의 족보입니다. 대표적으로 창세기 5장의 아담의 족보, 창세기 11장의 셈의 족보는 아담에서 아브라함까지 이어지는 신앙적인 자손들의 흐름을 보여 주는 족보입니다. 나아가 룻기 4장의 보아스 족보는 유다의 아들 베레스에서 다윗왕까지 신앙적인 자손들의 족보입니다. 마태복음 1장의 족보는 아브라함부터 예수님까지 이르는 42대 속에서 하나님의 언약을 통한 구속 역사를 일목요연하게 드러내 주고 있습니다. 물론 신앙적인 자손들의 족보에 악한 인물들이 나오기는 하지만 그들에 의해 하나님의 구속사적 경륜이 결코 중단된 적이 없습니다.

다음으로 불신앙적인 자손들의 족보가 있습니다. 성경은 이 족보에 대해서도 상당 분량을 할애하고 있습니다. 가장 대표적인 것은 창세기 4장에 나오는 가인 계열의 족보입니다. 그 외에 함의 자손의 족보(창 10:6-20), 이스마엘 자손의 족보(창 25:12-16), 에서 자손의 족보(창 36:1-43) 등이 여기에 해당됩니다.

신앙적인 자손들의 족보는 한 조상으로부터 마지막 후손까지 빠짐없이 수직적으로 기록되어 마침내 예수 그리스도에게서 열매 맺고 있습니다. 반면에, 불신앙적인 자손들의 족보는 그렇지 않습니다. 불신앙적인 족보에 나오는 인물들은 구속 역사 내내 하나님을 대적하고 하나님의 선민을 괴롭히면서, 자신들의 문화와 문명을 화려하게 건설하였으나 결국에는 멸망을 받아 역사에서 사라지고 말았습니다.

Ⅲ
창세기의 족보
THE GENEALOGIES IN GENESIS

창세기는 전체적으로 10개의 족보로 구성되어 있습니다. 그래서 창세기는 '족보 책', '계보 이야기'라는 별명을 가지고 있습니다.

창세기는 성경 66권을 시작하는 책입니다. 인류의 시작과 근원을 밝히면서 경건한 자손 한 사람 한 사람의 배후에서 섭리하신 하나님의 역사를 계시하고 있습니다.

창세기는 아담부터 요셉의 죽음까지 약 2,300여 년의 거대하고 방대한 역사를 50장 분량에 모두 기록하고 있습니다.^{이해도움 1-족장들의 연대기표 참조} 하나님의 섭리를 그 짧은 50장에 세밀하게 기록한다는 것은 불가능합니다. 그리하여 창세기는 약 2,300여 년이라는 길고 긴 세대의 구속 섭리를 '족보' 형식으로 압축하여 기록하고 있습니다.

창세기에 나타난 족보 이야기의 초점은 무엇입니까? 하나님이 경건한 자손들을 통하여 인류 구원의 경륜을 완성하시기까지 그 약속을 일점 일획도 빠짐 없이 그대로 이루어 주셨다는 사실입니다.

1. 창세기의 분류
Structure of Genesis

창세기는 크게 1부(1-11장)와 2부(12-50장)로 분류할 수 있습니다.

제1부 (1-11장)

창세기 1-11장은 신학적으로는 '원(原) 역사'라고 부릅니다. 천지 창조, 아담의 창조와 타락, 가인과 아벨, 대홍수, 바벨탑 사건을 주 내용으로 하고 아담부터 시작하여 노아를 거쳐 아브라함까지 이르고 있습니다. 창세기 1장부터 11장까지의 기간은 약 2,023년입니다.^{이해도움 1-족장들의 연대기표 참조}

창조주 하나님의 통치에 반역하는 역사가 계속되고 바벨탑 사건으로 그 절정을 이루는 가운데서도, 하나님은 인류 구원의 역사를 지속해 오셨습니다.

창세기 11장 끝부분에는 아브라함이 갈대아 우르에서 하란으로 이주하는 과정이 나타나 있습니다. 창세기 1장부터 11장까지 하나님의 구원 역사는 마침내 아담의 후손 중에서 아브라함 한 사람을 불러내시는 역사로 마감되고 있습니다.

제2부 (12-50장)

창세기 12-50장은 선민 이스라엘 민족의 태동기로서 아브라함, 이삭, 야곱, 요셉, 족장들의 생애를 기록하고 있습니다.

창세기의 제1부(창 1-11장)는 창조 기사와 아브라함이라는 인물을 부각시켜 놓았고, 제2부(창 12-50장)는 네 명(아브라함, 이삭, 야곱, 요셉)의 족장 개인의 삶을 중점적으로 기록하고 있습니다.

제2부의 전체 연대는 약 280여 년에 불과합니다. 내용의 분량은

제1부보다 5배 가량 많지만, 역사가 진행된 기간은 제1부의 1/7밖에 되지 않습니다. 이렇게 볼 때, 창세기 제1부는 족보를 통하여(창 4-5장, 10-11장) 많은 세대를 더욱 압축하여 기록했음을 알 수 있습니다.

2. 창세기에 나타난 열 개의 족보
Ten genealogies in Genesis

창세기에는 열 개의 족보(תוֹלְדֹת, 톨도트)가 나타나고 있습니다.

1 하늘과 땅의 족보(창 1:1-2:4, 2:4-4:26)
창세기 2:4 "천지의 창조된 **대략**이 이러하니라"

2 아담의 가족 족보(창 5:1-6:8)
창세기 5:1 "아담 자손의 **계보**가 이러하니라"

3 노아의 가족 족보(창 6:9-9:29)
창세기 6:9 "노아의 **사적**은 이러하니라"

4 노아의 자손들의 족보(창 10:1-11:9)
창세기 10:1 "노아의 아들 셈과 함과 야벳의 **후예**는 이러하니라"

5 셈의 족보(창 11:10-26)
창세기 11:10 "셈의 **후예**는 이러하니라"

6 데라(아브라함)의 족보(창 11:27-25:11)
창세기 11:27 "데라의 **후예**는 이러하니라"

7 이스마엘의 족보(창 25:12-18)
창세기 25:12 "아브라함에게 낳은 아들 이스마엘의 **후예**는 이러하고"

8 이삭의 족보(창 25:19-35:29)
창세기 25:19 "아브라함의 아들 이삭의 **후예**는 이러하니라"

9 에서의 족보(창 36:1-37:1)

창세기 36:1 "에서 곧 에돔의 **대략**이 이러하니라"

10 야곱의 족보(창 37:2-50:26)

창세기 37:2 "야곱의 **약전**이 이러하니라"

이와 같이 창세기의 족보는 열 개의 '족보'(톨도트)로 구성되어 있는데, 1~5번까지 족보는 창세기의 제1부에 해당되고, 6~10번까지의 족보는 창세기의 제2부에 해당됩니다.

각각의 족보에서 서두를 여는 '톨도트'라는 단어는, 족보를 소개하는 경우와 새로운 이야기를 시작하는 경우로 구분되었습니다. 이러한 창세기 구조를 통해 얻을 수 있는 중요한 교훈은 다음과 같습니다.

첫째, 창세기의 족보는 창조와 타락, 심판과 회복의 역사를 말해 주고 있습니다. 특별히 창세기 5장 족보에서 노아는 아담 타락 이후 홍수 심판에 처해진 인류를 회복시켜 줄 구원의 중심 인물입니다. 그리고 창세기 11장의 족보에서 아브라함 또한, 바벨탑을 쌓고 하나님의 구원에 도전하는 인류를 온 지면에 흩으신 심판 가운데서 선택하신 구원의 중심 인물로 묘사되어 있습니다.

둘째, 창세기의 족보는 구원 역사를 담당할 중심 인물인 아브라함에게 집중되어 있습니다. 그래서 창세기에 등장하는 열 개의 족보는 아브라함을 중심으로 앞뒤 다섯 개씩 연결되어 있습니다.

셋째, 창세기 1-11장은 성경 전체의 서론에 해당되는 부분으로, 그 속에는 구속사의 시작과 끝이 다 포함되어 있습니다. 태고사에 나오는 족보는 단순히 한 인물의 가계도가 아니라 구속사의 뼈대를 제시해 주고 있기 때문입니다.

*유구한 역사 속에서 세계 최초로 체계적 정립 발표

3. 세페르 톨도트(סֵפֶר תּוֹלְדֹת, 족보 책)

Sepher toledoth (book of the generations)

창세기에 나오는 10개의 족보는 모두 히브리어 '톨도트'(תּוֹלְדֹת)
로 시작됩니다. 이 말은 '대략, 계보, 사적, 후예, 약전'으로 번역됩니
다. 그런데 이 열 개의 톨도트 중 특히 창세기 5:1의 톨도트 앞에는
히브리어에서 '책'을 뜻하는 '세페르'라는 단어가 함께 기록되어 짝
을 이루고 있습니다. 즉, '세페르 톨도트'(סֵפֶר תּוֹלְדֹת)입니다.

창세기 5:1 "아담 자손의 계보가 이러하니라"

위의 말씀에서 '계보'는 한자로 '이을 계(系), 적을 보(譜)'입니다.
그 뜻은 '조상 때부터의 혈통이나 집안의 역사를 적은 책, 사람의 혈
연 관계나 학문·사상 등의 계통 순서를 나타낸 기록'입니다. '계보'
는 히브리어로 '세페르 톨도트'(סֵפֶר תּוֹלְדֹת)입니다. 여기서 '보'(譜)
에 해당하는 히브리어 '세페르'(סֵפֶר)는 '글, 편지, 두루마리, 책' 등
의 뜻을 가집니다. 다른 족보는 대부분 그냥 '톨도트'이지만, 창세기
5:1의 족보는 '세페르 톨도트'라는 것입니다.

이 사실 속에는 무슨 뜻이 담겨 있습니까?

창세기 5장의 아담의 계보는 단순한 인명 나열이 아니라 많은 분
량의 내용이 담긴 '책'이라는 것을 강조한 것입니다. 이 자체가 하
나의 완성된 기록물이며, 구속사적인 관점에서는 일종의 법적인 효
력을 지닌 하나님의 계약문서 책과 같다는 것입니다.

첫 사람의 족보에서 언급된 '세페르 톨도트'라는 말은(창 5:1), 신
약 마태복음 1장에 나오는 둘째 사람(고전 15:45-47) 예수 그리스도
의 족보에서도 한 번 더 등장합니다.

마태복음 1:1 "아브라함과 다윗의 자손 예수 그리스도의 세계라"

> 창세기 5:1 '계보'(系譜) -'세페르 톨도트'(סֵפֶר תּוֹלְדֹת)
> 마태복음 1:1 '세계'(世系) -'비블로스 게네세오스'(βίβλος γενέσεως)

그냥 톨도트(족보)가 아니라 세페르 톨도트(족보 책)입니다. 마찬가지로 그냥 게네세오스(족보)가 아니라 비블로스 게네세오스(족보 책)입니다.

첫 사람(창 5:1)과 둘째 사람의 족보(마 1:1)를 기록할 때 공통적으로 책[히브리어로 세페르(סֵפֶר), 헬라어로 비블로스(βίβλος)]라는 수식어가 붙어 있습니다. 그러므로 마태복음 1장의 족보 역시 하나의 책을 이룰 정도로 방대한 내용을 담고 있는 완성된 책과 같다는 것을 암시하는 것입니다.

족보에는 가장 필요한 것만이 압축되어 있음을 우리는 잊지 말아야 합니다. 족보에 기록되어 있는 인물들이 각 세대 속에서 저마다 거친 세상과 싸우며 담당했던 위대한 사역들을 낱낱이 기록할 수 없기 때문에, 족보로써 그 방대한 내용을 대신하고 있는 것입니다(시 40:5, 71:15-16, 139:16-18, 히 11:32).

요한복음 21:25 "예수의 행하신 일이 이 외에도 많으니 만일 낱낱이 기록된다면 이 세상이라도 이 기록된 책을 두기에 부족할 줄 아노라"

그렇다면 족보에 있는 각 세대를 대표한 인물들이 외치고 있는 공통된 메시지는 무엇입니까? 무엇을 위해 그들은 그토록 외로운 싸움을 계속한 것입니까? 셋의 경건한 후손들과 셈의 경건한 후손들은 오직 살아 계신 하나님의 인류 구원을 위해 세상에서 버림받고 외면당하는 뼈아픈 눈물과 한숨, 외로움 속에서도 저마다 구속사의 바톤을 이어받아 달리는 자기 역할에 충실했던 것입니다.

그러므로 창세기의 족보는 상고하면 할수록, 인류 구원을 위한 끝없는 하나님의 사랑의 손길을 느낄 수 있고, 은혜의 심연(深淵)을 풍성하게 체험하게 됩니다. 거기에는 약속의 후손이 오시기까지 경건한 자손들이 담당했던 선한 싸움의 흔적들로 가득합니다. 이 같은 하나님의 그 뜨거운 열심이 마침내 예수 그리스도의 성육신과 십자가 대속의 역사로 인류 구원을 성취하신 것입니다.

4. 창세기의 족보 연구 방향
Method of studying the Genesis genealogies

창세기에 나오는 열 개의 족보는 모두 똑같은 형식으로 기록된 것이 아니라 때로는 두 번씩 반복된 족보도 있고, 단순하게 이야기식으로 끝낸 것도 있습니다. 그 가운데 창세기 5장의 셋의 족보나, 11장의 셈의 족보 같은 경우는 가장 전형적인 족보의 형식을 따라 자손의 이름과 나이까지 상세히 기록하였음을 볼 수 있습니다.

앞으로 우리는 창세기 4장의 가인 계열의 족보와 창세기 5장과 11장의 셋과 셈의 족보를 다음과 같은 방법으로 살펴볼 것입니다.

(1) 각 인물의 이름의 뜻

이름은 하나의 '구별 짓는 기호'이자 그 '존재 자체'를 가리키고 (창 2:19), 그 '존재의 속성과 인격'까지 내포합니다. 또한 평생 따라 다닐 뿐 아니라, 그가 죽은 후까지 남겨지는 것으로, 매우 중요한 의미를 지니고 있습니다.

예를 들어 야곱(יַעֲקֹב)은 '발꿈치를 잡은 자, 속이는 자'라는 뜻이며, 그의 바뀐 이름 이스라엘(יִשְׂרָאֵל)은 '하나님과 겨루어 이김'이라는 뜻입니다. 야곱의 이름이 바뀌므로 새로운 존재와 인격의 사람이 되었음을 나타내고 있습니다.

이름을 지을 때는 부모의 신앙이 자녀에게 100% 영향을 미치게됩니다. 단순히 이름을, 그 이름을 소유한 자의 모습으로만 볼 것이아닙니다. 자식의 이름을 짓는 부모의 소망과 기대가 그 시대상과함께 담겨 있기 마련입니다. 그러므로 이름 하나만 가지고도 아주폭넓게 그 인물과 시대상을 가늠해 볼 수 있는 것입니다.

시대를 대표하는 경건한 후손, 기도의 사람들이 아들을 낳았을때, 그들은 분명 자녀들의 이름을 가볍게 짓지 않았을 것입니다. 그시대를 향한 하나님의 소원과 뜻을 깊이 헤아려, 자식들의 이름에담아 지었을 것입니다.

한 가정에 많은 자녀가 있을지라도 그 부모의 이름을 빛내고 영광스럽게 하는 자녀는 대대로 기념하여 가문의 자랑을 삼습니다. 경건한 자손들의 족보에 특별히 기록된 자들은 그 이름이 아직도흐려지지 않고 있습니다. 이처럼 족보에 나오는 이름들 속에는 그인물들의 시대상뿐만 아니라 더 나아가 시대를 관통하는 하나님의구속사가 압축되어 있는 것입니다. 그러므로 아담의 계보 가운데특별히 셋 계열에 기록된 자들의 이름의 뜻과 어원을 구속사적 입장에서 깊이 살펴보는 일은 아주 뜻 깊은 일이 아닐 수 없습니다.

(2) 출생과 수명

이는 족보 속의 인물들이 언제 태어나서 얼마만큼 일하다가 언제 죽었느냐 하는 것입니다. 이것은 족보에 있어서 기본적인 문제입니다. '나이'는 그 사람이 살던 시대와 역사성을 반영합니다. 그러므로 우리는 그들이 출생하게 된 시대의 종교적·사회적인 배경 그리고 그것이 그들의 수명에 어떤 영향을 끼쳤는지도 살펴보아야 할 것입니다.

(3) 윗세대와 아랫세대의 긴밀한 관계

출생과 수명을 살펴본 후에, 그들이 살다 간 햇수가 구체적으로 어느 시점까지 망라하고 있는지를 보아야 합니다. 각 족장들이 언제까지 살았는지를 계산함으로 윗세대와 아랫세대들의 연관성을 살필 것이며, 동시대에 과연 어떤 족장들이 같이 살았는지를 살펴볼 것입니다. 이것을 통하여 우리는 하나님의 구속사적 경륜이 윗세대에서 아랫세대로 어떤 경로를 통하여 전달이 되었는지를 밝힐 수 있을 것입니다.

특별히 제1시조인 아담이나 제2시조인 노아가 각각 그 직계 후손들과 얼마 동안 같은 시대를 살았는가 하는 것을 살펴볼 것입니다. 이 과정을 통하여 지금까지 미처 알지 못했던 중요한 사실들을 발견하고, 그 속에 깃들인 구속사적 섭리를 깨닫게 될 것입니다.

한 인물의 출생과 수명을 통해 윗세대와 아랫세대의 긴밀한 관계를 세밀하게 통찰하게 되면, 그 속에 기록된 모든 연대 역시, 장차 여자의 후손(창 3:15)으로 오실 메시아에 집중되고 있음을 확인하게 됩니다.

(4) 장차 메시아가 어떻게 오실지에 대한 점진적 계시

성경에는 전 구속 역사의 주인공이신 예수 그리스도가 점진적으로 계시되어 있습니다(히 1:1-3, 눅 24:27, 44, 요 5:39, 45-47).

족보를 기록하고 있는 그 형식과 족보에 기록된 그 이름 속에는 다음 세대에 전개될 예수 그리스도를 통한 구속 약속의 성취에 대한 기대와 소망이 담겨 있습니다. 그것이 구속사에 대한 시야를 더욱 확장시켜 줄 것입니다.

예를 들어, 아담은 에녹과 므두셀라를 통해 노아와 연결되고 있으며, 노아는 셈과 에벨을 통해 아브라함으로 연결되어 있습니다. 이들은 그들의 시대에서 예수 그리스도를 통해 성취될 구속 역사의 분수령이 되고 있는 것입니다.

(5) 중요한 인물에 대해 덧붙여져 있는 설명

족보 속에는 일정한 형식을 깨뜨리고 특별하게 덧붙여진 설명들이 눈에 뜁니다. 이 내용들이 중요한 분기점을 이루면서 구속사의 주인공 되시는 예수님을 더욱 뚜렷하게 부각시키는 역할을 하고 있습니다.

예를 들면, 같은 족보 안에서도 다음 인물들에 대해서 특별한 설명이 덧붙여져 있습니다.

· 창세기 4장 가인의 족보 - 가인, 라멕(가인의 6대손)
· 창세기 5장 셋의 족보 - 아담, 에녹, 라멕, 노아
· 창세기 10-11장 셈의 족보 - 셈, 에벨, 벨렉, 아브람

따라서 족보에 나열되어 있는 인물 가운데 위 목록에 있는 인물들은 특별히 관심을 기울여 보아야 합니다.

(6) 족보가 언급되고 있는 앞뒤 시대적 위치

성경에서 족보가 등장하는 시점은 구속사적으로 매우 큰 의미가

있습니다. 족보는 새로운 구속사적 전환점, 분기점을 맞이할 때마다 정리되었기 때문입니다.

성경의 족보는 가장 중요한 인물을 나중에 기록하면서 그 인물을 기점으로 새로운 세대가 시작됨을 암시하고 있습니다. 이런 점에서 족보의 시작과 마지막에 기록된 인물은 구속사적으로 의미가 깊다고 할 수 있습니다.

예를 들면, 천지 창조의 '대략'('족보'라는 뜻)에서 처음 언급되는 아담, 10대 마지막 인물 노아(창 5:32), 노아 후 마지막 인물 데라와 그의 아들 아브라함(창 11:26), 야곱의 약전 가운데 요셉(창 37:2-50:26)의 경우입니다.

창세기의 족보는 하나님이 전개하시는 구속사를 한눈에 볼 수 있게 한다는 점에서 매우 의미가 깊습니다. 앞으로 족보를 살펴볼 때 이와 같은 사실들을 염두에 두고 하나님의 구속사와 긴밀한 상관성을 찾아 주목해 나갈 것입니다.

족보에는 구원 역사의 큰 물줄기를 붙잡고 주도해 가시는 하나님의 경륜이 살아 꿈틀대고 있으며, 앞으로 오실 예수 그리스도(메시아)를 증거하는 '하나님의 계시 전달의 흔적'이 담겨 있습니다 (요 5:39, 45-47, 눅 24:27, 44). 앞으로 창세기의 족보를 공부해 나갈 때, 모세가 그 옛날 이스라엘 백성에게 "옛날을 기억하라, 역대의 연대를 생각하라"(신 32:7)고 하신 그 음성이 생생하게 들려 올 것입니다.

IV 창세기 족보의 연대
YEARS OF THE GENERATIONS IN GENESIS

1. 성경 무오적 관점
Perspective on the inerrancy of the Bible

오늘날 일부 현대 신학자들 가운데 성경에 오류가 있다고 생각하는 경향이 점점 늘어나고 있습니다. 그러나 성경은 살아 계신 하나님의 말씀으로, 완전하고 정확 무오한 계시의 책입니다. 정확 무오하다는 범위는 성경 전체에 해당됩니다.

이러한 관점에서 성경에 나오는 족보 역시 정확 무오한 하나님의 말씀입니다. 각 족보에 등장하는 인물들과 그들의 생애, 그리고 거기에 나타나는 연대들까지 오류 없이 기록된 것입니다.

물론 성경에 나오는 여러 족보들 가운데는 중간에 생략된 부분도 있습니다. 예를 들어 마태복음에 나오는 예수 그리스도의 족보에 '생략'된 부분이 있습니다. 마태복음 1:8에 요람과 웃시야 사이에 아하시야(왕하 8:25), 요아스(왕하 12:1), 아마샤(왕하 14:1) 세 왕이 빠져 있습니다. 또 마태복음 1:11에서 요시야 다음에 여호아하스와 여호야김이 생략되어 있고(왕하 23:34, 대상 3:15-16), 여호야긴 다음에 시드기야도 생략되었습니다.

그 이유는 마태복음의 족보가 연대 측정이나 완전한 역사적 기록을 목적으로 쓰여진 것이 아니기 때문입니다. 마태는 기록 목적상 불필요한 이름들을 생략하고 각 시대에 중요한 인물들로만 14대씩 구성하여 총 42대를 기록한 것입니다. 이것을 마태복음 1:17에서는 "그런즉 모든 대 수가 아브라함부터 다윗까지 열 네 대요 다윗부터 바벨론으로 이거할 때까지 열 네 대요 바벨론으로 이거한 후부터 그리스도까지 열 네 대러라"고 말씀하고 있습니다.

그러므로 우리는 성경에 나오는 족보가 완전 무오한 하나님의 말씀이라는 토대 위에서, 그 모든 기록이 연대기적으로만 기록된 것은 아니며, 때때로 하나님의 어떤 뜻을 전달하기 위하여 중간에 생략된 경우도 있다는 것을 인정해야 합니다(스 7:1-3, 대상 6:7-15).

2. 창세기 5장과 11장 족보의 연대

Years of the generations in Genesis 5 and Genesis 11

창세기 5장과 11장에 나오는 족보는 아담부터 아브라함까지 20대 족장들에 대하여 기록하고 있습니다. 아담부터 아브라함에 이르는 셋 계열의 족보는 연대기적으로 단절이 없는 기록입니다.

창세기 족보를 연구한 모리스(Henry M. Morris)는 아담부터 10대인 노아까지 10대 족장들의 출생 연도와 사망 연도를 성경에 나온 기록을 근거로 계산하였습니다. 그는 "이 기록 가운데 어떤 시간의 공백이 있다거나, 아니면 일반적인 연도가 아닌 다른 연도를 가리킨다고 생각할 하등의 이유가 없다. 이 기록은 완전히 합리적이고도 사실 그대로이며, 약속된 계보를 제시하는 데 필요한 연대적인 골격을 제공하기 위한 것임에 틀림없다"고 말하였습니다.[2)]

미국의 구약학자 프리만(Travis R. Freeman)은, 창세기 5장과 11장의 족보가 중간에 공백이나 끊긴 곳이 없이 지속적이라는 견해를 가지고 있습니다. 그는 *Journal of Creation (TJ Magazine)*에서 "여러 현대 신학자들은 창세기 5장과 11장의 아담부터 아브라함까지의 족보에 나오는 이름과 숫자가 빠짐없이 정확히 일치한다고 주장한다. 그들은 성경에 나오는 족보 중에는 몇몇 이름이 생략된 족보가 있는 것도 사실이나, 그렇다고 모든 족보들이 다 생략되었다고는 볼 수 없으며, 창세기 5장과 11장의 족보만은 그 법칙에서 제외된다고 말하고 있다."[3]라고 기록하고 있습니다.

퀼링(Samuel R. Külling)도 이러한 입장을 가지고 있는 학자 중에 한 사람입니다. 그는 에스라 7장과 마태복음 1장 족보가 연속적이지 않은 건 사실이지만, 성경에는 이들과는 다른 여러 유형의 족보들도 존재한다고 말합니다. 그는 창세기 5장과 11장, 두 족보에 장자가 태어날 때의 아버지 나이가 나오는 것을 볼 때, 두 족보가 시간 순서대로 기록된 연대기이며, 두 족보에는 생략된 부분이 없다고 주장했습니다. 특히, 창세기에 아브라함이 이삭을 낳을 때의 나이와, 이삭이 야곱을 낳을 때의 나이가 명시된 것은 정확한 '연대기'를 작성케 하기 위한 목적이라고 강조하였습니다.[4]

그렇다면 창세기 5장과 11장에 나오는 족보에 나타난 연대기적 기록들이 정확 무오하다고 보는 근거는 무엇입니까?

이에 대한 근거는 대략 세 가지 정도로 정리할 수 있습니다.

첫째, 창세기 5장과 11장의 족보는 20대에 걸친 족장들의 출생 시점과 자녀들을 출산한 나이, 그리고 그들이 이 땅에서 향수한 나이를 정확하게 기록하고 있습니다.

이처럼 정확한 연대에 대한 기록은 다른 족보에서 찾아볼 수 없는 두드러진 특징이며, 동시에 이들 기록에 신뢰성을 갖게 해 줍니다. 20대 족장들의 기록은 실제 역사의 기록입니다. 그렇지 않다면, 이렇게 확실한 연대를 기록할 이유가 없었을 것입니다.

둘째, 창세기 5장과 11장에 나오는 20대 족장들의 순서는 성경의 다른 족보들의 순서와 모순되지 않습니다.

창세기 5장과 11장의 족보는 역대상 1:1-4 그리고 역대상 1:24-27에 나오는 족보의 순서와 정확하게 일치하고 있습니다.

역대상 1:1 아담, 셋, 에노스,

역대상 1:2 게난, 마할랄렐, 야렛,

역대상 1:3 에녹, 므두셀라,

역대상 1:4 라멕, 노아, 셈, 함과 야벳,

역대상 1:24 셈, 아르박삿, 셀라,

역대상 1:25 에벨, 벨렉, 르우,

역대상 1:26 스룩, 나홀, 데라,

역대상 1:27 아브람 곧 아브라함

또한 창세기 5장과 11장에 나오는 족보는 누가복음 3장에 나오는 예수님의 족보와도 일치합니다. 물론 누가복음 3:34-38을 볼 때 한 사람이 차이 나는 것을 발견할 수 있습니다. 그것은 아박삿(아르박삿)과 살라(셀라) 사이에 창세기 11장의 족보에는 없는 '가이난'이 삽입된 것입니다. 그러나 '가이난'은 연대 계산에는 아무런 문제가 되지 않습니다. 이해도움 5-'가이난을 어떻게 볼 것인가' 참조

그러므로 연대 계산에 공백이 있다는 확실한 증거가 나오지 않는 한 히브리어 본문에 의거하여 연대 계산을 하는 것이, 왜곡 가능성이 높은 여타의 역사적인 자료나 추정에 의거하여 연대 계산을 하는 것보다도 월등히 정확한 것입니다.

셋째, 마태복음에 나오는 족보와 창세기 5장과 11장에 나오는 족보는 서로 별개의 족보입니다.

마태복음 족보에 나오는 내용이 성경의 다른 역사적인 기록들과 비교할 때 빠진 것들이 많이 있는 것은 사실입니다. 그 이유는 족보를 역사적 혈통대로 기록한 것이 아니라, 성령의 감동하에 구속사의 실현을 강조하려는 의도로 기록했기 때문입니다.

마태복음 족보는 예수 그리스도를 통하여 구속사의 절정을 이루기까지 하나님의 구속 활동을 부각시켜 주는 인물들을 중심으로 14대씩 3기로 나누어 기록하고 있습니다(마 1:17). 마태복음에서는 성경의 족보를 역사적으로 다 기록하지 않았습니다. 마태는 유대인들을 대상으로 그들이 예수가 메시아 되심을 이해하고 잘 받아들일 수 있도록 예수 그리스도의 족보를 아브라함부터 시작한 것으로 보입니다. 이로 볼 때, 마태복음 족보는 역사적인 출생과 후손들에 대한 기록이기보다는 믿음의 혈통이 어떻게 이어져 왔는가에 초점을 맞춘 것입니다(참고-롬 9:6-11).

이처럼 구속사적 의도로 기록된 마태복음의 족보를 근거로, 창세기 5장과 11장의 족보의 역사성과 정확성을 의심하는 것은 타당하다고 볼 수 없습니다.

창세기 5장과 11장의 족보를 본문 그대로 받아들이고, 정확하게 연대를 따져 볼 때 다시 한 번 성경의 무오성과 그 심오한 영적 세계의 깊이와 향기에 심취하게 될 것입니다.

3. 연대 계산의 기준점
Point of reference for calculating the years

성경에 수많은 족보가 나오지만, 성경 인물들의 출생이나 사망에 관한 연대(년도)가 매번 등장하지는 않습니다. 그러므로 하나의 기준점이 필요합니다. 성경에 정확하게 언급된 연도를 기준으로 앞으로 나아가기도 하고 뒤로 되돌아가기도 하면서 따져 가다 보면 하나의 모범적인 연대표를 작성할 수 있습니다.

이러한 연대표 작성을 위한 성경적인 기준점이 출애굽 연도입니다.

(1) 출애굽 연도는 주전 1446년입니다.

출애굽 연도는 그 이전의 족장들의 생애를 연도별로 계산하는 데 있어서 중요한 기준이 됩니다. 성경에서 출애굽 연도를 계산하는 시초는 열왕기에서 발견할 수 있습니다. 열왕기상 6:1에서 "이스라엘 자손이 애굽 땅에서 나온 지 사백 팔십년이요 솔로몬이 이스라엘 왕이 된 지 사년 시브월 곧 이월에 솔로몬이 여호와를 위하여 전 건축하기를 시작하였더라"고 말씀하고 있습니다. 역대하 3:1-2에서는 "솔로몬이 예루살렘 모리아 산에 여호와의 전 건축하기를 시작하니 그 곳은 전에 여호와께서 그 아비 다윗에게 나타나신 곳이요 여부스 사람 오르난의 타작 마당에 다윗이 정한 곳이라 솔로몬이 왕위에 나아간 지 사년 이월 초이일에 건축하기를 시작하였더라" 하면서, 정확히 그 날짜까지 '2월 2일'이라고 증거하고 있습니다.

솔로몬이 이스라엘 왕으로 즉위한 것이 일반적으로 알려진 주전

970년이며, 솔로몬이 예루살렘 성전 건축을 시작한 때는 왕이 된 지 사년으로 주전 966년입니다. 이를 근거로 하여 480년을 계산하면 출애굽 연도는 주전 1446년이 됩니다(966+480=주전 1446년). 물론 출애굽 연도를 주전 13세기로 보는 자유주의적인 신학자들도 있지만, 대부분의 보수적인 신학자들이 지지하는 주전 1446년이 보다 성경적이라고 여겨집니다.

(2) 애굽에 있었던 기간은 430년입니다.

출애굽기 12:40-41에서 "이스라엘 자손이 애굽에 거주한 지 사백 삼십년이라 사백 삼십년이 마치는 그 날에 여호와의 군대가 다 애굽 땅에서 나왔은즉"이라고 말씀하고 있습니다(갈 3:17). 그러므로 출애굽한 때가 주전 1446년이라면 애굽에 들어간 때는 주전 1876년입니다.

계산 > 주전 1446+430=주전 1876년

(3) 아브라함이 탄생하여 애굽에 들어갈 때까지 290년이 걸렸습니다.

아브라함은 100세에 이삭을 낳았습니다(창 21:5). 이삭은 60세에 야곱을 낳았습니다(창 25:26). 야곱은 130세에 애굽에 들어갔습니다(창 47:9). 그러므로 아브라함이 탄생하여 야곱이 애굽에 들어갈 때까지는 290년이 걸렸습니다(100+60+130=290). 이를 근거로 출애굽 했던 주전 1446년과 애굽에 있었던 기간 430년과 아브라함이 태어나 자손들이 애굽에 들어가기까지의 290년을 합산하면 아브라함이 태어난 해가 됩니다. 이는 주전 2166년이 됩니다.

계산 > 주전 1446+430+290=주전 2166년[5]

이와 같이 성경에 나타난 명백한 연도를 기준으로 하여 유추해 가면, 성경에 나와 있지 않은 사건이나 인물의 출생 연도도 얼마든 지 정확하게 계산해 낼 수 있습니다.

아담에서 아브라함에 이르는 20대에 걸친 족장들의 연대표를 정리하면서 이제 그 마지막인 아브라함의 출생 연도를 발견하게 되었습니다. 이를 기준으로 거슬러 올라가면서 연대를 계산하면, 아담부터 시작하여 아브라함에 이르기까지 20대 족장들이 살던 때가 언제였는지를 정확하게 알 수 있습니다.

이제 우리는 창세기 4-5장과 10-11장에 나오는 족보를 중심으로 족보 속에 담긴 하나님의 구속사적 경륜을 살펴보도록 하겠습니다.

제 3 장

가인 계열의 족보

The Genealogy According to the Line of Cain

가인 계열의 족보
THE GENEALOGY ACCORDING TO THE LINE OF CAIN

    창세기 3장이 인류의 원죄에 대한 기록이라면, 창세기 4장은 원죄에 따른 자범죄의 기록들이라 할 수 있습니다. 아담의 원죄가 한 개인에게만 국한되지 않고 모든 후손들에게 영향을 끼친 첫 번째 결과가 가장 먼저 그의 아들 가인을 통해서 나타나게 되었습니다. 이러한 죄의 속성은 가인 한 사람뿐 아니라, 말씀으로 죄악을 제어하지 못하고 그 유혹에 넘어가는 모든 사람들 속에 강하게 역사하여 점점 더 번식하고 증강하며 성장하여 갔습니다. 그리하여 가인의 범죄와 악함은 가인의 반열에 있는 모든 후손들에게 공통적인 특성으로 나타나고 있습니다. 살인자 가인의 죄악과 포악성이 그 후손들 속에서 더더욱 발전하여 가인 계열의 '라멕'에 이르러 절정에 달하였습니다.

    가인 후손들의 족보는 하나님의 이름이나 하나님의 역사를 전혀 찾아볼 수 없는 소위 '하나님 부재(不在)의 족보'입니다.

    이번 장에서는 창세기 4장에 기록되어 있는 가인 계열의 족보를 통하여 가인의 후예들의 삶과 불신앙의 모습을 살펴보고, 가인의 죄악을 답습하는 후예들의 삶을 통하여 그 불신이 어떻게 계속적으로 나타나는지를 살펴보고자 합니다. 또 그 영적 뿌리를 어디에 두고 있는지도 생각해 보도록 하겠습니다.

I
가인의 자손들
DESCENDANTS OF CAIN

1. 가인

קַיִן / Cain
얻었다 / gotten one, received

창세기 4:1을 볼 때, 아담과 하와가 동침하여 하나님의 은혜로 첫 아들 가인을 낳았습니다. 이는 창세기 3:15에 여자의 후손에 관한 약속이 있은 이후 아담과 하와가 낳은 첫아들이었습니다. 그야말로 가인은 아담의 장자로서 하나님의 은혜 가운데 출생한 기쁨의 아들 이었습니다.

> **창세기 4:1** "아담이 그 아내 하와와 동침하매 하와가 잉태하여 가인을 낳고 이르되 내가 여호와로 말미암아 득남하였다 하니라"

"내가 여호와로 말미암아 득남하였다"라는 이 말은 득남에 대한 하와의 기쁨의 표시입니다.

'가인'의 이름은 인류의 첫 열매를 얻은 하와의 고백이자 하와의 신앙이 반영된 이름으로, '하나님의 은총(호의)으로 말미암았다'는 의미가 내포되어 있습니다. 절대적인 하나님의 은혜 가운데 하나님의 도움을 받아 낳았다는 것입니다. 첫아들로서의 가인에게 거는 아담과 하와의 기대가 무척 컸음을 엿볼 수 있습니다. 바로 이 아들을 통해서 잃어버린 낙원을 재건하고자 하는 희망을 가지고 부른 이름입니다.

득남과 관련하여 하와는 '구속주'라는 뜻의 '여호와'라는 신(神) 명칭을 사용함으로써, 창세기 3:15의 '여자의 후손'에 대한 여호와의 약속을 믿고 구원의 소망을 피력했다고 볼 수 있습니다.

또한 '가인'이라는 이름에는 여호와께 대한 하와의 감사와 찬송이 함축되어 있습니다. 그 이름은 저주받은 이후 처음 해산의 고통과 위험 중에서(창 3:16) 구원해 주신 은혜에 대한 감사의 고백이기도 했습니다.

이러한 하와의 고백은 그녀가 에덴동산에서 쫓겨났을지라도 다시 회개하여 하나님의 약속을 믿는 신앙생활을 하고 있었음을 짐작하게 합니다. 그리고 세월이 지난 후에 가인과 아벨이 하나님께 제사를 드리는 것만 보아도, 가인이나 아벨은 그 부모를 통하여 하나님을 믿게 된 것입니다. 그런데 이렇게 은혜 가운데 출생한 아담의 첫아들 가인이 어찌하여 동생 아벨을 죽이는 끔찍한 사건의 장본인이 되었을까요?

1. 가인이 살인자가 된 이유
Why Cain became a murderer

그것은 하나님께 드린 제사 문제로 시작되었습니다. 하나님이 아벨과 그 제물은 열납하셨으나, 가인과 그 제물은 열납하지 않으셨습니다.

두 사람의 차이는 무엇입니까?

첫째, 가인은 믿음을 잃어버렸기 때문입니다.

히브리서 11:4에서 "믿음으로 아벨은 가인보다 더 나은 제사를 하나님께 드림으로… 하나님이 그 예물에 대하여 증거하심이라 저가 죽었으나 그 믿음으로써 오히려 말하느니라"고 말씀하고 있습니다. 아벨이 믿음으로 더 나은 제사를 드린 것은 양의 '첫' 새끼를 바친 것에서 나타납니다. 아벨은 하나님을 향한 믿음이 있었기에 첫 번째 것, 즉 가장 소중한 것을 하나님께 바치는 정성이 있었으나 가인에게는 '첫'이라는 기록이 없습니다(창 4:3-5). 하나님은 언제나 소산물의 첫 것, 그리고 첫아들(장자)을 당신의 것으로 거룩하게 구별하셨습니다.

출애굽기 23:19 "너의 토지에서 처음 익은 열매의 첫 것을 가져다가 너의 하나님 여호와의 전에 드릴지니라…"

잠언 3:9 "네 재물과 네 소산물의 처음 익은 열매로 여호와를 공경하라"

에스겔 48:14 "… 그 땅의 처음 익은 열매를 남에게 주지도 못하리니 이는 나 여호와에게 거룩히 구별한 것임이니라"

하나님은 믿음이 있는 '아벨'과 '아벨의 제물'은 열납하였으나, 믿음이 없는 '가인'과 '가인의 제물'은 열납하지 않았습니다. 가인은 하나님을 믿는 사람이었지만, 하나님께 제사드릴 때 이미 그 믿음을 잃어버린 상태였으므로 하나님은 '가인'도 받지 않으셨고, 그가 드리는 '제물' 역시 기뻐하시지 않으셨던 것입니다.

잠언 15:8 "악인의 제사는 여호와께서 미워하셔도 정직한 자의 기도는 그가 기뻐하시느니라"

로마서 12:1 "그러므로 형제들아 내가 하나님의 모든 자비하심으로 너희를 권하노니 너희 몸을 하나님이 기뻐하시는 거룩한 산 제사로 드리라 이는 너희의 드릴 영적 예배니라"

둘째, 가인은 회개의 기회를 놓쳤기 때문입니다.

하나님께서 가인과 가인이 드린 제물을 거절했을 때, 그는 자신이 믿음을 상실했음을 깨닫고 믿음이 있는 아벨을 중보자로 내세워 다시 제사를 드렸어야 했습니다. 그러나 가인의 반응은 의외였습니다. 여호와 앞에 심히 분하여 안색이 변했습니다. 하나님 앞에서 정면으로 얼굴을 붉힌다는 것은 죄악된 어둠의 속성이 아니겠습니까?

창세기 4:5-6에서는 "가인과 그 제물은 열납하지 아니하신지라 가인이 심히 분하여 안색이 변하니 여호와께서 가인에게 이르시되 네가 분하여 함은 어찜이며 안색이 변함은 어찜이뇨"라고 말씀하고 있습니다.

또한 하나님은 가인에게 죄의 소원이 있는 것을 아시고 가인에게 죄를 다스리라고 권면하셨습니다(창 4:7). 그러나 가인은 하나님이 주신 이 회개의 기회를 놓치고 아벨을 쳐죽이고 말았습니다.

마지막으로 하나님은 가인에게 회개의 기회를 더 주시기 위해 다시 한 번 찾아오셨습니다. 아벨을 죽인 가인에게 묻습니다. 마치 선악과를 따먹고 숨어 있는 아담에게 "아담아 네가 어디 있느냐?"(창 3:9)고 물으셨던 것처럼, "네 아우 아벨이 어디 있느냐?"(창 4:9)고 물으셨습니다.

하나님은 다 아시면서도 그렇게 물어 보셨습니다. 아담이 어디 숨었는지 몰라서 물으신 것이 아닌 것처럼, 아벨이 어떻게 되었는지 몰라서 물으신 것이 아닙니다. 하나님은 '네가 진심으로 아우를 지켜 주었어야 하지 않느냐?'고 물으시면서 가인의 회개를 원하셨던 것입니다.

하나님은 가인이 회개하고 '제가 아벨을 죽였습니다. 죽을 죄를 지었습니다. 용서해 주십시오'라고 대답하기를 기대하셨습니다. 하나님은 가인을 끝까지 권고해 주시고 사랑을 베풀어 가시면서 붙잡아 주시려고 했던 것입니다. 그러나 가인은 회개는커녕 오히려 하나님께 대들면서 "내가 내 아우를 지키는 자니이까?"라고 당돌하게 대꾸했습니다(창 4:9).

결국 가인은 아벨을 쳐 죽이고 하나님의 말씀에 도전하였으며, 하나님이 주신 회개의 기회들을 다 놓치고 말았습니다.

셋째, 가인은 소속이 잘못되었기 때문입니다.

가인이 믿음을 잃어버리게 된 근본적인 원인이 무엇입니까? 바로 가인의 소속이 잘못되었기 때문이라고 성경은 지적하고 있습니다. 요한일서 3:8-9에서는 '마귀에게 속한 자', '하나님의 씨가 없는 자'라고 그 소속을 밝히고 있습니다. 요한일서 3:12에서는 가인이 아우를 죽인 이유를 '악한 자에게 속한 자'였기 때문이라고 거듭 말씀합니다. 동생 아벨을 죽인 살인자 가인은 형제 사랑의 계명을 정면으로 위반한 대표적인 인물입니다. 그래서 사도 요한은 가인에 대하여 '악한 자에게 속한 마귀의 씨(자손)요,[6] 본질상 하나님의 씨가 없었으므로 살인했다'고 하였습니다(요일 3:9-11).

가인이 악한 자의 소속이 된 것은 가인이 마귀의 생각을 받아들였기 때문입니다(요 13:2). 가인은 하나님으로 말미암아 아담과 하와가 동침하여 낳은 아들이요, 부모의 영향을 받아 처음에는 하나님께 제사를 드렸던 하나님을 믿는 사람이었지만, 사단이 가인에게 몰래 마귀의 생각, 어둠의 생각을 뿌리고 갔던 것입니다(마 13:25-30).

마태복음 13:25-28 "사람들이 잘 때에 그 원수가 와서 곡식 가운데 가라지를 덧뿌리고 갔더니 26싹이 나고 결실할 때에 가라지도 보이거늘 27집주인의 종들이 와서 말하되 주여 밭에 좋은 씨를 심지 아니하였나이까 그러면 가라지가 어디서 생겼나이까 28주인이 가로되 원수가 이렇게 하였구나…"

이것은 예수님 초림 당시에 사단이 이스라엘 백성에게 불신의 생각을 뿌린 것과 같습니다. 그래서 예수님은, 자신들이 아브라함의 자손이라고 철석같이 믿고 있던 이스라엘 백성을 향해 "너희는 너희 아비 마귀에게서 났으니"(요 8:44)라고 그들의 정체를 폭로하셨습니다.

그들은 아브라함의 자손이라고 자처하면서도 아버지 아브라함과 같은 행사를 하지 않았습니다(요 8:39). 이스라엘 땅에서 태어나 족보의 순수성을 자랑하면서도 오히려 예수님을 배척하고 십자가에 못 박아 처형시켰습니다. 요한복음 8:44의 말씀대로 그들의 조상은 아브라함이 아닌 마귀였음이 드러난 것입니다. 그들은 천국의 아들들이 아니라 악한 자의 아들들이었습니다(마 13:38). 그래서 세례 요한은 외치기를 "독사의 자식들아, 속으로 아브라함의 자손이라고 생각지 말라"(마 3:7-9, 눅 3:7-8)고 날카롭게 지적하였습니다. 이것은 겉모양은 선민으로 자처하며 경건한 체하였지만 그 속에는 악의가 가득찬 것에 대한 준엄한 책망입니다. 회개하지 않는 바리새인과 사두개인들이 자신들 스스로는 아브라함의 자손이라 자부하였지만, 실제로는 에덴동산에서 아담과 하와를 미혹하여 타락케

한 사단의 도구인 뱀의 후예들이었던 것입니다.가)[제자원 기획·편집, 그랜드 종합 주석 시리즈 12 (성서교재 간행사, 1992), 183.]

베드로 역시 예수님의 수제자였지만 순간 하나님의 뜻을 거스를 때, 예수님은 그를 "사단아"라고 부르셨습니다(마 16:23). 초대교회 때 액수로는 많은 헌금을 했을지 몰라도 그 마음이 거짓말과 속임수로 가득찼던 아나니아에게, 사도 베드로는 성령이 충만하여 말하기를 '사단이 가득하다'고 하였습니다(행 5:3). 거짓 선지자는 겉보기에는 양의 옷을 입어 멀쩡하고 거룩해 보이지만 속에는 노략질하는 이리, 속임수, 거짓말이 가득합니다(마 7:15).

이러한 모습들이 오늘날 우리의 모습은 아닌지, 습관적으로 속이는 사기꾼, 거짓말쟁이와 같은 모든 사단의 속성들이 우리 속에는 없는지 말씀의 거울 앞에 자신을 비추어 보시기 바랍니다.

2. 가인은 '악한 자의 모형'
Cain, a model of the evil one

이렇게 순간순간 자기도 모르는 사이에 어둠의 자식이 되어 가인같이 사단의 하수인 노릇을 하고 있는 모습을, 예수님은 마태복음 13:24-30의 가라지의 비유로 설명하셨습니다.

이 비유의 초점은, 주인은 좋은 씨만 뿌렸지만 사람들이 자고 있는 사이에 원수가 와서 가라지를 덧뿌리고 갔다는 것입니다(마 13:25). 예수님은 제자들에게 이 비유를 다시 말씀하시면서, 좋은 씨를 뿌리는 자는 '인자'(人子)요(마 13:37), 가라지를 심은 원수는 '마귀'라고 해명해 주셨습니다(마 13:28, 39). 즉 가라지를 뿌리고 간 원수는 마귀였던 것입니다.

성경은 가룟 유다에 대하여 '마귀가 가룟 유다의 마음에 예수를 팔려는 생각을 넣었다'(요 13:2, 27, 눅 22:3)고 말씀합니다. 이것도 마귀가 가라지를 덧뿌린 경우입니다.

이어서 예수님은 좋은 씨는 '천국의 아들들', 가라지는 '악한 자의 아들들'이라고 해석하셨습니다(마 13:38).

가룟 유다는 예수님이 전하신 천국 복음을 제자들과 똑같이 들었지만 천국의 아들이 되지 못하고, 불행히도 마귀에 의해서 덧뿌려진 악한 자의 아들이 되고 말았습니다. 마찬가지로 가인도 하나님의 말씀보다 사단의 생각을 더 받아들임으로 사단에게 소속된 자, 사단의 속성을 가진 자가 되고 말았던 것입니다(요일 3:12, 창 4:4, 8, 히 11:4, 유 11).

또 '좋은 씨'는 하나님의 말씀을 의미합니다(눅 8:11). 베드로도 '썩지 아니할 씨'라고 하여 하나님의 말씀을 '씨'에 비유하였습니다(벧전 1:23). 하나님의 말씀 자체가 '좋은 씨'이고, 또한 이 씨앗을 받은 천국의 아들들 역시 '좋은 씨'인 것입니다(마 13:38, 요 6:63).

하나님의 말씀을 받아들인 자는 천국의 아들들이 되지만, 하나님의 말씀을 받아들이지 않고 마귀가 주는 생각을 받아들이는 자는 악한 자의 아들들이 되는 것입니다.

에덴동산에서도 뱀이 하와를 간계로(고후 11:3) 타락하게 만들었습니다. 이 간계의 정체가 무엇입니까? 바로 '다른 복음, 다른 예수, 다른 영'이라고 고린도후서 11:4에서 말씀하고 있습니다. 가인은 이미 마귀의 씨, 곧 다른 예수, 다른 복음, 다른 영을 받아들임으로써 사단에게 소속된 자가 되고 말았던 것입니다.

또한 가인은 로마서 8:5-9 말씀처럼 육신의 생각으로 육신의 일을 좇는 자요, 하나님과 원수요, 마귀의 영의 인도를 받는 '마귀에게 속한 자'가 된 것입니다(롬 8:12-14).

가인은 분명히 아담과 하와 사이에서 태어난 아들이었습니다. 가인이 하나님께 제사 드리는 것을 볼 때, 가인은 처음에 분명 하나님을 믿는 사람이었습니다. 그러나 사단이 그 마음속에 어둠의 생각(거짓과 살인, 요 8:44)을 넣은 것입니다. 그래서 끔찍하게 동생을 죽인 인류 최초의 살인자라는 가라지 열매를 맺고야 말았습니다. 가인은 처음에 믿던 하나님을 버리며, 하나님을 멀리하고, 그 마음에 하나님 두기를 싫어하여 떠나 버린 '행악의 종자'가 되었습니다(사 1:4, 롬 1:28).

'열매를 보면 나무를 안다'(마 7:15-18)라고 하였으니, 살인자가 된 가인은 분명 마귀에게 속한 자요, 마귀의 속성을 가진 자가 된 것입니다. '마귀의 자식들은 살인한 자요 거짓말쟁이인 마귀의 욕심을 따라 행한다'고 요한복음 8:44에서 말씀하고 있습니다.

요한복음 8:44 "너희는 너희 아비 마귀에게서 났으니 너희 아비의 욕심을 너희도 행하고자 하느니라 저는 처음부터 살인한 자요 진리가 그 속에 없으므로 진리에 서지 못하고 거짓을 말할 때마다 제 것으로 말하나니 이는 저가 거짓말쟁이요 거짓의 아비가 되었음이니라"

그리하여 창세기 4:1에서 가인을 낳고 기쁨과 희망이 가득했던 하와의 고백과는 반대로, 가인은 마귀의 소속이 되고 말았습니다.

3. 가인 속에 거하는 죄의 소원
Desires of sin dwelling in Cain

가인 속에 거하는 악한 씨의 실체는 초대교회의 위대한 사도였던 바울의 고백을 통해서 실감나게 깨닫게 됩니다.

가인 속에 있던 어둠의 씨는 마치 로마서 7:20의 "만일 내가 원치 아니하는 그것을 하면 이를 행하는 자가 내가 아니요 내 속에 거하는 죄니라"는 말씀과 같이 '죄'라고도 말할 수 있습니다. 언제나 '죄'라는 실존은 인격적인 나, 즉 전인(全人, 속사람과 겉사람)에 관여되어 있는 것입니다. 사도 바울은 로마서 7장에서 거듭거듭 자기 속에 심각한 분열의 비극을 일으키는 정체가 '죄'라고 폭로하였습니다. 바로 하나님이 가인에게 "네가 선을 행하면 어찌 낯을 들지 못하겠느냐? 죄의 소원은 네게 있으나 너는 죄를 다스릴지니라"(창 4:7)고 책망한 말씀과 같습니다.

'가인의 길에 행하는 자'(유 11)들에게 화가 있을 것이라고 성경은 경고하고 있습니다. 오늘 우리는 가인의 길에서 떠나 죄를 다스려야 합니다.

가라지의 비유에서는 마지막 때 사단이 거짓 씨를 뿌리는 대상에는 택함 받은 성도를 비롯하여 그 누구도 예외일 수 없다고 교훈하고 있습니다. 가라지는 잠자는 사이 밤에 심겨졌다가 그 열매를 맺을 때에야 비로소 알게 됩니다(마 13:25).

그러므로 우리는 좋은 씨, 하나님의 말씀을 받은 마음 밭에 가라지가 심겨지지 않도록 늘 깨어 있어 마음 밭을 잘 지켜야 하겠습니다(잠 4:23, 16:32, 마 13:19, 25-27). 그러지 않으면 제아무리 오랜 신앙의 연륜을 쌓았다 하더라도, 가인처럼 마귀의 속성을 가진 자가 되어 마귀의 하수인 노릇을 하게 될 것입니다. 진 자는 이긴 자의 종이라고 말씀하고 있습니다(벧후 2:19, 요 8:34, 롬 6:16, 딛 3:3). 우리는 하나님의 종이 되어 거룩함에 이르는 열매를 맺고(롬 6:22), 선한 일에 열심하는 친백성이 되어야 하겠습니다(딛 2:14, 엡 2:10).

4. '놋' 땅에 거한 가인

Cain settled in the land of Nod.

가인은 범죄하고도 하나님이 선언하신 형벌이 너무 가혹하다고 항의하면서 형벌을 감당할 수 없다고 뻔뻔스럽게 불평하였습니다 (창 4:13-14). 가인이 회개하는 마음으로 이같이 말했더라면 좋았으련만 그런 기미는 없어 보입니다. 시편 기자가 회개하는 심정으로 "나를 주 앞에서 쫓아내지 마시며 주의 성신을 내게서 거두지 마소서"(시 51:11)라고 했던 것과는 완전히 상반된 마음이었던 것입니다.

살인자 가인에게 내린 저주가 무엇입니까?

첫째, '밭을 갈아도 땅이 다시는 효력을 주지 않는다는 것'입니다 (창 4:12上). 이 저주는 아담에게 내린 저주보다 더 심각한 것이었습니다(창 3:17-18). 땅이 살인자 가인을 거절하는 저주였습니다. 범죄한 아담은 종신토록 수고하여야 그 소산을 먹을 수 있었지만, 살인자 가인에게는 아예 땅이 열매를 내지 않는다는 것입니다. 무엇을 하든지 농작물은 물론, 모든 열매를 거둘 수 없는 것입니다. 수고한 대로 소득을 거둘 수 없는 인생이 되고 말았습니다.

두 번째 내린 저주는, '땅에서 쫓겨나는' 결과를 초래했습니다(창 4:12下). 인생의 방황이 시작된 것입니다. 마음 놓고 편히 살 수 있는 안식처가 사라진 것입니다.

이처럼 죄는 하나님과 함께 있지 못하게 합니다. 그리고 죄는 모든 관계성을 끊어 버립니다. 위로 하나님과의 관계가 멀어지면 아래로 자연 만물로부터도 환영받을 수 없을 뿐더러, 내가 소속되었던 공동체 안에서의 관계성도 약해지기 마련입니다. 그 결과, 스스로 고립되어 소외감을 느끼게 되는 것입니다.

이렇게 가인의 후손들은 하나님을 등진 후에 에덴동산 동편에 있는 놋 땅에 거하였습니다(창 4:16). '놋'(נוֹד)의 뜻은 '방황하는 자, 방랑자, 도망자'라는 뜻입니다. 하나님을 떠난 상태로, 삶의 진정한 목적 없이 방황하는 인류의 모습입니다. 확실히 기쁨의 땅 에덴과는 극명한 대조를 이룹니다. 범죄한 사람은 그 누구라도 이 땅의 저주에서 자유로울 수 없습니다. 이 저주를 깨고 부요와 풍요를 누릴 수 있는 길은 오직 예수 그리스도를 믿는 길밖에 없습니다.

가인은 놋 땅에 거하면서 '성'을 쌓았습니다(창 4:17). NASB에서는 "he built a city"라고 번역하고 있습니다. '성'이라는 단어는 히브리어로 '이르'(עִיר)인데, 그것은 '성읍'을 말합니다. 이러한 '최초의 도시(성읍) 건설'은 에덴에서의 추방이라는 하나님의 저주를 희석시키려는 의도와, 인간들끼리 힘을 모아 성을 높이 쌓음으로 하나님의 간섭으로부터 아주 독립해 보려는 의도가 숨어 있습니다. 하나님을 떠난 인간이 성을 쌓는 일은 창세기 11장의 바벨탑에서 그 절정을 이룹니다.

인간이 하나님을 떠나 독립하여 자기만의 성 안에 갇혀 사는 순간부터 방황하는 인생이요, 그들이 거하는 땅은 아무리 노력하고 힘쓸지라도 손에 잡히는 것 없이 먼지만 날리는 그야말로 '놋' 땅에 불과한 것입니다. 그들은 성을 쌓고 이름을 아들의 이름을 따서 '에녹'이라고 하였는데, 그 후손들에게까지 그 죄악의 온상을 전수하고자 했던 의도를 엿볼 수 있습니다(창 4:17).

2. 에녹

חֲנוֹךְ / Enoch
바침(봉헌된 자)[8], 개시(開始)[9], 선생[10]
/ dedication, begin or initiated, teacher

가인의 자손 에녹은 셋의 6대손 에녹과 동명입니다. 그러나 셋의 후예 에녹은 경건한 사람으로서 믿음의 극치에 이르렀던 에녹이고, 가인의 아들 에녹은 세속에 속한 불경건한 자로서 에녹이라고 칭합니다. 에녹은 가인이 여호와 앞을 떠나서 처음 얻은 아들이었습니다(창 4:16-17). 하나님 앞에서 떠난 인본주의의 첫 열매였던 것입니다. 가인은 자기의 아들 에녹이 인본주의적 가문의 성공을 위해 바쳐지기를 소원하는 마음으로, '바침'이란 뜻을 가진 '에녹'이라고 지은 것 같습니다.

처음 에녹의 탄생은 가인 계열 가운데 다른 사람들보다 비교적 자세히 설명되어 있습니다.

창세기 4:16-17 "가인이 여호와의 앞을 떠나 나가 에덴 동편 놋 땅에 거하였더니 ¹⁷아내와 동침하니 그가 잉태하여 에녹을 낳은지라 가인이 성을 쌓고 그 아들의 이름으로 성을 이름하여 에녹이라 하였더라"

에녹의 이름의 뜻(바침, 개시, 선생)을 통해서 볼 때,

① 가인은 도시를 건설한 후에 그 도시 이름을 아들의 이름대로 '에녹'이라 했습니다. 에녹이라는 이름은 하나님을 떠난 인생들이 인본주의의 아성(牙城)을 과시하는 데 바쳐졌습니다.

② 범죄 후 하나님을 떠난 자들이, 앞서 하나님과 함께하면서 누렸던 모든 선하고 아름다운 것들을 전복시키고, 자기 뜻대로 살고자 혁신을 일으키는 일에 본격적인 '시작'(개시)이 되었습

니다. 이것은 처음으로 쌓은 성의 이름을 '에녹'이라고 한 것
을 통해 확실히 알 수 있습니다.

③ 그래서 에녹은 하나님께 반역하는 불신과 배반을 가르치는 부
정적인 의미의 전문적인 '선생'(시조, 원조, 조상)이 된 것입니다.

가인이 쌓은 성의 이름이 '에녹'이었기에 에녹의 이름은 너무나
유명해졌으며 사람들은 '에녹'을 자주 불렀을 것입니다.

그는 세상적으로는 이름이 널리 알려진 유명한 사람이 되었을
것입니다. 그러나 하나님과 아무 상관이 없는 그의 이름은 하나님
앞에는 전혀 기억이 되지 않는 이름이었던 것입니다. 살았다 하는
이름은 가졌지만 하나님 보시기에는 이미 죽은 자요(계 3:1), 존재
의미가 없는 이름이었습니다.

존귀한 성도의 이름은 잠시 우거하고 떠날 이 땅에서는 보잘것
없어 보일지라도, 영원한 하나님의 나라 생명책에 흐려지지 않고
기록됩니다(계 3:5). 아버지의 뜻대로 되기를 원하여 십자가에 달리
신 예수님은 하나님으로부터 '모든 이름 위에 뛰어난 이름'(빌 2:9)
을 받았습니다. 바로 이 예수님의 발자취를 따라 하나님의 뜻에 순
종하는 모든 성도들에게 생명책에 그 이름들이 기록되는 영예를 주
셨습니다(빌 4:3). 하나님의 생명책에 기록되어 있는 우리의 이름은
사라지거나 없어질 수 없습니다.

가인과 그의 아들 에녹은 하나님 없이 시작했습니다. 하나님으로
부터 독립하여 얻은 첫아들을 '바침, 개시(시작), 선생'이라고 하더
니, 또 그들이 거할 첫 도시의 이름 또한 '에녹'이라 하였습니다. 가
인과 에녹이 하나님 없이 세운 인간적인 계획과 포부는 아주 대단
했던 것 같습니다. 그들은 자기들끼리 하나님 없는 지상천국을 꿈

꾸며 에덴동산에 버금 가는 화려한 도시를 건설하려 했던 것입니다.

그러나 하나님을 떠나 시작한 그들의 결과는 어떠했습니까? 그들은 대학살과 모든 잔인성과 죄악의 정신적인 원조가 되고 말았습니다. 자기들 생각에 '에녹'성은 금방이라도 지상낙원이 될 듯했지만, 그들의 거창한 시작과 달리 점점 죄악의 도시, 살인의 도시, 부정과 부패의 도시가 되어 갔던 것입니다.

우리의 삶 속에는 때때로 하나님 없는 시작이 얼마나 많이 있습니까? 하나님 없는 화려한 행사 계획, 하나님 없는 사업 성공 계획, 하나님 없는 결혼 계획, 하나님 없는 노후 계획이 얼마나 많습니까? 모든 시작의 근원은 하나님이십니다. 무슨 일이든지 하나님께 기도함으로 아뢰며, 말씀으로 확인하며, 하나님의 사람에게 묻고 시작할 때 하나님이 그 결실에 이르기까지 전폭적으로 책임져 주신다는 것을 믿으시기 바랍니다.

3. 이랏

עִירָד / Irad
도망자, 도피자, 과시하는 자[11]
/ runner, fleet, boastful

이랏은 에녹의 아들입니다. 그의 이름의 뜻을 볼 때 그는 '자기 자신을 과시하는 자'입니다. 하나님을 피해 도망 다니면서 온갖 범죄를 저지른 후, '하나님이 어디 있느냐? 우리가 하는 일을 하나님이 보지 못할 거야'라고 말했을 것입니다. '하나님이 없다' 함으로 죄짓는 일에 전혀 두려움이나 거리낌이 없었을 것입니다. 그러한 자를 성경에서는 가장 어리석은 자라고 말씀하고 있습니다.

시편 10:4 "악인은 그 교만한 얼굴로 말하기를 여호와께서 이를 감찰치 아니하신다 하며 그 모든 사상에 하나님이 없다 하나이다"

시편 14:1 "어리석은 자는 그 마음에 이르기를 하나님이 없다 하도다 저희는 부패하고 소행이 가증하여 선을 행하는 자가 없도다"

하나님은 우리의 행동, 그 행동의 배후에 숨은 동기, 우리의 심장과 폐부까지 감찰하시고, 우리의 생각을 낱낱이 살피십니다(렘 17:10, 시 94:9, 잠 5:21). 현재뿐 아니라 과거와 미래까지 살피시는 분입니다(시 139:1-3). 그러므로 우리는 하나님 앞에 속일 수도 없거니와 그 앞에는 아무것도 감출 수 없는 것입니다.

하나님의 눈은 일곱이며(슥 3:9, 4:10, 계 5:6), 전 우주에 충만하시며 일곱 날의 빛과 같이 환히 보고 계십니다(사 30:26). 또한 그 눈은 불꽃 같아서 그 앞에서 누구도 피할 자 없는 것입니다(대하 16:9). 그 눈으로 선인과 악인을 모두 감찰하신다고 하셨으며(잠 15:3), 시편 33:13에서는 '여호와께서 하늘에서 감찰하사 모든 인

생을 보신다'고 하였고, 14절에서는 '그 거하신 곳에서 세상 모든
거민을 하감한다'고 하였고, 이어서 15절에서는 '저희 모든 행사
를 감찰하신다'고 하였습니다. 욥기 34:21-22에서는 "하나님은 사
람의 길을 주목하시며 사람의 모든 걸음을 감찰하시나니 악을 행
한 자는 숨을 만한 흑암이나 어두운 그늘이 없느니라"고 말씀하고
있습니다. 하나님이 창조하신 시간과 공간 속에서 더 깊이 숨고 더
멀리 도망갈지라도 하나님이 천지를 명하여 일제히 서도록 명하시
면, 애써 도망친 그 장소 그 시간에 하나님이 또 서 계시게 됩니다
(사 48:13).

아간이 외투 한 벌과 금, 은을 훔쳤을 때, 이스라엘 사람들은 아
무도 몰랐지만 하나님은 찾아내시고야 말았습니다(수 7:1-26). 미갈
이 창가에서, 춤추며 찬양하는 다윗을 보고 심중에 업신여겼던 사
실을(삼하 6:16) 그 누구도 몰랐으나 하나님이 아시고, 그 결과 미갈
은 죽는 날까지 자식이 없었습니다(삼하 6:23). 아나니아가 소유를
판 것 중에 일부를 숨긴 것을 아내 외에는 아무도 몰랐습니다. 그
악한 마음을 하나님이 베드로에게 미리 알게 하셨고, 그 결과 당일
에 쓰러져 장사(葬事)되고 말았습니다(행 5:1-11).

참으로 하나님 앞에서 숨기려는 자, 그 앞에서 거짓말로 속이는
자, 하나님 앞에서 도망하려는 자는 얼마나 어리석은 자입니까?
'이랏'의 의미 가운데 '과시(자랑할 과(誇), 보일 시(示))'라는 것은
'자랑해 보이되 사실보다 크게 나타내어 보이는 것'을 말합니다. 자
기가 현재 가진 재산이나 외모, 권력이나 명예보다 더 부풀려서 남
에게 자랑하고 스스로에게는 위안을 삼는 것입니다. 바벨론의 느
부갓네살왕이 그러했습니다. 그는 바벨론의 웅장한 성읍을 바라

보면서 자신의 능력과 권세와 영광을 힘껏 과시하고 자랑했을 때, 그 말이 채 끝나기도 전에 하늘에서 소리가 들렸고, 그는 그 말씀대로 당장에 들짐승과 같은 비참한 처지로 전락하고 말았습니다(단 4:28-37).

바벨론 왕 부로닥발라단 앞에서 하나님의 은혜를 전달하지 않고 자기 힘과 자기 능력만 뽐내고 자랑하던 히스기야왕 때문에 유다 나라는 패망할 것이라는 선고를 받고 말았습니다(왕하 20:16-19, 사 39:6-7).

하나님이 마음속에서 떠나고 없을 때 사람들은 그 공허함을 권력과 명예, 인기로 치장하면서 채우려 합니다. 돈의 힘, 학식의 힘, 권력의 힘, 물리적인 힘으로 연약하고 가난한 자들을 상처 주고 낙심시킵니다. 하나님이 계시지 않는 그들의 마음은 얼마나 공허합니까? 그래서 성경은 그와 같은 자들에게 "허탄한 자랑을 하지 말라, 그것은 악한 것"이라고 하였습니다(약 4:16).

우리의 자랑은 오직 예수 그리스도뿐입니다(갈 6:14). 하나님을 떠나 자기를 거짓으로 포장하고 과시하는 인생이 아니라 오직 예수 그리스도만을 자랑하는 인생이 되어야 하겠습니다.

4. 므후야엘

מְחוּיָאֵל / Mehujael
하나님이 흔적 없이 쓸어 버린 자[12)
/ blotted out by God

이랏의 아들 므후야엘은 '하나님께서 흔적도 없이 쓸어버린 자'(창 4:18)라는 의미입니다. 므후야엘의 어원은 '쓸어버리다, 지워 버리다'라는 뜻의 히브리어 '마하'(מְחָה)와 '하나님'이라는 뜻의 '엘'(אֵל)의 결합으로 이루어졌습니다. 그러므로 그 이름의 뜻은 '하나님이 쓸어버리신 자', '하나님이 이름을 지워 버리신 자'로 해석할 수 있습니다. 너무나 끔찍하고 저주스러운 이름입니다. 이름은 그 사람의 존재에 대한 상징인데, 이름을 지운다는 것은 존재 자체가 소멸되는 것이기에 그야말로 최대의 심판을 받은 것입니다.

므후야엘이 어떠한 인생을 살았기에, 이러한 저주스러운 이름이 주어졌을까요? 성경에 그의 행적과 성품에 대한 묘사는 전혀 없습니다. 그러나 그의 이름에 사용된 '마하'라는 히브리어 단어가 다른 곳에서 쓰인 용례를 살펴볼 때 그가 어떤 인생을 살았던 사람이었는지 대략 알아볼 수가 있는 것입니다.

'므후'라는 이름의 히브리 어원 '마하'(מְחָה)의 기본적인 뜻은 가죽 두루마리의 잉크 얼룩을 해면(海綿) 따위로 흡수시켜서 씻어 없애는 것에서 비롯된 것입니다. 가죽에 묻은 얼룩 등을 지워서 없애 듯이 개인의 이름이나 생애의 업적을 소멸시키거나, 나아가 한 국가의 존재 자체를 지워 없애 버리는 것은 무시무시한 심판에 해당됩니다. 그래서 이 단어는 주로 범죄한 자에게 주어지는 무서운 심판과 형벌을 가리킬 때 많이 사용되었습니다. 대표적으로 노아 홍수 당시에 "가라사대 나의 창조한 사람을 내가 지면에서 쓸어버리되…"

(창 6:7), "지면의 모든 생물을 쓸어버리시니"(창 7:23)라는 말씀에서 '쓸어버리다'가 '마하'라는 단어입니다. 이처럼 '마하'는 죄에 대한 심판으로 모든 것을 쓸어버린다는 의미로 사용되었습니다. 이 밖에도 많은 용례가 있지만 크게 두 가지로 요약됩니다.

첫째, 도시나 종족 등에 대한 철저한 파괴와 소멸을 가리키는 경우에 사용되었습니다.

하나님 앞에 범죄한 종족이나 도시에 대해 성경은 '마하'라는 단어를 사용함으로써 '지워서' 소멸시킬 것을 말씀하고 있습니다. 열왕기하 21:13 "또 사람이 그릇을 씻어 엎음같이 예루살렘을 씻어 버릴지라"라는 말씀 중에서 "씻어 버릴지라"는 히브리어로 '마하'로서, 하나님의 심판 행위를 묘사합니다.

또한 사사기 21:17 말씀 "… 이스라엘 중에 한 지파가 사라짐이 없으리라"에서 "사라짐" 역시 '마하'로서, 멸절 위기에 놓인 베냐민 지파의 구제 방법을 논하는 중에 사용되었습니다.

이와 같이 '마하'라는 단어는 하나님께 범죄한 도시나 종족들에 대하여 그들의 존재를 전혀 기억할 수 없을 만큼 아주 지워 없애라는 심판의 맥락에서 사용되었습니다.

둘째, 사람의 이름이나 기억을 없애는 경우에 사용되었습니다.

대표적인 경우가 아말렉 족속에 관한 기록입니다. 출애굽기 17:14에서 "아말렉을 도말하여 천하에서 기억함이 없게 하리라", 또한 신명기 9:14에도 "… 그들을 멸하여 그 이름을 천하에서 도말하고"라는 말씀이 나오는데 '기억함이 없게 하다, 도말하다'라는 단어가 바로 '마하'입니다. 아말렉 족속은 이스라엘의 출애굽 여정 중에 피곤해서 무리에서 뒤떨어진 약한 사람들을 공격했던 사람들이었습니다(신 25:18, 삼상 15:2). 하나님은 그 사실을 기억하시고 이스라엘의 후손들에게 아말렉의 이름은 지워 없애서 기억됨이 없게 하라고 명령하신 것입니다. 이름을 지워 없앤다는 것은 그 사람의 존재 가치를 없애는 무서운 심판의 선언입니다.

이상과 같은 두 가지 용례를 볼 때, '마하'라는 단어는 주로 하나님의 뜻에 도전하고 죄악을 범한 종족이나 도시, 개인을 멸절하는 하나님의 심판에 사용되었습니다. 므후야엘의 삶은 끊임없이 하나님의 백성을 괴롭히고 하나님의 뜻에 도전한 아말렉 족속이나, 그 마음의 계획이 항상 악하여 하나님 앞에 패괴하고 강포가 충만했던 노아 홍수 당시 사람들과 같았음을 그의 이름을 통해서 알 수 있는 것입니다.

5. 므드사엘

מְתוּשָׁאֵל / Methushael
지옥의 사람 혹은 하나님의 사람[13]
/ man of Sheol or man of God

므드사엘은 므후야엘의 아들로(창 4:18), 그 어원을 볼 때 상반된 두 가지의 뜻이 있음을 알 수 있습니다.

첫째, '므드사엘'은 일반적인 사람을 가리키는 히브리어 '마트'(מַת)와 지옥을 가리키는 '스올'(שְׁאוֹל)의 합성어로 '지옥의 아들'이라는 뜻입니다.

구약성경에서 '스올'은 주로 무덤이나 지옥, 즉 죽은 자들의 세계를 가리키는 장소로 사용됐습니다. 이는 므드사엘의 생애가 하나님과 동행하지 못하고 세상의 욕심과 자기 욕망을 좇아 살아감으로 결국 죽은 자들의 세계인 지옥으로 떨어지고 말았다는 것을 암시해 줍니다.

둘째, '므드사엘'의 어원을 '마트'와 하나님의 이름 '엘'의 합성어로 보는 견해입니다. 이것은 '하나님의 사람'이라는 뜻입니다.

므드사엘의 아버지 므후야엘은 자식을 낳고 '하나님의 사람'이라는 뜻을 가진 이름으로 지었을 것입니다. 므후야엘은 '하나님이 흔적 없이 쓸어버린 자'라는 뜻입니다. 그는 자신의 이름의 뜻대로 자기가 성취한 모든 것이 한꺼번에 사라지는 허무한 인생을 살면서, 자식만은 하나님의 사람이 되어서 하나님의 손에 붙잡혀 평안과 축복의 삶을 살기를 소망했을 것입니다. 그래서 아들을 므드사엘로 이름한 것으로 보입니다.

그런데 므드사엘의 자식인 '라멕'이 가인보다 더 악한 살인자가 된 것을 볼 때(창 4:23-24), '므드사엘'의 삶이 하나님의 사람이 아닌 지옥의 아들로서의 삶이었음을 알 수 있습니다.

므드사엘의 이름처럼 인생들은 항상 두 가지 삶의 모습으로 살아갑니다. 어떤 사람은 하나님의 사람으로서 하나님의 뜻을 받들고, 하나님의 영광을 위하여 하나님의 손에서 크고 존귀하게 쓰임을 받습니다. 하나님의 사람은 '하나님께 소속된 사람, 하나님이 사용하시는 사람'이라는 뜻으로, 연약한 인생들이 하나님이 쓰시는 사람이 된다는 사실 자체만으로도 너무나도 영광스러운 칭호인 것입니다. 모세(신 33:1), 사무엘(삼상 9:8), 엘리야(왕상 17:18), 엘리사(왕하 4:7, 5:8), 다윗(느 12:24), 무명의 선지자들(삼상 2:27, 왕상 13:1)이 그런 칭호를 받았습니다. 사도 바울은 디모데를 "오직 너 하나님의 사람아"라고 불렀습니다(딤전 6:11).

또 어떤 사람들은 지옥의 아들로 어둠에 사로잡혀 사단의 하수인 노릇을 하면서 인생을 살아갑니다. 유다서 11-13절에서는 가인, 발람, 고라처럼 하나님을 대적하는 자들의 삶을 "… 영원히 예비된 캄캄한 흑암에 돌아갈 유리하는 별들이라"고 말씀하고 있습니다. 여기 "영원히 예비된 캄캄한 흑암"은 바로 '지옥'을 가리키는 표현인 것입니다.

우리 인생의 앞길에는 언제나 상반된 두 가지의 삶이 펼쳐질 가능성이 있습니다. 신명기 30:15에서 "보라 내가 오늘날 생명과 복과 사망과 화를 네 앞에 두었나니"라고 말씀하고 있습니다.

신명기 30:19에서도 "… 내가 생명과 사망과 복과 저주를 네 앞에 두었은즉 너와 네 자손이 살기 위하여 생명을 택하고"라고 말씀하고 있습니다. 그렇다면 우리는 선택해야 합니다. 우리와 우리 자손이 살기 위하여 생명을 택하고, 하나님을 사랑하고, 그 말씀에 순종함으로 말미암아(신 30:20) 우리의 삶이 하나님의 사람으로서의 삶이 될 때에 비로소 지옥의 아들이라는 의미는 완전히 사라지고 말 것입니다.

6. 라멕

לֶמֶךְ / Lamech
강한 자[14], 정복자[15]
/ a strong youth, the conqueror

성경은 가인 계열 내에서 언급되는 여섯 명의 인물 가운데 마지막 인물 라멕에 관하여 자세히 설명하고 있습니다(창 4:19-24). 인간이 타락한 이후 죄악이 가인 계열을 타고 내려오다가 마지막 라멕에 이르러 어두움의 열매, 악한 열매를 주렁주렁 매달게 된 모습을 보여 줍니다.

라멕의 히브리어 어원은 확실하지 않습니다. 아랍어에 의거하여 살펴보면 '힘센 젊은이', '압제자'라는 뜻이 있습니다. 랑게(Johann P. Lange)라는 신학자는 라멕의 뜻을 '강한 자'로 보았습니다. 그 이름의 뜻을 볼 때 라멕은 '나는 강하다'고 자부하는 교만한 자입니다.

이렇게 주변 사람보다 힘이나 세력에 있어서 월등하게 강한 자는 남을 짓누르고 폭력을 행하는 데 자유하며, 약한 자들에게 무슨 짓이든지 서슴없이 행하고 군림하려고 합니다. 그리고는 스스로 영웅 의식에 사로잡히고 하나님을 멀리 떠나게 됩니다.

아담 타락 이후 라멕이 보여 주는 악이 증대되어 가는 역사는 다음과 같습니다.

1. 신성한 결혼을 육체적·쾌락적으로 타락시켰습니다.

Lamech defiled God's ordained principle of holy matrimony, turning it into a fleshly and hedonistic practice.

라멕은 아내가 둘 있었던 음란한 자였습니다.

창세기 4:19에서 "라멕이 두 아내를 취하였으니…"라고 말씀하고 있습니다. 그 아내를 통한 각각의 자손들은 다음과 같습니다.

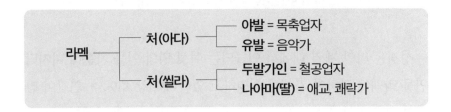

(1) 첫째 아내는 '아다'입니다.

그 이름의 뜻은 '장식한 자, 꾸민 자, 빛'입니다. 본성의 아름다움보다 남자를 유혹하기 위해서 겉치장을 꾸민다는 이름입니다. 좋은 옷, 좋은 화장품, 좋은 액세서리, 좋은 집, 좋은 차로 화려하고 멋지게 그 겉모양을 치장하는 것입니다. 하루 종일 오로지 몸 단장하는 데 시간과 정신을 다 쏟으면서, 거울 앞에서 스스로 만족하는 매우 천박한 여자라고 추정됩니다.

(2) 둘째 아내는 '씰라'입니다.

그 이름의 뜻은 '그늘, 그림자(엉큼한 곳), 보호(아무에게나 보호받기를 원함), 딸랑딸랑 울리다16)(이성을 향한 달콤한 음성)'입니다. 어딘지 음침하고 본성이 음흉한 여자입니다. 남편을 유혹하여 더욱 악을 조장하는 여자입니다. 남편의 귀를 즐겁게 하는 자, 엉큼한 마음을 가지고 아부를 잘 하는 여자였던 것 같습니다.

라멕은 사람을 죽이는 살인 행위를 하고 돌아와서 평소와 똑같이 아무런 죄책감이 없이 자기 아내들 앞에서 자신의 힘을 과시하며 섰습니다. 그리고는 무기를 손에 잡고 부인들 앞에서 섬뜩한 살인에 관한 노래를 불렀습니다.

창세기 4:23-24 "라멕이 아내들에게 이르되 아다와 씰라여 내 소리를 들으라 라멕의 아내들이여 내 말을 들으라 나의 창상을 인하여 내가 사람을 죽였고 나의 상함을 인하여 소년을 죽였도다 24 가인을 위하여는 벌이 칠 배일진대 라멕을 위하여는 벌이 칠십 칠 배이리로다 하였더라"

두 부인은 라멕이 칼과 살인에 관한 노래를 하는데도 듣기 싫어하지 않고, 남편이 행한 악행에 충고는커녕 찬사를 보내고 함께 동조하며 박수를 보냈을 것입니다. 아마도 아내들은 남편 라멕을 즐겁게 하기 위해 아다는 매일 꽃단장하고 꾸미는 데 온 정신과 시간을 다 소모하고, 씰라는 라멕의 살인 노래를 같이 따라 부르고 온갖 유혹적인 애교를 부리며 딸랑딸랑 장단을 맞추었을 것입니다.

2. 라멕은 하나님의 이름을 도용하여 죄의식 없이 살인으로 보복 행위를 자행하였습니다.

Lamech misused the name of God and indulged in the act of retaliation without feeling any guilt.

라멕은 '나를 건드리는 자는 하나님께서 그를 77배로 보복해 주실 것이다'라고 노래하였습니다(창 4:24). 라멕은 이처럼 하나님이 보복해 주신다고 노래는 했지만, 실제로는 자기가 보복을 자행하였습니다. 원수에 대한 보복은 하나님의 권한에 있습니다(신 32:35, 롬 12:19, 히 10:30).

또한 가인을 향한 하나님의 특별한 배려와 자비책을 살인자에 대한 보호책으로 탈바꿈시키고, 긍휼의 법을 복수의 법으로 바꾸었습니다. 가인의 경우에 하나님은 그가 보복 당하는 것을 막아 주셨습니다. 그러나 라멕은 자신이 당한 부상에 스스로 보복을 했던 것입니다. 이것은 하나님 고유의 권한에 대한 침해였습니다.

라멕의 살인 노래 속에는 전지 전능하신 하나님의 이름을 도용하여, 공개적으로 그 누구를 막론하고 무제한적으로 보복과 살인극을 벌이겠다는 악의가 담겨 있습니다. 하나님 앞에 교만한 인간의 파렴치한 모습이요, 심각한 신성 모독입니다.

3. 라멕은 생명과 인간에 대한 가치를 우습게 알았습니다.

Lamech disdained the value of life and humanity.

창세기 4:23에서 "나의 창상을 인하여 내가 사람을 죽였고 나의 상함을 인하여 소년을 죽였도다"라고 말씀하고 있습니다.

'창상'은 히브리어로 '페차'(פֶּצַע)로서, 생명에 해가 될 만큼의 중상이 아니라 가벼운 타박상이나 멍이 든 정도를 말합니다. 그는 겨우 작은 창상과 상함을 입고 자기 분노를 이기지 못하고, 여러 사람 앞에서 자기 힘과 권력을 과시하면서 고귀한 생명을 무참히 파괴하였습니다. 이는 하나님의 형상으로서 존중되어야 할 생명을 가치 없는 것으로 여기는 악한 풍조가 성행하게 되었음을 말합니다.

4. 라멕은 투쟁과 살륙을 배경으로 한 문명들을 그 자녀들에게 전수하였습니다.

Lamech passed down to his children a civilization founded upon strife and murder.

가인 계통의 자녀 교육은 지성, 인성, 영성의 회복과는 거리가 멀게 느껴집니다. 그들은 인본주의 세력을 확장시키기 위해 문명을 발달시켰고, 세대가 거듭될수록 더욱 더 하나님을 대적하였습니다.

(1) 라멕이 첫째 아내 아다에게서 낳은 아들은 야발과 유발입니다.

창세기 4:20-21 "아다는 야발을 낳았으니 그는 장막에 거하여 육축 치는 자의 조상이 되었고 ²¹그 아우의 이름은 유발이니 그는 수금과 통소를 잡는 모든 자의 조상이 되었으며"

야발은 '이끌다, 옮기다, 축축한 데를 찾아가다'라는 뜻으로, 그는 육축을 치는 목축업의 선조가 되었습니다. 그러나 야발은 가축을 친 최초의 사람은 아닙니다. 왜냐하면 아벨도 가축을 길렀기 때문입니다(창 4:2). 야발은 천막에 거하면서 여기저기 떠돌아다니며 가축떼를 거래하는 최초의 사람이었으며, 인류 최초의 상거래자였을 가능성이 큽니다.

여기 '육축'의 히브리어는 '미크네'(מִקְנֶה)로서, 이것은 '사고팔 수 있는 가축'이란 뜻입니다. 즉 상거래용의 살아 있는 재산을 말합니다. 그러므로 야발과 야발의 후손들은 가축을 거래하는 직업을 가진 자들이었습니다.

유발은 '소리, 음악'이라는 뜻으로, 그는 수금과 통소를 부는 음악가가 되었습니다. 그것이 하나님을 찬양하는 일에 쓰이면 더없이 좋았겠지만 그러질 못했습니다. 저들의 음악이란 하나님을 찬양하는 바른 음악이 아니라 향락의 방탕한 소리에 불과했습니다. 이는 통소의 히브리 어원이 '(관능적인) 사랑에 빠지다'라는 동사 '아가브'(עָנַב)에서 유래한 '우가브'(עוּגָב)라는 데서 유추할 수 있습니다. 이렇게 유발의 음악은 하나님을 찬양하는 음악이 아니고, 전적으로 육체적인 쾌락과 향락을 위한 것이었습니다.

(2) 라멕이 둘째 아내 씰라에게서 낳은 아들은 두발가인, 딸은 나아마입니다.

창세기 4:22 "씰라는 두발가인을 낳았으니 그는 동철로 각양 날카로운 기계를 만드는 자요 두발가인의 누이는 나아마이었더라"

아들 두발가인은 동철과 쇠를 녹여 각양 날카로운 기계와 연장을 만드는 철공업자, 대장장이였습니다.

'두발가인'(תּוּבַל קַיִן)의 단어는 '두발'(תּוּבַל)과 '가인'(קַיִן)의 합성어입니다. '두발'은 '넘쳐흐르다, 번식하다, 달리다'라는 뜻의 아랍 어근에서 파생된 단어로서, 그것이 '가인'과 함께 쓰여 가인 계통 후손들의 번영을 소원하여 이름한 것임을 알 수 있습니다. 이렇게 라멕의 세 아들 가운데 두발에 그들의 시조의 이름이었던 '가인'이 붙은 것은 가인 계통으로 흐르는 죄성(罪性)이 누구보다 두발가인 때 가장 탁월했음을 암시하고 있습니다. 두발가인은 철 연장이나 철기구를 날카롭게 제작하였는데, 그 기구들은 건전한 농기구, 평화를 위하는 데 쓰이지 않고 아버지 라멕의 살인 도구로 쓰였습니다.

딸 나아마는 라멕의 둘째 아내 씰라의 딸(창 4:22下)이요, 두발가인의 누이동생입니다. 그 뜻은 '유쾌하다, 달콤하다, (유난히) 아름답다'에서 유래하였습니다. 나아마는 성적 유혹을 일으키기에 충분한 여자였습니다.

일반적으로 자손의 명단에서 여자(女子)의 이름을 삭제하는 것이 고대인의 관습임에도 불구하고 라멕의 딸 나아마가 기록된 것은 그녀가 경건과는 일체 상관 없이 미와 쾌락, 정욕적인 면에서 당시에 매우 특출했던 인물이었음을 말해 줍니다.

5. 자신을 신격화·영웅화하였습니다.

Lamech deified (heroized) himself.

철제 기구들은 대량 살인을 일으키게 하였고, 그것은 또한 '영웅들의 탄생'으로 이어지게 됩니다. 그 결과 자연적으로 영웅을 추대하고 따르는 거대한 악의 세력이 형성되고, 막강한 힘으로 하나님께 도전하기에 이르렀습니다. 이것들은 모두 그들의 문명 발달이 가지고 온 악(惡)의 결과였습니다.

모든 문명의 발달은 인간 생활을 편리하게 하려는 인본주의, 그리고 육적인 만족 곧, 성적 타락을 향해 흘러갔습니다. 그 속에는 '인간의 내적 능력을 개발시키면 신처럼 초월적 존재가 될 수 있다'라는 식으로, 언제나 하나님을 무시하고, 반항하여 하나님으로부터 독립하려는 악한 마귀의 역사가 함께하고 있었습니다.

이제부터 라멕에게는 신의 노여움쯤은 아무것도 아닌 것이 되고 말았습니다. 아담의 죄는 말씀에 대한 불순종이요, 가인의 죄는 말씀을 거부한 후 살인으로 표출한 것이요, 라멕의 죄는 살인의 보편화, 복수심의 극대화입니다. 죄가 점점 구조적으로 증대되고, 살인하는 피의 복수로 세계는 온통 죄악으로 물들게 되었습니다. 이처럼 가인 계열의 불경건은 아담의 7대손인 라멕에게서 최고 정점에 이르렀던 것입니다.

II
가인의 편에 선 죄악의 후예들
THE DESCENDANTS OF SIN IN THE LINE OF CAIN

가인의 족보는 아담의 7대손 라멕에 이르러 그 문명의 화려함을 뽐내고는 순식간에 멈춰 서고 맙니다. 셋 계열의 족보가 노아와 아브라함을 넘어 다윗에서 메시아까지 계속적으로 이어지는 반면에, 가인의 후예에 대한 기록은 사실상 7대손 라멕에서 끝나고 있습니다.

이는 실제로 가인의 후예가 라멕에게서 단절되었다는 의미가 아닙니다. 당연히 라멕의 세 아들을 통해 많은 자손들이 번식되어 나름대로 큰 민족을 이루었을 것입니다. 그러나 성경이 라멕에게서 가인의 족보를 중단한 것은, 아무리 문명이 발달하고 번창해 간다 할지라도 하나님을 떠난 문명, 하나님의 이름이 없는 삶은 최고의 절정기에서 순식간에 무너지고 만다는 사실을 경고해 주고자 함입니다.

성경은 가인의 육적인 족보가 라멕에게서 중단된 것으로 끝나지 않고, 가인의 죄악된 속성은 다른 사람들의 삶을 통해 종말의 때까지 계속되고 있음을 증거하고 있습니다. 대표적인 것은 바벨탑을 쌓았던 노아의 세 아들 중 함의 자손 니므롯이나, 아브라함의 아들인 이스마엘, 그리고 이삭의 아들 에서에게로 이어지는 족보입니다.

1. 니므롯(נִמְרֹד)과 바벨탑 건축의 후예들
The descendants of Nimrod and the construction of the Tower of Babel

창세기 4장에서 가인의 후예들은 문명의 개척자들이었습니다. 아담의 7대손 라멕의 세 아들이 각 방면의 목축업과 음악과 기계 문명의 창시자가 되었다면, 마찬가지로 노아의 세 아들 중 함의 손자 니므롯은 특이한 사냥꾼이자 세상의 영걸로, 가인이나 라멕에 버금 가는 사람입니다(창 10:8-9).

(1) 세상의 영걸 니므롯

창세기 10장에서 니므롯에 대한 설명은 ① 세상에 처음 영걸, ② 여호와 앞에서 특이한 사냥꾼, ③ 바벨의 시조로 기록돼 있습니다. 함의 족보를 언급하다가 니므롯에 이르러 그의 사적을 상세하게 기록함을 볼 때, 니므롯에 대해 주목하기를 원하는 뜻이 담겨 있음을 알 수 있습니다.

첫째, 니므롯은 '영걸'이었습니다.
'영걸'은 그 한자가 '꽃부리 영(英), 뛰어날 걸(傑)'입니다. 성경 사전에서는, '영웅과 호걸로 뛰어난 인물을 말한다. 또는 큰일을 이룰 수 있을 만큼 용기와 재능, 지혜가 뛰어난 것을 말한다'라고 풀이하고 있습니다. 그렇다면 니므롯을 가리켜 '세상의 영걸'이라고 칭하였으니 그는 하나님의 뜻과는 상관 없는 영웅이요, 하나님을 대적하는 데 담대하고, 뜻을 방해하는 데 재능이 있고, 온갖 거짓으로 영혼을 노략하는 일에 지혜가 탁월한 자를 말합니다.
'영걸'의 히브리어는 '기보르'(גִּבּוֹר)로서, 이 단어는 통상 '폭력으로 통치하는 자, 폭군'을 뜻합니다. 니므롯은, 사람들을 압제하고 하나님께 대항하는 데 자신의 힘을 사용한 폭군이며 전제 군주라 할 수 있습니다. 그는 폭력으로 부족들을 점령하고, 사람들을 선동하여 바벨탑을 지음으로써 하나님께 대적한 것입니다.

둘째, 니므롯은 '특이한 사냥꾼'이었습니다.

　이것은 그의 직업과 하나님과의 관계를 말해 주고 있습니다. 특이하다는 것은 '강한 사냥꾼'이란 뜻으로, 다른 사람들보다 훨씬 탁월한 실력을 가진 사냥꾼이란 뜻입니다. 니므롯이 거한 지역은 비옥한 땅이면서도 들짐승들이 많아, 거민들의 안전과 평화에 지속적인 위협이 되었을 것입니다(출 23:29-30, 신 7:22). 니므롯은 이러한 고충을 해결해 주는 해결사로서 짐승들을 사냥하고 제압하여 유명하게 되었을 것입니다.

　이후 그를 절대적으로 추종하는 거대한 무리가 생겨났고, 그는 거대한 세력(권력)을 가진 소위 '영웅'이 되었던 것입니다. 점점 불어나는 거대한 집단의 힘, 그 세력으로 니므롯은 자신을 신격화하였고, 마침내 하나님 자리에 앉아 하나님께 대적하고, 백성들의 영혼을 농락하고 통치하는 힘을 과시하였습니다. 그리하여 니므롯은 백성들의 영혼을 도둑질하여 하나님에게서 돌이키게 하는 적그리스도적 인물의 표상이 되었습니다. 현대인의 성경은 창세기 10:8-9을 다음과 같이 번역하고 있습니다.

　창세기 10:8-9 현대인의 성경 "구스는 또 니므롯이라는 아들을 낳았는데 그는 세상에서 최초의 정복자였다. 9그는 여호와를 무시하는 힘센 사냥꾼이었으므로 니므롯처럼 여호와를 무시하는 힘센 사냥꾼이라는 유행어까지 생기게 되었다"

셋째, 니므롯은 바벨을 건국한 시조가 되었습니다(창 10:10, 11:4, 9).

특이한 사냥꾼 니므롯은 백성들의 지지를 기반으로 하여 어느새 바벨을 건국한 시조(始祖)가 되었습니다. 그러므로 그가 건국한 바벨은 기본적으로 반신론적이요 하나님의 뜻에 대적하는 국가입니다. 가인 계열의 특징처럼, 그가 세운 국가는 하나님의 이름은 전혀 없고 사람의 이름만 높이 내세우는 곳입니다. 그는 이러한 자신의 야욕을 드러내어 사람들을 동원하고 시날 평지에 바벨탑을 쌓으려 했던 것입니다.

(2) 바벨탑의 건축

니므롯의 인도 하에 사람들이 바벨탑을 쌓으려 했던 목적은 기본적으로 하나님으로부터 독립하여 스스로의 힘으로 살아가고자 하는 욕구 때문이었습니다. 성경은 그들이 바벨탑을 쌓으려 했던 목적을 세 가지로 말씀하고 있습니다.

첫째, 성과 대를 쌓아 그 꼭대기를 하늘에까지 닿게 하고자
    함이었습니다(창 11:4).

여기서 '성'과 '대'는 '지구라트'(Ziggurat)라고 하는데, 이것은 피라미드처럼 삼각형으로 경사를 이루고 있으며 중앙에 계단을 만들어 꼭대기에 오르게 하며, 그 위에는 조그만 사당을 갖추고 있습니다. 고대 세계에서 하늘을 찌르는 종교적인 건물을 세운 것은 '하나 됨'을 추구하는 것으로, 사람들의 세력을 결합하여 대제국을 건설하려는 것입니다. 그렇게 함으로써 하나님의 도움 없이 인간 스스로의 힘으로 안전하고 강대한 통일 국가를 건설하고자 하는 욕망의 표현이 바벨탑 건축으로 이어졌던 것입니다.

이것은 전 세계적인 대홍수 심판이 얼마 지나지 않았을 때의 일입니다. 그러므로 하나님의 심판에 대한 극도의 불만을 표출한 것입니다. 다시는 물로 심판하시지 않겠다는 하나님의 약속 곧 무지개 언약을 무시한 것입니다(창 9:8-17). 인간의 힘으로 하나님의 심판을 대비하려 했던 것입니다. 얼마나 어리석고 바보 같은 짓입니까? 이는 하나님의 보호하심을 거부하고 자신들의 힘과 능력으로 스스로를 보호하려는 교만한 시도라 할 수 있습니다. 마치 가인이 하나님께서 주신 보호의 표를 무시하고, 여호와 앞을 떠나 스스로 자신을 보호하기 위해 성을 쌓고 자기 아들의 이름을 따서 '에녹'이라 부른 것과 같은 이치입니다(창 4:15-17). 그 모든 뿌리가 하나님을 대적하는 악하고 어두운 마귀의 세력입니다.

오늘날도 마찬가지입니다. 비단 세상에서뿐 아니라 '교회 안'에서도 성경을 중심하지 않고 한 마음, 한 뜻을 강조하며 어둠의 무리가 하나로 뭉치는 경우가 얼마나 많습니까? 하나님의 말씀과 상관없는 일치 단결, 하나님이 인정하지 않는 모임, 그 뒤에 남는 것은 피차간의 분쟁과 상처, 허무와 후회뿐입니다. 더 나아가 하나님이 빠진 세력의 연합, 인간의 안락과 편리를 우선한 모임, 그것은 그 시작부터 불법, 불의, 불선할 뿐만 아니라 궁극적으로는 하나님의 거대한 구속 계획을 무너뜨리고 거역하는 행위입니다.

둘째, 사람들의 이름을 내기 위해서였습니다(창 11:4).

이들은 가인의 후예들과 같이 하나님의 이름은 내세우지 않고 자신들의 명예와 이름만 내고자 했던 자들입니다. 과학과 문명의 힘으로 하나님의 권위에 도전하고, 하나님의 이름 대신에 자신들의 이름을 내어 하나님같이 되려는 인간의 교만함의 극치를 보여 주고 있습니다(사 14:12-14). 하나님은 언어를 혼잡케 하시어 온 지면에 이들을 흩으심으로 인간의 교만한 도모를 깨뜨리셨습니다(창 11:7-8).

에덴동산의 아담과 하와도 창세기 3:5의 "너희가 그것을 먹는 날에는 너희 눈이 밝아 하나님과 같이 되어 선악을 알 줄을 하나님이 아심이니라"는 뱀의 말을 듣고 하나님과 같이 되려는 교만 때문에, 결국 선악을 알게 하는 나무의 실과를 먹고 에덴동산에서 쫓겨나는 신세가 되고 말았습니다(창 3:23-24). 야고보서 4:6을 볼 때 하나님은 교만한 자를 물리치십니다.

셋째, 흩어짐을 면하기 위해서 바벨탑을 쌓았습니다(창 11:4).

이것은 하나님의 창조 명령을 거스리는 행위입니다. 하나님이 맨처음 사람을 창조하셨을 때, "생육하고 번성하여 땅에 충만하라, 땅을 정복하라"(창 1:28)고 하셨고, 이와 동일하게 방주에서 나온 노아와 그 아들들에게 "생육하고 번성하며 땅에 충만하라"(창 9:1, 7)라고 축복하셨습니다. 이 창조 명령은 하나님의 자녀들이 전 세계에 흩어져 번성함으로 세상 나라를 하나님의 나라로 변화시키기 위한 것이었습니다. 그런데 니므롯은 자기 백성들을 동원하여 바벨탑을 쌓고 '온 지면에 흩어짐을 면하자'라고 선동하며, 한 곳에 집단적으로 정착하기를 꾀하였습니다.

이 모든 것은 하나님 보시기에 악했습니다. 그래서 하나님은 그들의 목표를 한꺼번에 무너뜨리셨습니다. 창세기 11:8-9에서 "여호와께서 거기서 그들을 온 지면에 흩으신 고로 그들이 성 쌓기를 그쳤더라 그러므로 그 이름을 바벨이라 하니 이는 여호와께서 거기서 온 땅의 언어를 혼잡케 하셨음이라 여호와께서 거기서 그들을 온 지면에 흩으셨더라"고 말씀하고 있습니다.

그들이 성 쌓는 것을 그치게 하시고 온 지면에 흩으신 방법은 언어의 혼잡이었습니다. 언어는 사람의 입에서 흘러 나온 소리 그 이상입니다. 언어의 통일성은 사상과 생활 방식의 일치를 의미하지만, 언어의 혼잡은 사상의 불일치뿐만 아니라 더 나아가 모든 생활 방식의 혼란을 초래합니다. 언어의 혼잡은 즉시 바벨탑 공사의 중단을 가져왔습니다. 이것이 주는 교훈은, 인간이 이 땅을 살아가면서 제아무리 치밀한 계획을 세우고 거기에 거액의 투자, 수많은 인력을 동원한 공사를 통해 위대한 꿈을 실현한다 할지라도, 그 결국은 말 하나의 발음만 달라져도 서로 못 알아듣고 공사를 중단한 채 뿔뿔이 흩어질 수밖에 없다는 사실입니다. 이사야 선지자는 이러한 어리석은 인생들을 향하여 선포하기를, "과연 내 손이 땅의 기초를 정하였고 내 오른손이 하늘에 폈나니 내가 부르면 천지가 일제히 서느니라"(사 48:13)라고 하였습니다. 사무엘상 2:6-10에서 불임했던 한나는 사무엘을 낳은 이후 천지의 모든 일이 하나님의 주권적인 섭리에 달려 있음을 깨닫고, 그 마지막에 "여호와를 대적하는 자는 산산이 깨어질 것이라 하늘 우뢰로 그들을 치시리로다"(10절)라고 노래하였습니다.

이 세상은 악을 도모하는 일에는 재빠르게 하나가 되고, 그 추진력이 강하며, 그 꿈도 거창합니다. 과연 우리의 신앙생활에는 하나님을 모시지 않고 인간을 중심하여 인간의 능력을 우선시하는 바벨과 같은 계획, 바벨과 같은 수단, 바벨과 같은 목표는 없습니까? 우리는 오직 하나님의 주권적인 섭리 속에서 선하신 목적을 위해 부르심 받은 자들입니다. 위에서 부르신 그 부름에 합당하게 행하시기 바랍니다(엡 4:1). 그 뜻대로 부르심을 입은 자들은 그 경영하는 바가 합력하여 반드시 선한 뜻을 이루게 됩니다(롬 8:28). '복음에 합당한 생활', '복음을 위하여 협력하는 생활'로써(빌 1:27), 하나님을 기쁘시게 하는 믿음의 사람들이 다 되시기 바랍니다.

2. 이스마엘(יִשְׁמָעֵאל)과 에서(עֵשָׂו)
Ishmael and Esau

가인 후예의 죄악된 문명의 역사는 라멕에게서 중단되었다가 다시 니므롯을 통해 바벨탑 건축 운동으로 발현되었지만, 이것은 하나님의 '흩으심'으로 인해 수포로 돌아갔습니다. 그러나 가인 계열의 역사는 거기서 중단되지 않고 아브라함의 육신의 후손 이스마엘과 에서를 통해서 또다시 지속적으로 나타납니다.

(1) 이스마엘 – 들나귀 인생

아브라함이 몸종 하갈에게서 낳은 아들 이스마엘은 '들나귀' 같은 인생을 살아가게 될 것이라고 말씀하고 있습니다. 창세기 16:12에서 "그가 사람 중에 들나귀같이 되리니 그 손이 모든 사람을 치겠고 모든 사람의 손이 그를 칠지며 그가 모든 형제의 동방에서 살리라 하니라"라고 말씀하고 있습니다.

이는 이스마엘이 아브라함의 언약의 자손인 이삭과 그 후예들과 경쟁하며 대치하게 될 것을 말씀해 주는 내용입니다. 그의 거처는 '동방'이라고 말씀하고 있습니다. 여기 '동방에서'라는 표현은 직역하면 '면전(面前)에서'라는 뜻입니다. 영어성경 RSV에서는 이 부분을 그의 모든 친척들과 '대항해서'(against)라고 번역하였습니다. 따라서 이스마엘이 모든 형제들의 '동방'에 거한다는 것은, 그가 가인과 니므롯과 같은 죄악의 후예가 되어 하나님을 대적하

고 언약 백성을 괴롭히는 길에 서게 될 것을 뜻합니다. 니므롯이 특
이한 사냥꾼이 되어 사람들 위에 군림하고 하나님을 대적했던 것처
럼, 이스마엘도 들나귀처럼 사람들을 포악스럽게 괴롭히는 자가 된
것입니다.

특히 '그 손으로 사람들을 치고 모든 사람의 손이 그를 친다'라
는 내용을 볼 때, 그는 가는 곳마다 이유 없이 닥치는 대로 분쟁과
다툼과 전쟁을 일으키는 자였던 것 같습니다. 끊임없이 손을 들어
하나님의 백성들을 치고 하나님의 뜻에 도전한 것입니다. 그 일생
이 적개심으로 가득하여 많은 사람과 원수 맺고 등지는 생활이었습
니다. 한두 사람이 아니고 "모든" 사람들이 꺼리므로 그 주변에 사
람이 없다면 그 인생이 얼마나 고독하고 불쌍하고 가련한 신세입니
까?(렘 17:6)

실제로 이스마엘은 어렸을 때부터 동생 이삭이 태어나자 그를
'희롱'함으로 들나귀와 같은 인생을 살았습니다(창 21:9). 혈통적으
로도 이스마엘은 '애굽 땅 여인'과 결혼함으로써(창 21:21) 니므롯과
관련된 집안과 맺어지게 됩니다. 창세기 10:6에 노아의 아들 함은
'구스와 미스라임과 붓과 가나안'을 낳았는데, '미스라임'은 오늘날
애굽의 조상이 됩니다. 또 구스는 니므롯을 낳았습니다. 그러므로
이스마엘이 미스라임의 후손인 애굽 땅 여인과 결혼함으로써 그는
니므롯 계통과 가까운 자가 되었던 것입니다.

오늘날 중동에서 끊임없이 전쟁을 일으키며 '세계의 화약고'로
서 전 세계의 불안을 가중시키는 사람들 역시 이스마엘의 후예인
아랍 사람들입니다.

(2) 에서 - 에돔 족속의 조상

에돔 족속의 조상인 에서는 이삭의 쌍둥이 아들 중의 하나였지만, 장자권을 경홀히 여겨 동생 야곱에게 팔아 넘김으로 언약 백성의 자리를 빼앗기고 말았습니다(창 25:29-34, 히 12:16-17). 에서의 아내는 '가나안 여인 중 헷 족속에서 취한 아다와 히위 족속에서 취한 오홀리바마'가 있으며 '이스마엘의 딸 바스맛'(창 36:2-3)도 그의 아내였습니다. 혈통적으로 함의 아들 가나안의 집안과 맺어졌으며, 동시에 이스마엘 집안과도 맺어지게 된 것입니다. 이처럼 가인 계열의 불택자들은 사상과 삶에 있어서뿐 아니라 혈통에 있어서도 같은 부류끼리 결혼하여 살아감으로 하나님의 뜻에 도전하는 불신앙의 길에 서게 됩니다.

에서의 자손 중 주목할 만한 인물은 창세기 36:12에 나오는 '아말렉'입니다. 아말렉은 에서의 아들 엘리바스가 첩 딤나를 통해서 낳은 아들입니다. 아말렉은 훗날 아브라함의 자손들이 애굽에서 나와 광야 여정을 행진할 때 르비딤에서 그들을 공격했던 자손들입니다. 아말렉이 광야 여정 중에 있는 이스라엘 백성을 공격한 것에 대해 하나님은 크게 분노하셨습니다.

하나님은 대대로 아말렉과 싸우시겠다고 선언하셨을 뿐 아니라(출 17:16), 아말렉이 행한 일을 영원히 잊지 말고 천하에서 그 이름을 도말하라고 명령하셨습니다(신 25:17-19). 이들은 끊임없이 이스라엘 백성을 괴롭히고 멸망시키기 위해 이웃 국가들과 동맹을 맺어 공격해 왔던 민족입니다(참고-오바댜 1, 2, 10, 18).

이밖에 바사의 아하수에로왕 때 이스라엘이 '아각 사람 함므다다의 아들 하만'에 의해 하마터면 멸절당할 뻔한 위기를 겪은 적이 있습니다(에 3:1-15). 그러나 유대인들은 왕후 에스더의 죽음을 각오한 믿음을 통해 그 위기에서 기적적으로 건짐을 받았습니다. 성경은 이 '하만'을 '아각 사람'이라고 소개함으로써(에 3:1, 10, 8:5, 9:24), 그의 조상이 '에서'임을 밝히고 있습니다. 사무엘상 15:8에 '아말렉 사람의 왕 아각'이라는 말씀을 볼 때, 아각은 아말렉 사람으로, 에서의 후손이었습니다. 하만 또한 아각 사람으로서 에서의 후손이었던 것입니다.

니므롯, 이스마엘, 에서나 그들의 자손들처럼 항상 언약 백성들을 괴롭히고 하나님의 구속 역사에 도전하는 자들은 모두 '가인의 길'(유 1:11)을 걷는 자들입니다. 이들의 어둠의 역사는 앞으로 하나님의 구속 역사가 완성되는 그날까지 그치지 않을 것입니다. 가인의 불신앙의 맥이 니므롯과 바벨탑을 건축한 민족들에게 그대로 흘러내려왔고, 이스마엘과 에서에게로 이어졌습니다. 그리고 요한계시록에서는 이러한 가인의 후예들을 총칭하여 '바벨론'이라 말씀하고 있습니다(계 17:5, 18:2).

'바벨론'으로 불리는 자들은 신앙의 정절을 지키지 못하고 땅의 음녀와 가증한 행위를 일삼는 자들입니다. 그들 또한 자신들의 힘으로 이룩한 문명을 기대고 의지하며 하나님의 뜻에 도전하는 자들입니다. 그러나 이들의 결국은 세 갈래로 갈라지고 쪼개어져서 회복 불능의 멸망에 처하게 될 것입니다(계 16:19). 그 시작에 있어서 하나님이 없는 계획, 그 동기와 결과에 있어 하나님께 도전하는 역사는 최절정기에 곧 허물어지고 만다는 것이 성경에 나타난 불신앙적인 족보가 주는 교훈입니다. 가인의 족보가 최절정기인 라멕에서 갑자기 멈추었고, 바벨탑을 쌓던 사람들도 그 공사가 한창일 때 순식간에 망하고 말았습니다. 종말에 나타날 큰 성 바벨론도 처참하게 무너지고 무너졌다고 말씀하고 있습니다(계 14:8, 18:2).

　그것은 하나님의 선민들을 구원하시기 위한 구속사를 그 정점까지 이끌어 가시려는 하나님의 주권적인 섭리요, 방편이었습니다.

　가인의 혈통은 하나님의 구속 역사를 방해하는 세력을 이루며 그 맥이 종말에까지 이어졌습니다(요일 3:12). 그러나 가인 계열의 죄악이 아무리 강하여도 하나님의 주권적인 구원 의지는 그보다 더욱 강력하고도 뜨거웠습니다. 사단의 머리를 상하게 하시고 원수 마귀 사단을 발등상 되게 하실 날까지 그러할 것입니다(시 110:1, 눅 20:43, 행 2:35, 히 1:13, 10:13).

　온통 죄악으로 넘실대고 요동치는 저 세상 바다 물결 속에서도, 하나님의 구속 역사는 죽어 가는 바다를 되살리는 도도한 생명의 거대한 물길이 되어 흐르고 있습니다. 온갖 죄악이 가지각색으로 곳곳마다 만연하고 있는 요즘 세태로 보아, 구속사의 마지막 종착역이 점점 다가오고 있음을 알 수 있습니다. 신령한 기름을 예비하여 등불을 밝혀야 할 때입니다(마 25:1-13, 24:44). 자다가 깨어날 때입니다(롬 13:11, 눅 21:36). 하나님의 구속 역사의 마지막 성취가 멀지 않았습니다. 믿음의 옷깃을 여미고, 경건에 이르기를 힘쓰며, 후회 없는 삶이 되도록 부지런히 내 자신을 점검해야 할 것입니다(고후 13:5, 딤전 4:7-8, 벧후 1:5-8).

제 **4** 장

셋 계열의 족보

The Genealogy According to the Line of Seth

셋 계열의 족보
THE GENEALOGY ACCORDING TO THE LINE OF SETH

창세기 5장에서는, '하나님을 떠난' 가인 계열의 족보를 마치고, 셋을 통한 새로운 신앙의 족보를 소개하고 있습니다. 가인이 보여 준 불신과 살인이라는 잔혹한 죄악 속에서 셋 계열의 등장은 인류에게 새로운 소망과 시작을 보여 주고 있습니다. 셋 계열의 족보는 아담에서 노아까지의 10대와, 노아의 아들 셈부터 아브라함까지 10대, 총 20대의 족보를 다루고 있습니다.

첫째, 이 족보 속에는 타락한 세상의 구원자로 메시아가 오시기까지의 구속사적 경륜이 흐르고 있습니다(마 1:1).

둘째, 이 족보는 심판 가운데 인류를 구원할 구원자의 그림자로서 아담부터 10대 만에 노아를, 셈부터 10대 만에 아브라함을 제시하고 있습니다. 이 두 사람은 심판 가운데서 구원할 구원자의 모형이며, 구속 역사의 중심 인물입니다(마 24:37, 갈 3:16).

셋째, 장차 이루어질 재림을 소망하는 성도들에게 필요한 올바른 믿음의 모형을 배우게 됩니다. 20대 족장들 속에 역사하셨던 하나님은 바로 오늘 우리의 하나님이십니다.

이번 장에서는 셋 계열의 족보에 등장하는 20명의 인물들의 이름과 시대적 배경, 그들의 경건성과 예배의 정신 등 믿음의 삶을 소개할 것입니다. 그리고 이 족보의 중심에 면면히 흐르는 인류 구원을 향한 하나님의 구속사적 경륜을 살펴볼 것입니다.

이해도움 2 | Summary of the 20 Generations of the Patriarchs
20대 족장들의 역대 연대 개요

1대 **아담** אָדָם Ἀδάμ Adam	① 인류의 시조 아담은 130세에 셋을 낳았다. ② 800년을 지내며 자녀를 낳았고, 930세에 죽었다(창 5:3-5). ③ 아담은 9대손 라멕과 56년간 동시대에 살았다.
2대 **셋** שֵׁת Σήθ Seth	① 셋은 아담 이후 130년에 출생하였다. ② 105세에 에노스를 낳고, 807년을 지내며 자녀를 낳았으며, 912세(아담 이후 1042년)에 죽었다(창 5:6-8). ③ 아담과는 800년 동시대에 살았다.
3대 **에노스** אֱנוֹשׁ Ἐνώς Enosh	① 에노스는 아담 이후 235년에 출생하였다. ② 90세에 게난을 낳고 815년을 지내며 자녀를 낳았으며, 905세(아담 이후 1140년)에 죽었다(창 5:9-11). ③ 아담과는 695년 동시대에 살았다.
4대 **게난** קֵינָן Καϊνάν Kenan	① 게난은 아담 이후 325년에 출생하였다. ② 70세에 마할랄렐을 낳고 840년을 지내며 자녀를 낳았으며, 910세(아담 이후 1235년)에 죽었다(창 5:12-14). ③ 아담과는 605년 동시대에 살았다.
5대 **마할랄렐** מַהֲלַלְאֵל Μαλελεήλ Mahalalel	① 마할랄렐은 아담 이후 395년에 출생하였다. ② 65세에 야렛을 낳고 830년을 지내며 자녀를 낳았으며, 895세(아담 이후 1290년)에 죽었다(창 5:15-17). ③ 아담과는 535년 동시대에 살았다.

6대 **야렛** יֶרֶד Ἰαρέδ Jared	① 야렛은 아담 이후 460년에 출생하였다. ② 162세에 에녹을 낳고 800년을 지내며 자녀를 낳았으며, 962세(아담 이후 1422년)에 죽었다(창 5:18-20). ③ 아담과는 470년 동시대에 살았다.
7대 **에녹** חֲנוֹך Ἐνώχ Enoch	① 에녹은 아담 이후 622년에 출생하였다. ② 65세에 므두셀라를 낳고 300년을 하나님과 동행하며 자녀를 낳았으며, 365세(아담 이후 987년)에 죽지 않고 변화 승천하였다(창 5:21-24, 히 11:5-6, 유 1:14-15). ③ 아담과는 308년 동시대에 살았다.
8대 **므두셀라** מְתוּשֶׁלַח Μαθουσάλα Methuselah	① 므두셀라는 아담 이후 687년에 출생하였다. ② 187세에 라멕을 낳고 782년을 지내며 자녀를 낳았으며, 969세(아담 이후 1656년)에 죽었다(창 5:25-27). 그가 죽은 해는 홍수가 일어난 해와 일치한다. ③ 아담과는 243년 동시대에 살았다.
9대 **라멕** לֶמֶך Λάμεχ Lamech	① 라멕은 아담 이후 874년에 출생하였다. ② 182세에 노아를 낳고 595년을 지내며 자녀를 낳았으며, 777세(아담 이후 1651년)에 죽었다(창 5:28-31). ③ 아담과는 56년간 동시대에 살았다.
10대 **노아** נֹחַ Νῶε Noah	① 노아는 아담 이후 1056년에 출생하였다. ② 502세에 셈을 낳고, 600세 홍수를 맞이한 후 350년을 지내었고, 950세(아담 이후 2006년)에 죽었다(창 5:32, 9:28-29). 노아는 홍수 이후 더 이상 자녀를 낳지 않았다.

10대 **노아** נֹחַ Νῶε Noah	③ 노아는 아담이 죽고 126년 후에 출생하여, 아담을 직접 만나지는 못했다. 아브라함과 58년간 동시대에 살았다. ④ 아담 죽음 이후 726년 만에 홍수 심판이 있었다. *** 방주 식양과 홍수 계시** 　= 세 아들을 낳고, 세 자부를 얻은 이후(노아 500세 이후)(창 5:32, 6:10-18) *** 홍수 날짜 계시** 　= 아담 이후 1656년(노아 600세) 2월 10일 *** 홍수 심판 날짜** 　= 아담 이후 1656년(노아 600세) 2월 17일 　(창 7:4, 6-12)
11대 **셈** שֵׁם Σήμ Shem	① 셈은 아담 이후 1558년에 출생하였다. 　(홍수 이전 노아 502세 때) ② 셈은 100세에(홍수 후 2년) 아르박삿을 낳고, 　500년을 지내며 자녀를 낳았으며, 　600세(아담 이후 2158년)에 죽었다(창 11:10-11). ③ 셈은 아버지 노아와는 448년 동시대에 살았다. ④ 셈은 아브라함보다 35년 더 살았으며, 셈은 이삭 110세까지, 야곱 50세까지 동시대에 살았다. ⑤ 셈은 98세에 홍수를 겪었고, 이 후 600세까지 크게 장수하였다. 그는 장수하면서 홍수 전(前)과 홍수 후(後) 시대(바벨탑 심판까지)를 모두 보고 경험하였다. 그리고 8대 므두셀라부터 22대 야곱까지 자기를 포함하여 15대 족장과 동시대에 살았다.

12대 **아르박삿** אַרְפַּכְשַׁד Ἀρφαξάδ Arphachshad	① 아르박삿은 아담 이후 1658년에 출생하였다. ② 35세에 셀라를 낳고 403년을 지내며 자녀를 낳았으며, 438세(아담 이후 2096년)에 죽었다(창 11:12-13). ③ 노아와 348년 동시대에 살았다. ④ 아르박삿은 아브라함 148세까지, 이삭 48세까지 동시대에 살았다.
13대 **셀라** שֶׁלַח Σαλά Shelah	① 셀라는 아담 이후 1693년에 출생하였다. ② 30세에 에벨을 낳고 403년을 지내며 자녀를 낳았으며, 433세(아담 이후 2126년)에 죽었다(창 11:14-15). ③ 노아와는 313년 동안 동시대에 살았다. ④ 셀라는 아브라함보다 3년 더 살았고, 이삭 78세까지, 야곱 18세까지 동시대에 살았다.
14대 **에벨** עֵבֶר Ἔβερ Eber	① 에벨은 아담 이후 1723년에 출생하였다. ② 34세에 벨렉을 낳고 430년을 지내며 자녀를 낳았으며, 464세(아담 이후 2187년)에 죽었다(창 11:16-17). ③ 노아와는 283년 동시대에 살았다. ④ 에벨은 아브라함보다 64년 더 살았고, 이삭 139세까지, 야곱 79세까지 동시대에 살았다.
15대 **벨렉** פֶּלֶג φάλεκ Peleg	① 벨렉은 아담 이후 1757년에 출생하였다. ② 30세에 르우를 낳고 209년을 지내며 자녀를 낳았으며, 239세(아담 이후 1996년)에 죽었다(창 11:18-19). 에벨 때보다 수명이 갑자기 반으로 줄어들어 벨렉은 홍수 이후 10대 중 가장 먼저 죽었다. ③ 노아와는 239년 동안 동시대에 살았다.

16대 **르우** רְעוּ Ῥαγαῦ Reu	① 르우는 아담 이후 1787년에 출생하였다. ② 32세에 스룩을 낳고 207년을 지내며 자녀를 낳았으며, 239세(아담 이후 2026년)에 죽었다(창 11:20-21). ③ 노아와는 219년 동안 동시대에 살았다.
17대 **스룩** שְׂרוּג Σαρούχ Serug	① 스룩은 아담 이후 1819년에 출생하였다. ② 30세에 나홀을 낳고 200년을 지내며 자녀를 낳았으며, 230세(아담 이후 2049년)에 죽었다(창 11:22-23). ③ 노아와는 187년 동안 동시대에 살았다.
18대 **나홀** נָחוֹר Ναχώρ Nahor	① 나홀은 아담 이후 1849년에 출생하였다. ② 29세에 데라를 낳고 119년을 지내며 자녀를 낳았으며, 148세(아담 이후 1997년)에 죽었다(창 11:24-25). 20대 족장 가운데 가장 짧은 생애다. ③ 노아와는 148년 동안 동시대에 살았다.
19대 **데라** תֶּרַח Θάρα Terah	① 데라는 아담 이후 1878년에 출생하였다. ② 70세에 아브람을 낳고, 135년을 지내며 자녀를 낳았으며, 205세(아담 이후 2083년)에 죽었다(창 11:26-32). ③ 노아와는 128년 동안 동시대에 살았다. ④ 셈(11대)과 셀라(13대)와 에벨(14대)은 아브라함(20대)보다 장수하였으나, 아버지 데라(19대)는 아브라함보다 40년 먼저 죽었다.

20대 **아브라함** אַבְרָהָם Ἀβραάμ Abraham	① 아브라함은 아담 이후 1948년에 출생하였다. ② 100세에 언약의 후손 이삭을 낳고, 175세(아담 이후 2123년)에 죽었다 (창 17:1-22, 21:5, 25:7). ③ 노아와는 58년 동안 동시대에 살았다. ④ 노아 이후 10대 가운데 아브라함보다 먼저 죽은 자는 '아르박삿, 벨렉, 르우, 스룩, 나홀, 데라'이며, 아브라함보다 나중에 죽은 자는 셈(아브라함보다 35년 후에 죽음), 셀라(아브라함보다 3년 후에 죽음), 에벨(아브라함보다 64년 후에 죽음)'이다.

'동시대'(同時代)의 해설

이 연대 개요표에서는 각 족장들마다 홍수 이전 전반부는 '인류의 시조 아담과 얼마 동안 동시대에 살았다', 또 홍수 이후 후반부는 '제2시조 노아와 얼마 동안 동시대에 살았다'라는 표현을 자주 사용하고 있습니다. 이것은 동시대에 살면서 한 거주지 안에 함께 살지는 않았더라도 직계 조상과 직계 후손들끼리 왕래의 가능성이 있었다는 것을 보여 주기 위함입니다.

제1시조 아담이나 제2시조 노아는 자신들이 겪은 역사적 사실을 통해 하나님의 사랑과 복음을 그 후손들에게 쉬지 않고 전하였을 것입니다. 죄 짓기 전(前) 세계와 죄 지은 후(後)의 세계를 모두 보고 경험했던 아담, 그리고 대홍수 심판의 원인과 그 경과를 몸소 겪었던 노아가 생존하여 각 족장들과 동시대에 살고 있었다는 것은, 분명 그 직계 후손들에게 무관한 일이 아니고, 많은 신앙적 영향을 미치고 있었음을 추정케 합니다. 아담은 라멕 56세까지 동시대에 살았고, 노아는 아브라함 58세까지 동시대에 살았습니다.

I
아담에서 노아까지의 족보
THE GENEALOGY FROM ADAM TO NOAH

이제부터 살펴볼 아담부터 노아에 이르는 10대의 역사에는 인류의 창조와 타락, 심판과 회복이라는 일정한 주기가 두 번 반복되고 있습니다. 아담의 타락과 에덴에서의 추방, 가인의 살인으로 인한 아벨의 죽음 등 인류의 범죄와 심판이 셋을 통해 회복된 것이 그 첫 번째입니다. 두 번째는 하나님의 아들들과 사람의 딸들의 범죄로 인해 죄악이 관영한 세대를 하나님이 홍수로 심판하셨으나, 인류의 제2 조상으로 노아를 세워 새로운 역사를 회복한 경우입니다.

아담에서 노아까지의 족보 가운데 가장 중요한 인물은 에녹입니다. 가인의 족보에서 아담의 7대손 라멕은 그 행적이 비교적 자세하게 기록된 중요한 인물이었습니다. 마찬가지로 셋의 족보 역시 아담의 7대손인 '에녹'을 중요한 인물로 강조하고 있습니다.

에녹은 아담과 308년 동안 동시대에 살면서, 아담이 전하여 준 하나님의 말씀을 그대로 믿음으로써 '죽음'으로 끝나는 인류의 운명을 깨고 하나님과 동행하여, 최초로 죽지 아니하고 승천한 인물이었습니다(창 5:21-24, 히 11:5).

아담에서 노아까지의 족보에서 특별한 부가 설명이 없는 족장들은 게난, 마할랄렐, 야렛, 므두셀라입니다. 비록 이들의 삶에 대한 특별한 설명이 성경에는 없지만, 이들이 장수한 것으로 보아 분명 신앙적이고 경건한 삶을 살았을 것으로 추정됩니다.

신구약 성경은 장수를 경건한 신앙과 관련된 하나님의 특별하신 복으로 수없이 말씀하고 있습니다(신 4:40, 5:16, 6:2, 11:9, 12:25, 28, 22:7, 30:20, 출 20:12, 왕상 3:14, 시 21:4, 55:23, 91:16, 잠 3:1-2, 7-8, 16, 4:10, 20-23, 9:11, 10:27, 16:31, 전 7:17, 8:13, 엡 6:1-3).

잠언 3:1-2에서는 "내 아들아 나의 법을 잊어버리지 말고 네 마음으로 나의 명령을 지키라 그리하면 그것이 너로 장수하여 많은 해를 누리게 하며 평강을 더하게 하리라"라고 말씀하고 있습니다. 그러나 악한 자는 그 수명을 반으로 짧게 줄이신다고 말씀하고 있습니다(시 55:23).

아담부터 노아까지 10대의 족장들은 모두 장수하였습니다. 죽음을 보지 않고 365세에 승천한 에녹을 제외하고 9명 족장들을 장수한 순서대로 살펴보면, 므두셀라가 969세로 최장수 인물이고, 그 다음이 야렛(962세)이며, 순서대로 노아(950세), 아담(930세), 셋(912세), 게난(910세), 에노스(905세), 마할랄렐(895세), 라멕(777세)입니다. 7명이 900년 이상 살았습니다. 오늘날에는 볼 수 없는 놀라운 장수입니다. 죄로 인하여 죽을 수밖에 없는 현실에도 불구하고 이토록 장수한 것은, 경건한 자손이 받은 하나님의 특별한 혜택이요, 이 땅에서 누린 최고의 축복이었습니다.

이에 대하여 김의원 박사는 그의 저서 「하늘과 땅, 그리고 족장들의 톨레돗」에서 "장수의 복은 가인의 후예와는 달리 셋의 후예들에게 주어진 하나님의 특별하신 복으로 보아야 한다"고 하였습니다. 또한 박윤선 박사도 창세기 주석에서 "경건(敬虔)과 장수(長壽)는 서로 밀접한 관계를 가지고 있다"고 하면서 그들이 오래 살게 된 원인을 하나님의 경륜 때문에, 그리고 그 시대에 비교적 하나님을 잘 공경한 사실 때문이라고 해석하였습니다.

지금부터 창세기 5장에 나오는 독특한 족보 형식과 열 명의 인물들의 삶과 생애, 그리고 그들의 이름 속에 깃들인 영적 의미를 상고하는 가운데 하나님의 구속 섭리와 경륜을 함께 살펴보도록 하겠습니다.

아담 ㅁ기차 / Adam

1대

사람, 인류, 인간 / man, mankind, human

인류의 시조 아담은 130세에 셋을 낳았고, 800년을 지내며 자녀를 낳았으며, 930세에 죽었습니다(창 5:3-5, 대상 1:1).
누가복음의 족보에 '아담'(Ἀδάμ)으로 기록되어 있습니다(눅 3:38).

아담의 어원은 앗수르어의 '아다무'에서 유래되었으며, 그 뜻은 '만들다, 생기다'입니다. 사람은 결코 조물주가 아니며 '창조물, 피조물'이라는 것입니다. 또한 아담의 어원을 '붉다'라는 뜻을 가진 '아돔'(אָדֹם)에서 찾기도 하는데, 이것은 사람이 붉은 색을 띤 흙으로 지음 받았음을 의미합니다(창 2:7, 3:19, 23). '흙'은 히브리어 '아파르'(עָפָר)로서 진흙이 아닌 '먼지, 티끌'을 말합니다. 하나님의 생기가 없는 사람의 존재 근원은 흙 먼지에 불과합니다(창 18:27, 욥 4:19, 33:6, 시 103:14, 전 3:20, 사 64:8, 고전 15:47).

*유구한 역사 속에서 세계 최초로 체계적 정립 발표

1. 아담은 9대손 라멕의 나이 56세까지 생존하였습니다.

Adam lived until Lamech, the ninth generation, was fifty-six years old.

아담과 하와는 타락한 이후, 타락하기 전 세계와 하나님을 가까이 모셨던 복된 생활을 기억하고 자손들에게 에덴동산의 실재와 그곳에서의 귀한 신앙 체험을 상세히 전하였을 것입니다. 그러므로 아담 이후 2대 셋부터 9대 라멕까지는 에덴동산의 주인공이었던 아담을

만나 그로부터 창조 본연의 영생의 세계와 사단의 교묘한 속임수, 불
순종으로 인한 자신의 타락, 구원의 약속을 직접 들었을 것입니다.

아담은 에덴에 있었던 장본인으로서 여자의 후손에 관한 확실한
복음을 받고(창 3:15), 에덴에서 쫓겨난 후 후손들에게 계속적으로
그 복음을 증거하였을 것입니다. 참으로 그 복음은 아담과 전 인류
에게 한 가닥 희망이었습니다. 아담과 하와는 선악을 알게 하는 나
무 열매를 따먹은 직후에 여러 가지 핑계를 대면서 회개하지 않았습
니다(창 3:7-13). 그러나 하나님께서는 아담에게 여자의 후손에 관한
약속을 주심으로 아담으로 하여금 죄악의 암흑 속에서 한줄기 구원
의 빛을 바라보게 하셨습니다. 아담은 자신의 죄가 얼마나 큰지를
뉘우치고 이제 여자의 후손이 오시기를 간절히 사모하게 되었습니
다. 그것은 아담이 여자의 후손 약속(창 3:15) 이후에 아내의 이름을
'하와'(생명)라고 지은 데서 알 수 있습니다(창 3:20上). 아담은 하와가
모든 산 자의 어미가 될 것이라고 선포하였습니다(창 3:20下). 이는
여자의 후손에 대한 약속을 믿고 생명으로 사망을 정복하는 영생의
날을 소망한 최초의 신앙 고백입니다. 아담은 자기 아내의 이름을
부를 때마다 하나님이 주신 약속을 더욱 확신하게 되었을 것입니다.
이에 하나님께서는 가죽옷을 손수 지어 입혀 주시므로 그의 자비와
긍휼을 보이셨습니다(창 3:21).

아담은 이렇게 에덴동산에서 있었던 장본인으로서, 에덴동산의
실재와 거기서 주신 약속에 대한 확실한 증거자였습니다.

또한 에덴에서 추방되기 전 하나님이 직접 입혀 주셨던 가죽옷
(창 3:21)은 창세기 3:15의 언약을 보증해 주는 증표였습니다. 이는
아담에게 있어 자기 생명보다 소중한 것이었습니다.

가죽옷을 지어 입히심은 희생을 통한 구원의 원리를 보여 준 것

이며, 앞으로 타락한 인류의 구속이 어떻게 이루어질 것인가를 암시한 것입니다. 왜냐하면 가죽옷을 마련하기 위해서는 반드시 한 생명의 희생이 있어야 하기 때문입니다. 이것은 장차 있을 예수 그리스도의 십자가 희생을 예표합니다.

아담은 약속의 보장으로 주신 가죽옷을 평생 간직하면서 약속의 후손이 오셔서 반드시 뱀의 머리를 상하게 할 날이 오리라 확신했고, 그것을 그 자손들에게 교육하고 전수하였을 것입니다.

2. 에덴에서 있었던 영화로운 체험들을 증거하였습니다.

Adam testified of the glorious experiences in the Garden of Eden.

(1) 벌거벗었으나 부끄러움이 없던 세계임을 가르쳤을 것입니다.

창세기 2:25 "아담과 그 아내 두 사람이 벌거벗었으나 부끄러워 아니하니라"

아담과 하와가 타락 전에는 "벌거벗었으나 부끄러워"하지 않았습니다. 그러나 타락 후에 죄에 대하여 눈이 뜨인 순간 자신이 벗은 줄을 알고 부끄러워 숨으며, 무화과나무 잎을 엮어 치마를 하였습니다(창 3:7). 창세기 3:10에서는 "하나님의 소리를 듣고 내가 벗었으므로 두려워하여" 숨었습니다. 벗음으로 인한 수치감은 두려움을 주었으며, 하나님의 얼굴을 피하여 숨게 만들었습니다. 이 수치와 두려움의 원인이 무엇인지 확실히 체험했던 아담은 그 후손들에게 부끄러움이 없던 그 세계를 가슴 깊이 새겨 주었을 것입니다. 에덴동산에서는 충만한 하나님의 영광과 평강과 사랑 때문에 아무런 허물도, 눈치 봄도, 죄책감도 없었습니다. 아담이 어찌 그 세계를 잊을 수가 있었겠습니까?

(2) 에덴을 거니시는 하나님의 음성을 직접 듣고 대화를 나누었던 일을 들려 주었을 것입니다(창 2:15-16, 3:9, 10, 11, 17).

이처럼 에덴동산은 하나님의 음성을 직접 듣고 대화를 나누던 곳이었습니다. 그래서 '에덴동산'은 말 그대로 기쁨의 동산이요 복락의 동산입니다(시 36:8). 그러나 죄를 짓고 난 후부터 하나님의 음성은 두려움과 고통이었습니다. '아담아 네가 어디 있느냐'라는 물음에 평소처럼 '내가 여기 있나이다'라고 대답하지 못하고, 하나님의 낯을 피하여 동산 나무 사이에 숨고 말았습니다. 결국에는 기쁨의 동산 에덴에서 쫓겨나고 말았습니다(창 3:23).

하나님과 동행하면서 형언할 수 없는 기쁨과 즐거움을 누리던 추억이 있던 아담은 에덴동산의 회복을 열망하면서, 그 후손들에게 하나님의 말씀을 수없이 증거하였을 것입니다.

(3) 하나님이 주신 지혜로 만물의 이름을 하나하나 지었던 일을 들려 주었을 것입니다.

창세기 2:19 "여호와 하나님이 흙으로 각종 들짐승과 공중의 각종 새를 지으시고 아담이 어떻게 이름을 짓나 보시려고 그것들을 그에게로 이끌어 이르시니 아담이 각 생물을 일컫는 바가 곧 그 이름이라"

하나님의 형상으로 하나님의 모양을 따라 창조된 아담은 대단한 지혜와 창조력을 가졌습니다. 수천 수만 종의 동물 이름을 짓는다는 것은 결코 인간의 지혜로 할 수 없는 일입니다. 만물을 창조하신 하나님의 영이 역사하는 자만이 가능한 것입니다. 마치 하나님의 지혜를 받은 솔로몬왕이 '초목을 논하되 레바논 백향목으로부터 담에 나는 우슬초까지 하고 저가 또 짐승과 새와 기어 다니는 것과 물고기를 논하는'(왕상 4:32-34) 지혜를 가진 것처럼 말입니다.

이렇게 아담이 명명식(命名式)을 할 때, 그는 하나님이 주신 만물에 대한 통치권을 만끽했을 것입니다. 그러나 범죄한 이후 아름다운 지혜는 사라지고, 만물에 대한 권위와 영향력도 사라졌습니다. 자신의 몸 하나 추스르기도 힘든 존재가 되고 말았습니다. 이 모든 것들을 체험한 아담은 그것을 자손들에게 전했을 것입니다.

3. 아담은 에녹의 승천 57년 전에 930세를 향수하고 죽었습니다.

Adam died at the age of 930, fifty-seven years before Enoch was taken up to heaven.

계산 > 아담 이후 987(에녹의 승천) - 930(아담의 죽음) = 57년

아담은 에녹과 308년을 지냈으나 에녹의 승천을 목격하지 못하고, 에녹의 승천 57년 전에 죽었습니다. 에녹은 므두셀라를 낳기 전까지 65년 동안 하나님과 동행하지 못하였고, 므두셀라를 낳은 65세부터 시작하여 365세까지 300년 동안 하나님과 동행하였습니다(창 5:21-24). 그러므로 아담은 에녹이 하나님과 동행하는 것을 243년 동안 목격한 것입니다(300-57=243). 그는 에녹에게 죄 짓기 전의 에덴동산에서의 삶과, 죄를 짓고 에덴에서 쫓겨난 이후의 삶에 대하여 진지하게 가르쳤을 것입니다. 이러한 아담의 메시지는 그의 7대손 에녹이 하나님과 동행하고 그 이후에 승천하는 데 지대한 영

향을 끼쳤을 것입니다.

아담은 930년을 향수하고 죽었습니다. 창세기 5:5에서 아담의 죽음을 "그가 구백 삼십세를 향수하고 죽었더라"고 말씀하고 있습니다. 여기에 나오는 "죽었더라"는 히브리어로 '무트'(מות)인데, 이 단어는 '자연사'(自然死)를 뜻합니다. 이것은 가인이 아벨을 죽인 타살 이후 성경에 나오는 자연사에 대한 최초의 기록입니다. 이 '무트'라는 단어가 성경에 처음 기록된 곳은 창세기 2:17입니다.

여기에서 하나님은 아담에게 "선악을 알게 하는 나무의 실과는 먹지 말라 네가 먹는 날에는 정녕 죽으리라"라고 엄중하게 경고를 하셨습니다. 이제 이 경고가 아담의 죽음을 통하여 바야흐로 역사적인 현실로 나타나기 시작한 것입니다.

하나님이 직접 생기를 불어넣어 생령으로 만드신 아담의 생명조차 소멸시키신 것은 죄에 대한 하나님의 진노가 얼마나 큰가를 나타내는 것입니다. 인류의 시조 아담의 죽음은 오고 오는 모든 아담의 후예들의 죽음의 시작이라는 점에서 더욱 비극적입니다(롬 5:12, 14-15).

그러나 놀라운 사실은 아담의 죽음에도 불구하고 그의 후손을 통하여 생명이 이어지고 있는 것입니다. 창세기 5장에 28번이나 등장하는 "낳았고", "낳은 후", "낳았으며", "낳아", "낳았더라"는 히브리어로 '얄라드'(יָלַד)의 히필형인데, 이것은 하나님의 강력한 의지를 보여 주고 있습니다. 하나님은 인간들의 죄로 인한 죽음의 저주 속에서도 이 죽음을 극복하기 위한 길고 긴 생명의 구속사를 시작하신 것입니다. 하나님은 인간의 실패와 타락에도 불구하고 인간을 끝까지 포기하지 않으시고 당신의 크신 은총과 사랑으로 죽음을 생명으로 승화시켜 나갔던 것입니다.

2대
셋

שֵׁת / Seth
대신한 자[17], 대체[18], 고정된 자[19], 기초 혹은 토대[20]
/ substitute, granted, appointed one, foundation or grounds

> 셋은 아담 이후 130년에 출생하였습니다. 그는 105세에 에노스를
> 낳았고, 807년을 지내며 자녀를 낳았으며 912세(아담 이후 1042년)에
> 죽었습니다(창 5:6-8, 대상 1:1). 셋은 아담과 800년을 함께 지냈고,
> 857세에 에녹의 승천을 목격했습니다.
> 누가복음의 족보에 '셋'(Σήθ)으로 기록되어 있습니다(눅 3:38).

아담의 둘째 아들은 아벨이었습니다(창 4:2). 아벨은 히브리어로
'헤벨'(הֶבֶל)로서, 뜻은 '허무, 공허, 숨(입김)'입니다. 그의 생이 갑자
기 끝나게 될 운명임을 부지중에 암시하는 것입니다. 본래 자녀에
게 좋은 이름을 지어 주려 함이 부모의 본성임에도 아담은 그의 둘
째 아들을 '아벨'이라 하였습니다. 죄로 인하여 손상된 인간 존재
의 무상함과 허무함을 첫 조상 아담이 경험했음을 짐작케 합니다.

그런데 아담과 하와의 첫아들 가인은 악한 자에게 속하여 동생
아벨을 죽임으로 말미암아, 아담과 하와가 가졌던 새로운 생명에
대한 소망을 깨뜨리고 말았습니다. 그리고 가인은 여호와 앞을 떠
나갔습니다(창 4:16). 이때 아담과 하와는 비통한 마음을 금치 못했
을 것입니다. 아벨이 형 가인의 손에 처참하게 죽은 지 얼마 못 되어
큰아들 가인마저 신앙의 길을 버리고 떠났으니, 두 아들을 동시에
잃어버린 부모의 심정은 어떠했겠습니까? 야곱이 가장 마음에 두고
사랑했던 자식 요셉이 죽었다는 소식을 들었을 때, 오래도록 아들
을 위하여 애통하고, 열 자식들의 위로가 헛되었으며 "아들에게로

가리라" 소리치며 울었던 것이 생각납니다(창 37:34-35). 이것이 두 아들을 한꺼번에 잃어버린 아담과 하와의 심정이 아니었을까요?

참으로 극심한 슬픔과 절망이 아담 가정을 어둡게 드리우고 있을 때, 하나님은 가인이 죽인 아벨 대신에 '다른 씨'로서 셋을 주시어 위로와 소망을 주셨습니다. 그의 나이 130세에 낳은 셋은 아벨 대신 주신 하나님의 크신 은혜였고, 넘치는 소망과 위로의 선물이었습니다.

셋의 어원은 히브리어 '쉬트'(שִׁית)로서 이것은 '세우다, 고정시키다'라는 뜻을 가지고 있습니다.

아벨은 그 이름처럼 허무하게 수(壽)를 다하지 못한 채 뿌리를 내리지 못하고 안개처럼 사라져 버렸습니다. 하지만 셋을 통해서 하나님의 역사가 온전히 세워지고 굳게 뿌리내리기를 소원한 것입니다.

1. 셋은 아담의 모양, 형상과 같은 아들이었습니다.

Seth was a son in Adam's image and likeness.

아담은 자기 모양, 자기 형상과 같은 아들을 낳았습니다.

창세기 5:3 "아담이 일백 삼십세에 자기 모양 곧 자기 형상과 같은 아들을 낳아 이름을 셋이라 하였고"

이것은 아담 타락한 후 부분적으로 남아 있던 하나님의 형상과 모양이 이제는 그의 아들 셋에게 이어지고 있음을 보여 줍니다.[21] 창세기 5:3은 셋을 '아담의 모양(형상)과 같은 아들'이라고 말씀하심으로 '여자의 후손' 약속을 받은 아담의 회복되어 가는 신앙이 셋에게 이어지고 있음을 보여 주고 있습니다. 아버지 아담의 형상을 가지고 있는 아들은 가인이 아니라 '셋'이라는 것입니다. 하나님의 약속은 셋 계열에게 주어졌지 가인 계열에 주어지지 않았습니다. 이는 타락에도 불구하고 아담에게 주셨던 하나님의 생명, 기본적인 하나님의 형상이 비록 완전하지는 않지만 셋에게 지속적으로 이어지고 있음을 보여 줍니다.

동물과 구별되는 인간 생명의 가치와 존엄성은 인간이 바로 하나님의 형상대로 창조되었다는 사실 위에 확립되는 것입니다(창 1:26-27, 9:6, 약 3:9). 아담의 타락에도 불구하고 하나님의 형상은 비록 온전한 모습은 아닐지라도 계속 이어졌던 것입니다.

2. 셋은 하나님이 주신 '다른 씨'였습니다(창 4:25).
Seth was "another seed" that God granted (Gen 4:25).

가인의 후손들이 계속적으로 살인과 거짓으로 온 세상을 어둡게 하는 동안, 아담은 하나님이 구속사적 목적 가운데 '다른 씨'를 주셨음을 깨닫고 감사하면서 그 이름을 '셋'이라 하였습니다. 아담은 셋 계열을 통해 약속하신 구세주가 오시는 길이 열릴 것을 염원하고 확신했던 것입니다.

뼈아픈 눈물과 슬픔 속에 엉망진창이 되어 버린 아담 가정이 셋으로 말미암아 재건된 것은, '다른 씨'를 주어서라도 반드시 여자의 후손이 나도록 하시려는 하나님의 열심의 흔적입니다. 이렇게 인류를 구속하시려는 하나님의 섭리는 멈추지 않고 흘러 흘러 마침내 마리아의 몸에서 예수 그리스도가 나셨습니다(갈 4:4). 예수 그리스도는 인간 요셉의 씨가 아니고 성령으로 잉태된 '다른 씨'였습니다(마 1:18-20). 참으로 타락한 인간들을 구원하시려는 하나님의 계획은 인간의 머리로는 감히 생각하거나 계산할 수 없는 크고 놀라운 것이었습니다.

3. 셋은 메시아가 오시는 길을 굳게 하기를 소망하는 이름입니다.

Seth's name contained the hope of securing the path for the coming of the Messiah.

셋은 '다른 씨'라는 의미 외에도 '고정된 자', '기초'라는 뜻을 가지고 있습니다. 이것은 구속사적으로는 하나님의 형상을 이어받은 셋이 믿음에 굳게 서서 약속하신 메시아가 오실 길을 요지부동하게 굳건히 고정시켜 주기를 소원한 것입니다.

참된 교회는 오직 반석 되신 예수님 말씀의 터 위에 세워져야 무너지지 않고 음부의 권세가 이기지 못합니다(마 16:18, 7:24-27). 셋 계통으로 오신 예수 그리스도 그분의 터 위에서 말세의 지상 교회가 견고하게 서게 될 것입니다.

4. 셋은 아담의 죽음을 목격했고, 그 이후 에녹이 승천하는 것을 목격했습니다.

Seth witnessed Adam's death and later Enoch's ascension.

연대적으로 셋은 아담이 죽은 이후 112년 만에 죽었습니다. 또 에녹이 승천한 것을 목격한 이후 55년 만에 죽었습니다. 그리고 셋이 죽고 14년 만에 구원자의 예표 노아(아담의 10대손)가 출생했습니다. 셋과 노아는 만나지 못한 것입니다.

계산> 셋이 죽은 해(아담 이후 1042) - 아담이 죽은 해(930) = 112년

셋이 죽은 해(아담 이후 1042) - 에녹이 승천한 해(987) = 55년

노아가 출생한 해(아담 이후 1056) - 셋이 죽은 해(1042) = 14년

3대
에노스

אֱנוֹשׁ / Enosh
아담(사람), 연약한 사람(죽을 수밖에 없는)[22]
/ man, mortal frailty

에노스는 셋이 105세에 낳은 아들(창 5:6, 대상 1:1)로, 아담 이후 235년에 출생하였습니다. 에노스는 90세에 게난을 낳고 815년간 자녀를 낳았으며, 905세(아담 이후 1140년)에 죽었습니다(창 5:9-11). 에노스는 아담과 695년을, 노아와는 84년을 함께 지냈으며, 그의 나이 752세에 에녹의 승천을 목격하였습니다.
누가복음의 족보에 '에노스'(Ἐνώς)로 기록되어 있습니다(눅 3:38).

에노스의 어원은 히브리어로 '아나쉬'(אָנַשׁ)로서, '깨지기 쉽다, 약하다'라는 뜻입니다. 에노스는 인간이 전적으로 무력한 존재임을 의미합니다. 참으로 그것은 '숙명적인 연약성'입니다.

이것은 치료가 거의 불가능한 상태(렘 15:18, 미 1:9)와 병들어 고통 가운데 신음하는 죄악된 인류의 한계 상황을 나타냅니다. 에노스의 아버지 셋은, 아담 타락 이후 거세게 밀려 오는 죄악의 물결로 말미암아 이제 여호와를 찾지 않고서는 죄의 유혹을 도저히 이기며 살 수 없는 무력한 존재임을 절실하게 인식한 것입니다. 그래서 아들의 이름을 그의 신앙 고백을 좇아 '에노스'라고 짓게 된 것입니다.

'아담'과 같이 '에노스'는 고유 명사로 사용될 수도 있고, '사람'을 가리키는 일반명사로 사용될 수도 있습니다.[23] '에노스' 그 이름은 아담이 타락한 이후 비로소 하나님의 이름을 부르기 시작했던 '셋'의 입에서 나온 신앙 고백이었습니다. 우리는 그 이름을 통해 당시 시대상을 어느 정도 예측할 수 있습니다.

1. 에노스 시대에 사람들이 비로소 여호와의 이름을 불렀습니다.

People began to call on the name of the Lord (Jehovah) during Enosh's time.

성경은 셋이 자기 아들을 낳고 '에노스'라고 이름 지은 동기에 대하여 그때에 비로소 여호와의 이름을 불렀기 때문이라고 소개하고 있습니다.

창세기 4:26 "셋도 아들을 낳고 그 이름을 에노스라 하였으며 그 때에 사람들이 비로소 여호와의 이름을 불렀더라"

'이름을 불렀다'는 것은 하나님과 인격적인 관계가 시작되었음을 강조하는 것입니다. 인간 관계에서도 서로 직함이나 계급으로 부르지 않고 직접 이름을 부른다는 것은 그만큼 그 둘이 친숙하고 가까운 사이임을 의미합니다. 특별히 성경에서는 인간이 하나님의 이름을 부르는 것을 구원과 직결되는 중대한 문제로 말씀하고 있습니다.

사도행전 2:21 "누구든지 주의 이름을 부르는 자는 구원을 얻으리라 하였느니라"

로마서 10:13 "누구든지 주의 이름을 부르는 자는 구원을 얻으리라"

그러므로 여호와의 이름을 부르기 시작했다는 것은 하나님과 인간 사이에 적극적인 사귐이 시작된 것을 의미합니다. 여기 '부르다'(카라, קָרָא)는 '선포하다, 크게 외치다'라는 뜻으로, 여호와의 이름을 멀리까지 알린 것을 뜻합니다. 에노스 시대에 참예배가 확립되고 바르게 세워짐으로, 몇몇 사람만이 아니라 많은 사람들에게 복음이 전파되고 알려지기 시작했음을 추정할 수 있습니다.

2. 에노스 시대에 하나님을 믿는 바른 의식, 예배 생활이 시작되었습니다.

Proper worship and development of faith in God began during Enosh's time.

창세기 4:26에서 여호와의 이름을 불렀다는 말은 쉽게 말해 공식적인 예배가 시작되었다는 뜻입니다. 창세기 4:26을 표준새번역에는 "셋도 아들을 낳고, 아이의 이름을 에노스라고 하였다. 그 때에 비로소, 사람들이 주님의 이름을 불러 예배하기 시작하였다"라고 번역하였습니다. 이것은 아담 이후 235년 만에 처음 드린 제사를 뜻하는 것은 아닙니다. 가인과 아벨도 제사를 드린 것으로 보아 제사 드린 지는 이미 오래되었습니다. 따라서 비로소 여호와의 이름을 불렀다는 뜻은, 하나님을 올바르게 섬기기 위한 규칙적인 예배 생활을 말합니다.

신학자들은 에노스 시대에 대하여 '하나님의 임재를 갈망하는 예배의 근본 정신과 자세가 확립된 때'라고 말하고 있습니다. 이것은 내 의지를 버리고 하나님의 통치를 100% 수용하겠다는 자세이며, 또한 당시 편만한 죄악으로 말미암은 극한 상황에서 속히 구원해 주시기를 호소하는 자세입니다.

가인의 후손들이 교만하여 스스로의 힘으로 모든 것을 해결하려하고 세속 문화에 심취해 있을 때, 경건한 셋의 후손들은 하나님 앞에 겸손히 나아가 그분과 교제하는 예배 생활을 세워 나갔습니다.

3. 에노스는 스스로 구원하기에 무능하고 나약한 전 인류를 예표합니다.

Enosh represents mankind, who is frail and unable to attain salvation on its own.

우리는 자신이 죽을 수밖에 없는 존재임을 깨달을 때 비로소 산 제물로서 영적 예배를 드릴 수 있으며(롬 12:1), 그러한 마음으로 하나님의 이름을 간절히 부르고 찾을 때 '구원'을 선물로 받을 수 있습니다(행 2:21, 롬 10:13).

사도 바울은 "오호라, 나는 곤고한 사람이로다!"(롬 7:24)라며 자신의 힘으로는 사망을 이길 수 없는 에노스적인 존재임을 깨달은 후에, 로마서 8:1-2에서 "죄와 사망의 법에서 너를 해방하였음이라"고 고백하였습니다. 또한 사도 바울은 "내 은혜가 네게 족하도다 이는 내 능력이 약한 데서 온전하여짐이라"(고후 12:9上)는 음성을 듣고, 도리어 자신의 약함을 크게 기뻐하고 그 약한 것들을 자랑하겠다고 하였습니다(고후 12:9下). 이것은 약함 속에서 하나님의 이름을 부를 때 비로소 그리스도의 능력이 머물 수 있다는 깊은 진리를 터득하였기 때문입니다.

'연약한 사람'이라는 에노스 그 이름의 뜻처럼, 인간들은 아주 약하여 날마다 시험과 유혹에 빠지기 쉬우며, 언제든지 죄에 대해서 꼼짝 못 하는 무능력한 존재입니다. 죄 가운데서 필경은 죽을 수밖에 없는 존재입니다. 이에 에노스 시대의 경건한 사람들은 하나님의 이름을 찾고 부르짖는 일, 곧 예배드리는 일에 전심 전력을 다하였으며, 인간은 죄와 사망의 짐에 눌려 있는 연약한 존재임을 온 몸으로 고백하였습니다. 오직 여자의 후손이 오시기 전까지는 인간 스스로는 자기를 구원할 수 없는 무력한 존재임을 고백한 것입니다. 오늘날도 자신이 에노스임을 고백하며 진심으로 하나님의 통치를 기다리는 자들, 그들을 통한 참예배의 부흥이 간절히 요청되고 있습니다.

4대 게난

קֵינָן / Kenan
(뜻밖에) 얻은 아들[24], (광대한) 소유[25]
/ a child, one begotten, possession

> 게난은 에노스가 90세에 낳은 아들로(대상 1:1-2), 아담 이후 325년에
> 출생하였습니다. 게난은 70세에 마할랄렐을 낳고 840년을 지내며
> 자녀를 낳았으며, 910세(아담 이후 1235년)에 죽었습니다(창 5:12-14).
> 게난은 아담과 605년을, 노아와 179년을 함께 지냈고, 그의 나이 662
> 세에 에녹의 승천을 목격하였습니다.
> 누가복음의 족보에 '가이난'(Καϊνάν)으로 기록되어 있습니다(눅 3:37).

게난의 어원은 히브리어로 '카난'(קָנַן)으로서 이것은 '둥지를 만들
다, 보금자리를 마련하다'는 뜻입니다. 인간의 연약성과 무능함을 깨
달은 셋의 후예들은 에노스 때에 이르러 참다운 회개와 더불어 여호
와의 이름을 부르면서 신앙부흥 운동을 시작합니다. 그리고 그의 아
들 게난 때에 드디어 신앙의 둥지를 틀고 보금자리가 마련되어 신앙
의 정립이 이루어졌음이 '게난'의 이름 속에 암시되어 있습니다.

1. 게난은 '뜻밖에 긍휼을 얻었다'는 의미입니다.

"Kenan" means "unexpectedly found mercy."

아마도 게난은 하나님의 섭리 가운데 뜻밖에 얻은 큰 선물로서,
큰 기쁨의 아들이었던 것 같습니다. 하나님은 우리 인생들을 긍휼
히 여기시고 예수 그리스도라는 큰 선물을 주셨습니다. 왜 예수 그
리스도가 인류에게 뜻밖의 선물입니까?

첫째, 그 구속의 사랑과 은총이 너무 크고 너무 높고 너무 깊어서 인간 편에서는 '뜻밖의' 일입니다. 그 선물은 누구나 받을 수 있고, 받는 자에게는 두려움이 아니고 기쁨의 좋은 선물입니다.

둘째, 우리에게 구원 받을 만한 어떤 요소가 없기 때문에 '뜻밖의' 일입니다. 무슨 자격이나 친분이 있어서 주신 것이 아니고, 전적인 은혜입니다. 참으로 우리가 받은 구원은 뜻밖에 얻은 기쁨의 선물, 영광의 선물, 가장 큰 선물입니다.

에베소서 2:8-9 "너희가 그 은혜를 인하여 믿음으로 말미암아 구원을 얻었나니 이것이 너희에게서 난 것이 아니요 하나님의 선물이라 9 행위에서 난 것이 아니니 이는 누구든지 자랑치 못하게 함이니라"

동정녀 마리아에게 예수의 성령 잉태가 그러했습니다. 뜻밖에 은혜로 주신 선물이었으니, 예수님의 성령 잉태는 마리아에게 최대최고의 축복이었습니다.

누가복음 1:28-30 "그에게 들어가 가로되 은혜를 받은 자여 평안할지어다 주께서 너와 함께 하시도다 하니 29처녀가 그 말을 듣고 놀라 이런 인사가 어찌함인고 생각하매 30천사가 일러 가로되 마리아여 무서워 말라 네가 하나님께 은혜를 얻었느니라"

밤에 양을 지키던 목자들에게 전해진 갑작스런 예수 탄생 소식은 '큰 기쁨의 좋은 소식'이었습니다(눅 2:10).

예수 그리스도는 구속사의 섭리를 따라 '때가 차매' 오신 분으로

(갈 4:4), 아무런 소망이 없는 죄인들에게는 뜻밖의 선물이요, 복음이 아닐 수 없습니다(요 1:14, 16, 3:16, 롬 5:15, 고후 9:15).

2. 게난은 '광대한 소유'를 의미합니다.
"Kenan" means "vast possession."

에노스는 뜻밖에 얻은 게난을 통해서 신앙의 영역이 확장되고, 나아가 에덴에서 가졌던 통치권이 회복되기를 갈망했던 것 같습니다. 광대한 소유라 함은 타락 이후 잃어버린 창조 역사의 회복(눅 4:5-7, 마 4:9), 만물에 대한 소유권, 통치권 회복을 소망하면서 지은 이름인 것 같습니다(창 1:28, 2:15, 19). 이를 볼 때, 구속사적으로 '게난'은 예수님이 전 인류를 구원하시기 위해 기쁘고 좋은 소식으로 이 땅에 오셔서, 만유를 완전히 회복하실 일에 대한 예표적 이름입니다.

그들의 고백을 통해서 볼 때, 셋의 후손들이 이전보다 더욱 크신 하나님, 즉 거대한 우주 만물의 주인이신 창조주를 믿는 그 믿음의 지경이 크게 넓어졌음을 추정할 수 있습니다.

오늘 우리도 "땅을 정복하라"라는 하나님의 명령(창 1:28)과 "너희는 가서 모든 족속으로 제자를 삼아"라는 예수 그리스도의 명령(마 28:18-20)을 따라, 복음으로 세상을 정복하여 이 땅을 하나님의 '광대한 소유'로 만들어 나가야 할 것입니다.

5대 마할랄렐

מַהֲלַלְאֵל / Mahalalel
하나님께 찬양, 하나님께 영광
/ praise of God, God be praised, glory to God

> 마할랄렐은 게난이 70세에 낳은 아들로(창 5:12, 대상 1:2), 아담 이후 395년에 출생하였습니다. 마할랄렐은 65세에 야렛을 낳고 830년을 지내며 자녀를 낳았으며, 895세(아담 이후 1290년)에 죽었습니다(창 5:15-17). 마할랄렐은 아담과 535년을, 노아와는 234년을 지냈고, 그의 나이 592세에 그의 손자 에녹의 승천을 목격하였습니다.
> 누가복음의 족보에 '마할랄렐'(Μαλελεήλ)으로 기록되어 있습니다(눅 3:37).

마할랄렐은 '찬양하다'라는 뜻의 히브리어 동사 '할랄'(חָלַל)에서 유래한 명사 '마할랄'(מַהֲלַל, 명성, 찬양)과 하나님의 이름인 '엘'(אֵל)의 합성어로서, '하나님께 찬양'이라는 의미를 지니고 있습니다.

'찬양한다'는 것은 가사를 지어 곡을 만들고 하나님의 아름다운 덕을 기리는 것으로, 아름다운 자연과 훌륭한 사람들에게 할 수 있는 최고의 찬사를 뜻합니다. 역사의 주관자이신 하나님 한 분만이 진정한 예배와 찬양을 받으시기에 합당한 분이십니다(계 5:12, 19:1-5).

그러므로 하나님을 찬양하는 일이 본격적으로 그 이름에까지 대두된 것은 당시 폭발적인 영적 부흥과 신앙 성장으로 하나님과 심히 가까워진 상태를 암시합니다.

아마도 에노스 때부터 하나님께 경배하는 공식적인 예배가 시작되었던 것이, 게난 때에는 경건한 성도들의 보금자리와 터전이 세워지고 마련되었으며, 마할랄렐 때에는 찬송이 충만한 예배 가운데 하나님이 임재하시고(시 22:3) 그 찬송으로 영광 받으시게 된 것 같습니다.

1. 찬양을 받기에 합당하신 분은 오직 하나님이십니다(계 5:12).

Only God is worthy to be praised (Rev 5:12).

찬송은 하나님의 하나님 되심에 대한 피조물의 마땅한 응답입니다(사 43:7, 21, 시 79:13, 105:1-4, 엡 1:6, 12, 14). 찬송은 노래로 하나님을 찬양하는 것입니다. 시편 150:6에서는 "호흡이 있는 자마다 여호와를 찬양할지어다 할렐루야"라고 말씀하고 있습니다. 여기 "할렐루야"의 원어적 의미는 '너희들아, 여호와를 찬양하라' 입니다. 어거스틴은 "찬송이란 하나님을 노래하고 찬양하는 것"이라고 하였습니다. 오늘날 우리도 '마할랄렐'의 이름의 의미처럼, 하나님을 찬양하는 삶을 통해 하나님께 영광을 돌리시기를 바랍니다.

2. 찬양은 하나님의 능력을 일으키는 동력입니다.

Praise is a force that unleashes God's power.

큰소리로 소리 질러 찬양할 때 여리고성이 무너졌으며(수 6:16-20), 사울의 악신이 떠났으며(삼상 16:23), 깊은 감옥의 문이 열리고 지진이 일어나며 모든 매인 것이 풀어졌습니다(행 16:25-26). 찬양을 앞세워 나간 전쟁에서 크게 승리하였습니다(대하 20:20-23). 이 모든 역사는 하나님이 찬양 중에 임재하시기 때문입니다(시 22:3).

솔로몬이 성전 건축을 완료하고, 찬양하는 성가대가 세마포를 입고 제금, 비파, 수금을 잡고, 나팔 부는 제사장 120인이 함께 서고(대하 5:12), 모든 사람과 모든 악기가 일제히 여호와께 찬양했을 때(대하 5:13), 하나님이 임재하셨습니다. 영광의 구름이 성전에 가득하므로 제사장들이 능히 섬기지 못할 정도였습니다(대하 5:14).

이처럼 찬양은 멀리 계신 하나님을 가까이 불러오는 거룩한 향기요, 그 결과 사람이 예기치 못한 크고 놀라운 역사가 일어나게 하는 동력입니다.

3. 찬양은 받은 은혜에 대한 감격적 고백입니다.

Praise is an inspired confession of grace received.

당시 경건한 셋 자손들은 죄악으로 가득찬 고통의 현장 속에서 살았습니다. 그러나 매 순간 죄악과 맞서 싸우는 치열한 영적 전투에서도 하나님의 도우심을 받아 승리의 체험을 했을 것입니다(신 1:30, 20:4, 수 10:14, 42, 23:1, 느 4:20).

이렇게 게난은 그가 받은 은혜를 기념하여 그의 아들의 이름을 '마할랄렐'이라고 지음으로써 하나님께 영광 돌리고, 많은 사람들에게 하나님의 살아 계심을 증거하고자 했을 것입니다. 은혜를 받아서 그 은혜를 맛보고 체험한 사람은 은혜를 주신 하나님을 증거하지 않을 수 없고 찬양하지 않을 수 없습니다(행 9:22, 18:5, 28, 요 1:41).

열두 지파 가운데 예수님이 나신 유다 지파 이름의 뜻은 '여호와를 찬송하라'입니다(창 29:35). 이스라엘이 전쟁에 나갈 때마다 유다 지파는 선두로 출전하였으며, 언제나 전쟁의 승리를 가져왔습니다(삿 1:1-10, 20:18). 구속사적으로 마할랄렐은 장차 오실 메시아가 유다 지파를 통해서 나실 것과(시 78:68-70, 히 7:14, 계 5:5), 십자가로 만 인간을 구원하시고 원수 마귀 사단을 진멸하시며 부활하심으로 승리하여 찬송 받으실 것에 대한 예표라고 할 수 있습니다. 참으로 우리의 찬양, 우리의 예배의 대상은 죄로 인하여 죽을 수밖에 없고, 질그릇같이 연약한 인생들을 구원하신 오직 예수, 우리 주님뿐입니다.

6대 야렛	יֶרֶד / Jared 후손[26], (높은 곳에서 낮은 곳으로) 내려온 자[27] / descendant, to go or come down (from a higher place)

> 야렛은 마할랄렐이 65세에 낳은 아들로(창 5:15, 대상 1:2), 아담 이후
> 460년에 출생했습니다. 야렛은 162세에 에녹을 낳고 800년을 지내며
> 자녀를 낳았으며, 962세(아담 이후 1422년)에 죽었습니다(창 5:18-20).
> 야렛은 아담과 470년을, 노아와는 366년을 지냈고, 그의 나이 527세에
> 그의 아들 에녹의 승천을 목격하였습니다.
> 누가복음의 족보에 '야렛'('Ιαρέδ)으로 기록되어 있습니다(눅 3:37).

야렛은 히브리어 '야라드'(יָרַד)에서 유래되었으며 '데리고 내려오
다, 운반해 오다, 내려놓다'는 뜻입니다.

이는 야렛의 시대에 하나님을 찬양하는 신앙 운동이 소수의 무
리만이 아니고 당시의 많은 사람들 주변으로 전달되고 또 그 후손
들에게 지속적으로 전달된 흔적을 보여 줍니다. 또한 야렛이라는
이름 속에는 구속사적으로 에노스, 게난, 마할랄렐이 닦아 온 신앙
의 터전 위에 찬송 받으실 하나님이, 인간들이 사는 땅으로 가까이
내려오시기를 바라는 간절한 소망이 담겨 있습니다. 질병과 죽음의
굴레에서 벗어날 수 없는 인생들은 자기의 힘으로는 잃어버린 천국
을 회복할 방법이 없었습니다. 뱀에게 물린 사망의 독을 해결할 방
법이 없었습니다. 이와 같이, 약속하신 여자의 후손(창 3:15)이 내려
오시기를 고대했던 흔적은 야렛의 또 다른 뜻 '후손'이라는 것에서
도 볼 수 있습니다. 이 소망대로 예수 그리스도는 말씀이 육신이 되
어 이 땅에 내려오시어 사람들과 함께 거하시게 되었던 것입니다
(요 1:14).

1. 야렛은 윗 조상들보다도 더 장수한 인물이요, 원(原) 역사에서는 두 번째로 장수한 인물입니다.

Jared lived longer than the preceding patriarchs and lived the second longest in primeval history.

야렛은 962세를 살았는데, 아담부터 시작하여 야렛까지 족장들 가운데서 최장수 인물입니다. 아담의 수명보다 32년을 더 살았습니다. 그 이후로 야렛의 손자 므두셀라는, 962세까지 장수한 그의 할아버지 야렛보다 7년을 더 살아 최장수 인물로 꼽힙니다(969세). 그것은 경건한 자손들이 하나님으로부터 받은 특별한 혜택이요, 이 땅에서 누린 최고의 축복이었습니다.

야렛에 대하여 서철원 교수는 그의 창세기 설교에서, "이것은 그가 경건하여 하나님께 모든 것을 맡기고 자녀들을 바로 교육하여 그의 자손들에게 의가 있고 악이 성하지 않았기 때문에 얻은 복이다"[28]라고 하였습니다.

그런데, 이렇게 하나님이 특별히 부여하신 장수의 축복을 잘 이해하지 못하므로 야렛 이름의 어원을 반대로 해석하는 분들도 있습니다. 그러한 견해의 사람들은 야렛의 뜻 가운데 '내려가다'(혹은 '하강')라는 것 때문에 야렛이 타락하였다고 부정적인 관점에서 설명하기도 합니다. 그러나 야렛은 아담 이후 경건한 셋의 후손 5대 가운데 최장수 인물이요, 원(原) 역사에서는 므두셀라 다음으로 장수한 인물인 것을 볼 때 야렛에 대한 부정적인 견해는 타당치 않은 것으로 보입니다.

2. 예수 그리스도는 자기를 비하하여 가장 낮은 모습, 겸손한 모습으로 내려오신 분입니다(빌 2:6-8).

Jesus Christ humbled Himself and came down in the lowest and humblest form (Phil 2:6-8).

예수님은 '야렛'의 이름의 뜻처럼, 하늘 보좌 영광을 버리시고 낮고 천한 이 땅에 내려오셨습니다(요 3:13, 6:41). 예수님은 이 땅에 탄생하시는 순간부터 짐승의 분뇨 냄새 가득한 말구유에 나셨고(눅 2:7), 가난한 목수의 아들로 자라셨으며(마 13:55, 막 6:3), 동복의 친동생들에게까지 무시를 당하셨고(요 7:5), 배우지도 못한 자라고 당시 종교 지도자들로부터 천대를 받으셨습니다(요 7:15). 33년 생애 전체가, 자기 땅에 오셨으나 자기 백성이 기쁘게 영접하지 않고 달갑지 않게 생각하는, 서러움을 당하셔야 했습니다(요 1:11).

그러나 예수님은 "하늘에서 내려온 자 곧 인자"(요 3:13)로서, 보내신 아버지(요 8:42, 16:28)께 철저히 순종하셨습니다. 예수님은 평생 동안 보내신 이의 영광을 구하고(요 7:18), 보내신 아버지의 뜻을 이루기 위해 눈물로 기도하시며 일하셨습니다(눅 22:42). 오로지 보내신 아버지의 기뻐하시는 일만 하셨습니다(요 8:29). 보내신 아버지가 가르치신 대로 말하고, 아버지가 보여 주신 대로만 행동하셨습니다(요 5:19, 7:16, 8:28, 38, 12:49). 보내신 아버지의 명령이 영생인 줄 알고(요 12:50) 자기 생각을 내세우지 않고 항상 순종하되, 십자가에 죽기까지 복종하셨습니다(빌 2:8). 그렇기 때문에 하나님은 항상 예수님과 함께 '임마누엘'하셨던 것입니다(요 8:29).

오늘 우리도 보내신 하나님 아버지의 뜻에 합당한 순종의 열매를 얼마만큼 맺고 사는지 깊이 묵상하고 회개하는 가운데, '임마누엘'하시는 하나님을 만나시기를 소원합니다.

3. 야렛의 믿음의 열매는 그의 아들 에녹으로 나타났습니다.
Enoch was Jared's fruit of faith.

야렛은 자기 이름의 뜻대로 하나님 앞에 자신을 낮추며 항상 겸손하게 살았던 것으로 여겨집니다. 그의 겸손은, 그 아들의 이름을 '에녹'이라고 지은 것에서도 나타납니다. '에녹'의 뜻은 '봉헌, 바침'으로서, 아버지 야렛은 에녹을 하나님께 온전히 드리기 원했던 것입니다. 훗날 에녹은 아버지 야렛이 품었던 믿음의 소원대로 죽음을 뛰어넘어 승천함으로 경건한 신앙의 최고봉에 올랐습니다. 그야말로 에녹은 아버지 야렛의 믿음의 열매였습니다.

또한 '에녹'의 이름 뜻만 보아도, 아버지 야렛이 얼마나 하나님 앞에 헌신적인 믿음을 가졌는지 알 수 있습니다. 부모가 헌신적이지 않은데 어찌 하나님 앞에 그 아들을 헌신하겠다고 이름을 짓겠습니까?

마치 한나가 아이 사무엘을 성전에 바치듯(삼상 1:22), 아브라함이 모리아의 한 산에서 하나님께 독자 이삭을 제물로 바치듯(창 22:2), 야렛은 자기에게 허락된 아들이지만 하나님의 기업인 것을 알았습니다(시 127:3). 그러므로 아들의 소유권이 오직 하나님께 있음을 인정하고 하나님의 뜻에 맞게 쓰임 받는 소원물이 되기를 원했던 것입니다.

야렛은 시대의 타락상을 바로 읽고, 정의와 진리의 기준을 바로 세우기 위해 자기 자녀를 성별시켜 하나님 앞에서 살도록 기꺼이 바쳤습니다. 야렛은 시대의 부패를 원망하거나 누구를 탓하지 않고 하나님께 기도하는 영적으로 성숙한 신앙가였으며, 자기 후대의 자녀를 기쁨으로 하나님 전에 바쳐 그 시대와 국가를 위해 헌신된 공인(公人)으로 살도록 했던 위대한 신앙의 아버지였습니다.

<table>
</table>

| 7대
에녹 | חֲנוֹךְ / Enoch
바침(봉헌된 자), 개시(開始), 선생
/ dedicated (offered), begin or initiated, teacher |

에녹은 야렛이 162세에 낳은 아들로(창 5:18, 대상 1:2-3), 아담 이후 622년에 출생했습니다. 에녹은 65세에 므두셀라를 낳고 300년을 하나님과 동행하며 자녀를 낳았으며, 365세(아담 이후 987년)에 죽음을 보지 않고 변화 승천하였습니다(창 5:21-24, 히 11:5-6, 유 14-15).
에녹은 아담과 308년을 함께했습니다. 노아는 에녹 승천 이후 69년에 출생하였으므로 에녹과 노아는 이 땅에서 만나지 못했습니다.
아담 이후 노아의 출생(1056) - 에녹의 승천(987) = 69년
누가복음의 족보에 '에녹'(Ἐνώχ)으로 기록되어 있습니다(눅 3:37).

에녹은 히브리어로 '하노크'(חֲנוֹךְ)로서, 이것은 '봉헌하다'의 명사형으로 가장 일반적인 뜻은 '봉헌된 자, 바침'입니다. 또한 '감화시키다', '가르치다'라는 뜻의 '하나크'(חָנַךְ)에서 유래하여 '선생'이란 의미가 있습니다. 야렛은 아들을 낳고 그의 경건한 삶의 결실로 이 아들을 하나님께 온전히 바쳐야겠다 하여 아들의 이름을 '바침(봉헌)'의 뜻을 가진 '에녹'이라고 지었던 것 같습니다. 그리고 에녹은 그의 삶 속에서 하나님의 가르침을 실천하여 사람들에게 깊은 감명을 주었던 것 같습니다. 에녹은 그 이름 뜻에 비추어 볼 때, 인류의 죄를 대신하여 십자가에 달려 희생 제물로서 하나님 앞에 온전히 바쳐진 어린 양 되신 예수 그리스도를 예표합니다(요 1:29, 고전 5:7).

지금까지 족보에는 죽음이 당연한 듯 모두 "죽었더라"로 도장을 찍으면서 한 장 한 장 마무리하였습니다. 창세기 5장에는 "죽었더라"가 8회 등장합니다(창 5:5, 8, 11, 14, 17, 20, 27, 31). 그런데

죽음이 그의 생을 이기지 못한 한 사람이 있습니다. 바로 아담의 7대손 '에녹'입니다. 그는 캄캄한 밤하늘에 반짝이는 샛별같이 영롱한 빛을 발하고 있습니다. 에녹은 하나님과 동행하다가 영생 불사함으로 경건한 삶의 극치를 보여 주었습니다. 참으로 죽음을 뛰어넘은 신비는 이제까지 볼 수 없었던 최대 최고의 축복이었습니다.

에녹이 이 땅에서 행한 행적은 단 한 번 기록되고 있는데(유 1:14-15), 당시 팽배했던 '경건치 않은 일'과 주께 거스려 했던 모든 '경건치 않은 말'에 대하여 심판을 예언하는 일이었습니다. 그러므로 에녹은 그의 아버지 야렛의 기대대로 그 시대를 대표하는 선지자·예언자로서 하나님께 바쳐진 생애로 살았던 것입니다.

1. 에녹은 인류에게 중대한 구속사적 교훈을 가르쳐 준 선생이었습니다.

Enoch was a teacher who taught an important lesson regarding redemptive history to all mankind.

에녹은 '바침(봉헌)' 이외에도 '신임자, 시작, (가르치는) 스승'이라는 뜻을 가지는데, 구속사적인 입장에서 에녹이 담당했던 사명을 토대로 하여 우리는 다음과 같은 의미로 이해할 수 있습니다.

(1) 에녹은 하나님과 동행하고 하나님을 기쁘시게 함으로 하나님의 신임을 받은 자입니다(히 11:5).

(2) 에녹은 믿음으로 하나님과 동행하는 사람이 영생한다는 진리를 처음으로 가르쳐 준 전 인류의 선생입니다(창 5:21-24). 에녹이 인류에게 가르쳐 준 중대한 교훈은 죽지 않고 천국에 갈 수 있는 '변화 승천'이 있다는 사실입니다.

2. 에녹은 하나님과 동행하였으며, 하나님은 그를 데려가셨습니다.

Enoch walked with God and was taken up by God.

하나님은 에녹이 죽은 다음에 그를 데려가신 것이 아닙니다. 창세기 5:24의 "데려가시므로"라는 말은 히브리어 '라카흐'(לָקַח)로서, 그 뜻은 '이 세상과는 다른 장소 곧 하나님의 나라로 산 채로 옮기는 것'을 의미합니다. 이를 신약성경 히브리서 11:5에는 "믿음으로 에녹은 죽음을 보지 않고 옮기웠으니"라고 말씀하였습니다. 지상에서 생존하던 에녹을 죽음을 거치지 않고 신령한 몸으로 변화시켜 하나님이 계신 곳으로 이끌어 옮기셨다는 것입니다. 에녹 외에 생존한 상태에서 죽음을 보지 않고 신령한 몸으로 승천한 사람이 있는데 바로 엘리야입니다. '라카흐'라는 단어가 엘리야가 회리바람을 타고 승천하던 기사에서도 사용되고 있습니다(왕하 2:10-11). '라카흐'는 실로 인간이 도저히 뛰어넘을 수 없는 죽음의 장벽도 전능하신 하나님의 능력 앞에서는 무릎을 꿇을 수밖에 없다는 것을 가르쳐 줍니다.

그렇다면 에녹이 신령한 몸으로 승천할 수 있었던 비결은 무엇입니까? 창세기 5:24에서는 에녹이 하나님과 동행하였기에 하나님이 그를 데려가셨다고 말씀하고 있습니다.

창세기 5:24의 '동행'을 뜻하는 히브리어 '이트할레크'(וַיִּתְהַלֵּךְ)는 '걷다'라는 히브리어 동사(할라크, הָלַךְ)의 재귀동사로서, '자기 자신의 뜻을 다른 사람에게 예속시켜서 뒤를 따라간다'는 의미입니다. 이러한 뜻을 두고 볼 때, 동행은 함께 가는 것은 물론이며, 다른 생각을 하지 않고 철저히 그분의 뜻을 따라 한 걸음씩 옮겨 놓는 것을 말합니다. 그러므로 엄밀한 의미에서 동행은 몸만 다를 뿐 한 사람이 가는 것과 같습니다.

과연 에녹은 하나님과 함께, 하나님의 길을 따라, 하나님의 뜻을 품고, 300년간 일편단심 변함없이 걸었습니다. 누구의 강요도 없이 자발적으로 기쁨으로 계속해서 하나님만 따라 걸었습니다. 이것이 하나님을 기쁘시게 했으며, 죽지 않고 살아 승천의 영광을 누리게 한 것입니다(히 11:5). 우리도 에녹처럼 하나님과 손을 잡고 늘 함께하여 온전히 동행할 때 능히 죽음의 지배를 벗어날 수 있는 것입니다.

그렇다면 '지금 나는 죽지 않고 살아서 변화할 수 있는가?'를 묻기 이전에 '나의 삶 속에서 하나님과 동행하고 있는가?'를 물어야 할 것입니다.

특별히 '동행하다'에 해당하는 히브리어 '할라크'(הָלַךְ)가 신명기 30:16에서는 생명과 결부되어 있습니다. 동행 속에는 죽음의 역사에서 생명의 역사로 나아가는 비결이 있다는 것입니다. 확실히 성경은 하나님과의 화해, 친밀한 교제가 이루어지면 죄의 극복과 죽음으로부터의 해방과 영생이 있음을 약속하고 있습니다.

*유구한 역사 속에서 세계 최초로 체계적 정립 발표

3. 에녹은 아담과 308년을 함께 살았으며, 아담이 930세에 죽고 난 후 57년 후에 승천하였습니다.

Enoch lived contemporaneously with Adam for 308 years and ascended into heaven fifty-seven years after Adam died at the age of 930.

계산> 아담 이후 에녹이 승천한 해(987) - 아담이 죽은 해(930) = 57년

에녹의 승천은 아담 타락 이후 잊혀져 가는 하나님의 최고의 선물, 곧 죽지 않고 살아서 변화하는 영생의 빛, 불멸의 빛을 환하게

밝혀 준 사건이었습니다.

이 일로 에녹은 생명이 사망을 이기는 일에 대한 확신을 심어 주었습니다. 이로써 죄와 사망의 그늘 속에서 신음하며 영생의 소식에 목말라하던 당시 의로운 백성들에게 넘치는 용기와 소망을 심어 주었습니다.

아담은 하나님의 징계를 받은 이후 여자의 후손으로 말미암아 다시 에덴을 회복시키실 것이라는 하나님의 확실한 약속을 받은 상태였으므로(창 3:15), 에덴동산에 있었던 장본인으로서 모든 후손들에게 복락의 세계였던 에덴동산의 실재와 인류의 숙원인 죽음의 문제를 해결해야 한다는 사실을 증거했을 것입니다. 나아가 그는 죄 짓기 전과 죄 지은 후의 상황도 자세히 증거했을 것입니다. 아담의 신앙적 소원은 마침내 에녹을 통해 그대로 열매를 맺은 것입니다.

아담 이후로 하나님을 믿는 경건한 자손들이 있었습니다. 그러나, 오직 에녹만이 죽지 않고 살아 승천함으로 그 열매를 맺었습니다. 그것은 에녹이 아담과 308년을 지내면서 아담이 전수해 준 하나님의 말씀을 두려운 마음으로 받았기 때문입니다. 수많은 아담의 후손 가운데 에녹 한 사람만이 그것을 온전히 좇아갔습니다. 그 결과 에녹은 300년간이나 하나님과 동행하였고, 마침내 더 이상 세상에 둘 필요가 없으므로 하나님이 그를 하늘로 데려가신 것입니다.

아담이 타락한 이후 에녹도 예외 없이 불과 57년 전에 죽었던 아담을 따라 죽어야 함이 마땅했지만, 하나님은 특별히 에녹을 죽음의 장벽을 뛰어넘는 영생의 세계에 이르게 하셨습니다. 에녹은 불경건이 극에 달한 시대에 경건한 삶의 최후가 어떤 것인가를 확실히 보여 준 것입니다.

4. 에녹의 행적과 변화 승천에 대한 확실한 증인은 7명입니다.

There were seven witnesses to Enoch's deeds, his transfiguration and ascension.

에녹이 살아서 하늘로 옮겨진 때는 그 시점에서 57년 전에 죽은 아 담과 69년 후 태어나게 될 노아를 제외한 나머지 족장들이 다 살아 있 을 때였습니다(7명의 족장-셋, 에노스, 게난, 마할랄렐, 야렛, 므두셀라, 라멕).

에녹이 승천할 때 셋은 857세, 에노스는 752세, 게난은 662세, 마 할랄렐은 592세, 에녹의 아버지 야렛은 527세, 에녹의 아들 므두셀 라는 300세, 라멕은 113세였습니다. 그들은 에녹이 담대하게 경건 치 않은 세상을 향해 심판을 외치며 말씀을 가르치는 모습(유 1:14-15), 자녀를 낳아 가정을 꾸리면서도 흠 없이 하나님과 동행하며 경 건을 지키는 모습, 마지막에 변화 승천하는 모습까지 빠짐없이 목 격하였습니다.

이들은 에녹이 죽지 않고 승천하는 것을 보면서, 아담을 통해서 들었던 영생하는 에덴의 세계가 실재했던 역사요, 죽지 않고 사는 세계가 있음을 확실히 깨달았을 것입니다.

5. 에녹의 아들 므두셀라의 출생은 홍수 심판의 표적이었습니다.

The birth of Enoch's son, Methuselah, was a sign of the judgment by flood.

에녹은 므두셀라를 낳으면서 죄악으로 관영한 세상에 임할 홍수 심판에 대한 계시를 받았습니다.

(1) 에녹은 65세에 아들을 낳고 하나님과 동행하기 시작했는데,

아들의 이름을 '므두셀라'(그가 죽을 때 심판)라고 지었습니다.

(2) 므두셀라는 969년을 향수하였는데, 이는 홍수가 일어났던 해와 정확하게 일치합니다(창 5:27-32, 7:6, 11:10).

므두셀라가 라멕을 얻었을 때가 187세, 라멕이 노아를 얻었을 때가 182세, 그리고 노아 600세에 홍수가 내렸으니, 187+182+600=969세입니다. 그러므로 므두셀라의 출생은 홍수 심판에 대한 하나님의 계시 곧 표적이었던 것입니다.

6. 에녹은 아담이 타락하지 않았을 시에 누렸을 영생을 보여 주었습니다.

Enoch demonstrated the eternal life that would have been possible if Adam had not fallen.

에녹은 아담의 바른 형상이었습니다. 동행으로 말미암은 영생, 그것은 바로 아담이 범죄하지 않았다면 영생에 이를 수 있었다는 사실을 세상에 보여 주신 것입니다.

에녹이 죽지 않고 승천한 비결 곧 동행은 그 뜻만 보아도 처음 아담을 창조하셨을 때 하나님이 원하시고 바라셨던 삶의 방식이 무엇인지 알려 줍니다.

하나님은 당신이 창조한 아담과 한마음 한뜻으로 함께 먹고 함께 있기를 원하셨습니다. 그러나 아담은 이미 명령하신 말씀을 무시하고, 하와의 요구를 들었을 때 하나님께 묻지 않고 오만하게도 자기가 결정하여 선악과를 함께 먹고 말았습니다(창 3:6). 그래서 하나님은 하나님과 멀리 떨어져 버린 아담에게 "네가 어디 있느냐?"

고 그의 처소성(處所性)을 물으시기에 이른 것입니다(창 3:9).

아담부터 노아까지 10대의 족보를 자세히 살펴보면, 아담의 7대 손 에녹의 승천 전에 죽은 자는 아담 한 사람밖에 없습니다. 아담이 930세로 죽은 이후, 노아까지 10대 족장 중에 이 땅에서 두 번째로 삶을 마감한 사람은 죽음이라는 관문을 거치지 않고 승천한 것입니다.이해도움 1-족장들의 연대기표 참조

이런 점에서 에녹의 승천은 우리에게 한 가지 중대한 교훈을 줍니다. 하나님은 '인류 시조 아담의 죽음'이라는 사건을 통해서 '죄의 삯은 사망'(롬 6:23)이라는 사실을 밝히신 후, 그 사망의 권세를 이기는 방법을 에녹을 통해서 곧바로 공개하셨던 것입니다.

비록 인간은 죄로 인하여 죽을 수밖에 없지만, 에녹처럼 하나님과 동행하며 하나님과 교제를 온전히 회복하면 죽음까지도 능히 극복할 수 있다는 소망을 보여 줍니다. 이렇게 에녹의 승천은 앞으로 다가올 모든 세대에게 오직 믿음만이 사망의 권세를 이길 수 있다는 말씀을 확실하게 계시해 주고 있습니다.

에녹으로부터 약 2,200년 후에 엘리야 선지자도 에녹처럼 죽지 않고 하늘로 옮기웠습니다(왕하 2:10-11). 에녹은 아담과 아브라함의 중앙에서 예언하였고, 엘리야는 아브라함과 그리스도의 중앙에서 예언했습니다.

7. 에녹은 구속사적으로 다음 세 가지를 예표합니다.
Enoch foreshadows three events in the history of redemption.

(1) 하나님을 기쁘시게 했던 에녹의 동행은, 하나님과 동행하며 하나님을 기쁘시게 했던 예수님의 생애(요 8:29)에 대한 예표

입니다. 그리고 에녹의 승천 사건은 예수 그리스도께서 그의 부활과 승천으로 말미암아 마귀의 세력을 이기고 사망을 영원히 멸하고, 인간 구원의 보증이 되심을 예표합니다.

(2) 아담 안에서 모든 사람이 죽음 아래 놓여 있으나, 하나님의 크신 은혜로 독생자 예수 그리스도 안에서 모든 사람이 살 수 있다는 귀한 진리를 예표합니다(롬 5:18-21, 고전 15:22).

(3) 마지막 재림 때, 환난과 패역이 극에 달하는 세상에, 성도들에게 있을 영광스러운 변화에 대한 예표입니다(마 24:40, 요 8:51, 11:25-26, 고전 15:50-54, 살전 4:16-17, 빌 3:21). 매튜 헨리(Matthew Henry)는 에녹의 변화가 그리스도의 재림 때에 있을 성도들의 영광스러운 변화의 모습을 보여 준 것이라고 하였습니다.

에녹의 삶은 하나님과 인간 사이에 생긴 죽음의 장벽을 뛰어넘어 영생에 대한 최고의 간증이 되었습니다. 이는 에녹이 아담으로부터 들은 하나님의 말씀을 그대로 믿고 하나님과 동행한 결과로 주신 특별한 은총입니다. 우리도 하나님의 말씀을 의심치 않고 그대로 믿고 그 말씀을 지킬 때, 예수 그리스도의 재림 시에 사망의 세력을 능히 이기고 신령한 몸으로 변화되는 산 역사가 있기를 간절히 소망합니다.

고린도전서 15:51-54 "보라 내가 너희에게 비밀을 말하노니 우리가 다 잠잘 것이 아니요 마지막 나팔에 순식간에 홀연히 다 변화하리니 52 나팔 소리가 나매 죽은 자들이 썩지 아니할 것으로 다시 살고 우리도 변화하리라 53이 썩을 것이 불가불 썩지 아니할 것을 입겠고 이 죽을 것이 죽지 아니함을 입으리로다 54이 썩을 것이 썩지 아니함을 입고 이 죽을 것이 죽지 아니함을 입을 때에는 사망이 이김의 삼킨 바 되리라고 기록된 말씀이 응하리라"

8대 므두셀라

מְתוּשֶׁלַח / Methuselah
그가 죽을 때 심판[29], 창을 던지는 자
/ when he dies, judgement, man of dart

므두셀라는 에녹이 65세에 낳은 아들로(창 5:21, 대상 1:3), 아담 이후 687년에 출생했습니다. 므두셀라는 187세에 라멕을 낳고 782년간 자녀를 낳았으며, 969세(아담 이후 1656년)에 죽었습니다. 놀라운 사실은 므두셀라가 죽은 해가 바로 노아 때 대홍수가 일어난 해와 일치합니다(창 5:25-27). 므두셀라는 아담과 243년을, 에녹과는 300년을, 노아와는 600년을 함께 지냈습니다.
누가복음의 족보에 '므두셀라'(Μαθουσάλα)로 기록되어 있습니다(눅 3:37).

므두셀라는 죽음을 보지 않고 승천한 에녹의 아들입니다.

'므두셀라'는 '그가 죽으면 세상에 끝이 온다'는 뜻입니다. 므두셀라가 출생할 무렵, 에녹에게 그 자녀의 운명과 관련된 하나님의 특별한 계시가 있었음이 분명합니다.

므두셀라는 문자적으로 '사람'의 뜻을 가진 '마트'(מַת)와 '창, 무기'라는 뜻을 가진 '셸라흐'(שֶׁלַח)의 합성어로, '무기의 사람(무기를 든 사람)' 또는 '창의 사람(창을 던지는 사람)'이라는 뜻을 가지고 있습니다. 또한 그 어원을 따라 살펴보면 '죽다, 죽이다'라는 뜻의 '무트'(מוּת)와 '보내다, 내어 쫓다'라는 뜻의 '샬라흐'(שֶׁלַח)의 합성어로, '그가 죽으면 (끝이) 보내진다'라는 뜻으로 풀이할 수 있습니다.

고대 근동의 설화에 의하면, 각 동네마다 창을 들고 수호하는 사람이 있었는데, 이 사람이 죽으면 마을이 끝장났기 때문에 므두셀라는 그러한 뜻으로 전해 내려오고 있었습니다. 므두셀라의 이러한 뜻과 관련하여 보이스(James M. Boice)는, "에녹은 므두셀라가 태어날 때 지구에 홍수로 올 멸망에 대한 계시를 받았다. 하나님 께서 그에게 아들이 죽으면 홍수가 임할 것이라고 말씀하셨던 것 이다. 그래서 하나님의 명백한 지시였든, 자신의 믿음의 행위였 든, 에녹은 그의 아들을 므두셀라('그가 죽으면, 그것이 오리라')로 지 었다. 므두셀라가 살아 있는 동안은 홍수를 보내지 않는다는 것이 다. 그러나 그가 죽으면 홍수가 온다는 것이다."[30]라고 설명하였습 니다.

어느 부모가 사랑하는 자녀의 이름을 지을 때 이렇듯 섬뜩한 종 말적 의미를 지닌 이름을 부여하고 싶겠습니까?

그럼에도 에녹은 다가올 대홍수 심판에 관한 메시지를 전하고, 종말의 신앙을 준비하기 위하여 아들의 이름을 말씀을 좇아 그렇게 지었습니다. 마침내 예고되었던 홍수 심판이 아담 이후 1656년, 노 아 600세 2월 17일에 일어났습니다. 이때는 므두셀라가 969세를 향수하고 죽은 해와 정확하게 일치합니다(창 5:27, 7:11).

1. 므두셀라를 통해서 에녹은 철저한 종말 의식을 소유하게 되었습니다.

Through Methuselah, Enoch came to a sure awareness of the end.

에녹은 65세에 므두셀라의 출생을 기점으로 인생의 대전환기를 맞아 하나님과 동행하기 시작하였습니다. 성경은 에녹이 므두셀라 출생 후에 하나님과 동행했다는 점을 부각시키고 있습니다(창 5:21-22). 이는 에녹이 하나님과 동행하게 된 결정적인 동기가 므두셀라 의 출생과 연관된다는 것을 의미합니다. 에녹은 '그가 죽으면 세상

끝이 온다'는 그 아들의 이름을 날마다 부를 때마다 심판의 메시지를 기억하고 근신하며 종말을 예비하는 신앙을 가지게 되었을 것입니다.

에녹은 세상을 등지고 수도사같이 은둔 생활을 한 것이 아닙니다. 그 시대 사람들과 같이 자녀를 낳고, 양육하고, 교육하며 살았습니다. 가족의 생계를 위하여 노동을 해야 했습니다. 죄악된 세속 문화가 지배하는 어두운 시대 상황 속에서 하나님과 동행한다는 것은 결코 쉽지 않았을 것입니다. 그럼에도 불구하고 에녹이 하나님과 동행하는 삶을 살아간 것은 한마디로 심판 곧 마지막을 염두에 두는 종말 의식을 가졌기 때문입니다(눅 21:32-36).

유다서 14-15절에서는 에녹의 종말론적인 신앙을 크게 뒷받침하고 있는데, 에녹이 당시 팽배했던 경건치 않은 일과 경건치 않은 말에 대한 심판을 선포하는 예언자적인 삶을 살았음을 알 수 있습니다.

2. 므두셀라는 인류 역사상 최장수 인물입니다 (969세).

Methuselah enjoyed the greatest longevity in all human history.

창세기 5장에 나타난 아담 후손들의 수명은 하늘로 승천한 에녹을 제외하고 777세에서 969세(평균 수명 912세)에 이릅니다. 따라서 오늘날의 입장에서는 상상하기 힘든 오랜 수명입니다. 근 천 년에 이르는 수명은 본래부터 영생할 존재로 창조된 인간의 본래를 보여 주는 것입니다. 이것은 우리가 장차 신령한 몸으로 영원히 살 소망을 갖게 해 줍니다(요일 2:25, 계 22:5). 동시에 인류를 향한 하나님의 자비하심을 보여 줍니다. 하나님은 죄악이 여러 가지 모양으로 구석구석 미치지 않은 곳이 없을 정도로 관영한 세상을 보시고 심판을 계획하셨습니다. 그럼에도 불구하고 하나님은 므두셀라의 생애 969년 동안 심판을 미루어 오셨습니다. 노아가 방주를 다지은 후, 홍수 심판 7일 전에야 최후 통첩을 하심으로써 회개할 수 있는 기회를 마지막까지 허락하신 것입니다. 그러므로 므두셀라의 장수는 하나님의 오래 참으심이요, 거기에서 우리는 인류를 향한 하나님의 자비와 긍휼이 얼마나 크고 고귀한 것인가를 깨닫게 됩니다(딤전 2:4, 벧후 3:9).

3. 므두셀라는 놀라운 하나님의 구원 섭리를 목격하는 특권을 누렸습니다.

Methuselah enjoyed the special privilege of witnessing God's amazing providence of salvation.

므두셀라는 홍수가 임하기까지 구속사 전반에 대한 확실한 목격자요, 증인이었습니다.

그렇다면 최고로 장수한 므두셀라의 생애는 구속사의 어디서부터 어디까지 망라하고 있습니까?

⑴ 시조 아담으로부터 에덴동산의 역사를 243년간 들었습니다.

⑵ 아버지 에녹이 하나님과 동행하며 사는 모습을 아들로서 300년간 함께하면서 지켜보았고, 에녹이 살아서 승천하는 것을 보았습니다.

⑶ 죄악이 관영한 가운데 므두셀라는 자기 아들 라멕의 소망대로 구원자의 예표인 노아의 출생을 접하였고, 노아와 600년을 함께 살았습니다.

⑷ 노아의 방주 건축을 처음부터 홍수 직전까지 가장 힘써 도와준 장본인입니다. 므두셀라는 그 이름의 뜻대로 자신의 죽음과 함께 하나님의 심판이 있을 것을 알았기에, 생명이 다하는 그날까지 종말 의식을 가지고 늘 경건하게 살았을 것으로 여겨집니다. 그는 노아가 방주를 지을 때 같이 동역하면서 노아에게 힘과 용기와 소망을 주었을 것입니다. 므두셀라는 자신의 죽음을 통해 사람들에게 이제 하나님의 세상 심판이 눈앞에 다가왔음을 온 몸으로 선포하고 홍수가 나던 해에, 심판 직전 969세로 죽었던 것입니다.

⑸ 홍수 이후, 다음 구속사의 바톤을 이어받을 노아의 장자 '셈'이 출생하는 것을 보았고, 셈과 98년을 함께 살았습니다(창 5:32, 7:6, 11:10).

9대 라멕

לֶמֶךְ / Lamech

능력 있는 자[31] / strong youth

> 라멕은 므두셀라가 187세에 낳은 아들로(창 5:25, 대상 1:3-4), 아담 이후 874년에 출생했습니다. 라멕은 182세에 노아를 낳고 595년간 자녀를 낳았으며, 777세(아담 이후 1651년)에 죽었습니다(창 5:28-31). 이때는 노아 시대 홍수 심판이 있기 5년 전입니다.
>
> 라멕은 에녹과 113년을, 노아와는 595년을, 인류의 시조 아담과는 56년을 함께 지냈습니다. 아담은 9대손 라멕 56세까지 살아 있었으며, 10대손 노아는 아담을 만나지 못했습니다. 노아는 아담이 죽고 126년 후에 출생했습니다.
>
> 라멕은 예수님의 계보에 든 경건한 사람으로, 누가복음 3:36에 '레멕'(Λάμεχ: 강하다)으로 기록되어 있습니다.

에녹은 65세에 므두셀라를 낳고 또 그의 나이 252세에 손자 라멕을 보았습니다. 에녹이 승천할 때 손자 라멕의 나이는 113세였을 것입니다. 그러므로 므두셀라와 라멕은 에녹이 어떻게 경건한 생활을 하며 하나님과 동행했던가를 직접 보았습니다. 그들은 경건한 에녹의 감화로 자라난 아들과 손자였음이 분명합니다.[32]

창세기 4장과 5장에는 동일한 이름을 가진 인물 두 명이 나옵니다. 가인 계열에 에녹(창 4:17)과 라멕(창 4:18)이 있고, 셋 계열에도 에녹(창 5:21)과 라멕(창 5:28)이 있습니다. 이 두 사람에 대해서는 다른 사람들과 달리 그 사람들에 대한 부가 설명이 기록되어 있습니다. 가인 계열의 라멕은 탄식과 절망의 사람이지만, 셋 계열의 라멕은 미래의 소망을 제시하는 사람으로서, 그들의 인생이 전혀 다른 행로였음을 확실히 구별할 수 있습니다. 따라서 가인 계열의 라멕은 이름의 뜻을 적용할 때 '정복자' 혹은 '하나님을 대적하는 일에 강한 자'로 보아야 합니다. 왜냐하면 라멕의 아랍어 어원은 '압제자, 힘센 자'라는 뜻이 있기 때문입니다. 그는 하나님을 떠나 스스로 강하다고 자부하는 자였으며, 하나님의 뜻을 대적하여 악으로 세상을 정복하려 했던 자입니다. 같은 이름이라 할지라도 '정복자, 강한 자'와 같은 뜻은 가인의 후손 므드사엘의 아들 라멕에게 타당하고, 셋의 후손 므두셀라의 아들 라멕에게는 그 의미가 해당되지 않습니다.

라멕은 '능력 있는 자'가 그 인물에 맞는 뜻이 됩니다. 또한 기도하는 사람이라야 귀신을 물리치고 악의 세력을 이길 수 있는 믿음의 능력자가 될 수 있으므로, '기도의 사람'[33]이라는 의미로도 이해할 수 있습니다(막 9:29). 여러분 모두가 기도의 사람, 악의 세력을 정복할 수 있는 능력 있는 신앙인이 되시기 바랍니다.

창세기 5장 족보에서 '라멕'은 다른 족장과 달리 족보의 형식을 벗어나 부가적인 설명이 덧붙여져 있는데, 그 내용은 그의 아들에게 그 초점이 모아지고 있습니다. 즉, 라멕보다는 오히려 라멕이 낳은 자식에게 관심이 집중되고 있는 것입니다.

1. 라멕은 아들을 낳고 그 이름을 '노아'(위로자, 평안을 주는 자)라고 했습니다.

Lamech had a son and named him "Noah" ("comforter" or "giver of peace").

'노아'라고 이름한 것은 그 아버지 라멕의 신앙 고백이요, 하나님의 뜻을 향한 소원이었습니다.

창세기 5:28-29 "라멕은 일백 팔십 이세에 아들을 낳고 ²⁹이름을 노
아라 하여 가로되 여호와께서 땅을 저주하시므로 수고로이 일하는 우
리를 이 아들이 안위하리라 하였더라"

이 말씀에는 이 땅에서의 고통을 깊이 체험하며 인간의 유약함
을 절감했던 라멕의 고뇌에 찬 호소가 담겨 있습니다. 라멕은 인간
이 극복할 수 없는 고통의 한계와 이유를 정직하게 인정하고 시인
한 것입니다. 그러나 라멕은 하나님이 마련하신 고통의 현장에서
하나님께 반항하거나 삶을 자포자기하지 않고, 그 원인을 분명히
이해하고 하나님께만 소망을 두고 있었습니다(창 5:29).

라멕은 인생의 괴로움과 슬픔의 원인이 바로 인간의 타락과 하
나님의 저주임을 깨닫고, 그것이 아들을 통해 해결되기를 간절히
소망했습니다. 그리하여 괴로움과 슬픔은 도리어 그의 믿음의 시발
점이 되었습니다. 시대의 악함이 남의 탓이 아닌 결국 '나의 죄 값'
이라고 정직하게 인정하고 회개하는 사람의 양심이야말로 세상을
정복하는 참믿음의 소유자입니다.

2. 라멕은 메시아를 간절히 대망했습니다.
Lamech earnestly anticipated the coming of the Messiah.

라멕은 인류가 처한 서글픈 상황이 끝나고 속히 에덴이 회복되
기를 원했습니다. 누군가가 인간에게 선고된 죽음을 종식시키고(창
3:24, 4:16), 원상 회복의 길을 열어 주기를 소망한 것입니다. 삶의 고
달픔, 인간의 유약함을 절실히 깨닫고, 마침내 자기 아들의 탄생을
계기로 모든 이에게 하나님의 참된 평안과 위로가 이루어지기를

갈망한 것입니다. 따라서 창세기 5:29의 라멕의 고백은 창세기 3:15
에서 약속하신 "여자의 후손" 곧 메시아를 대망하는 간절한 마음이
며, 그것이 궁극적으로 모든 인류에게 주는 큰 위로와 기쁜 소식을
주실 것을 확신한 것입니다. 이는 사도 바울이 "그리스도의 고난이
우리에게 넘치는 것같이 우리의 위로도 그리스도로 말미암아 넘칠
것"(고후 1:5)이라고 소망한 것과 같습니다.

　라멕의 아들 노아는 절망 속에 있는 인간들에게 새로운 시작을
약속하는 '모든 위로의 하나님'의 선물로서(고후 1:3-7), 하나님이 보
내신 예수 그리스도를 예표합니다. 이 땅에 참평안과 안식을 주시
는 분은 예수 그리스도입니다(사 9:6, 요 14:27).

3. 라멕은 아담부터 10대 중 가장 짧은 나이인 777세를 살았습니다.

Lamech lived the shortest life (777 years) among the ten generations since Adam.

　아담부터 노아까지 10대 족장 가운데 가장 짧은 수명이긴 하지
만, 7이 완전수라는 것을 생각할 때, 777세로 끝난 그의 일생은 자기
사명을 다한 것으로 볼 수 있습니다. 자신이 받은 계시의 말씀이 반
드시 이루어질 날을 바라보고, 자기 아들 노아와 함께 방주 짓는 일
에 최선을 다해 협조하였을 것입니다. 라멕의 삶은 하나님의 뜻을
위해 일평생 최선을 다한 완전한 삶이었습니다. 그러므로 대홍수가
임하기 5년 전, 하나님께서 화액(禍厄) 전에(사 57:1) 라멕을 급히 거
두어 가셨던 것입니다.

4. 라멕은 777세가 되기까지 다른 족장들처럼 노아 외에 많은 자녀를 낳았습니다.
Like the other patriarchs, Lamech had many children until the age of 777.

창세기 5:30 "라멕이 노아를 낳은 후 오백 구십 오년을 지내며 자녀를 낳았으며"

라멕이 낳은 자녀들은 분명 노아의 친형제들입니다. 그들은 아버지 라멕이 아끼고 사랑하는 자녀들로서, 경건한 아버지로부터 똑같은 말씀으로 교육을 받았을 것입니다. 그러나 홍수 때에 그 많던 노아의 형제들은 온데간데없고 오직 노아의 여덟 식구만 구원 받았습니다(벧전 3:20, 벧후 2:5). 라멕이 낳은 노아 외의 아들들은 부모의 가르침을 거역하고, 모두 시대의 악함을 좇아 하나님의 말씀을 들으려 하지 않았던 것입니다. 그들은 아마도 노아의 친형제인 까닭에 누구보다도 구원의 방주 안으로 들어오라는 안타까운 권유를 몇 번이고 받았을 것이나 이를 거부한 것입니다. 그들은 자기들이 하고픈 대로 세상을 즐겼습니다. 더구나 방주 짓는 일에 조금도 협조하지 않았습니다. 방주를 지은 장본인을 가장 가까이 두고도 홍수가 세상을 덮었을 때 노아의 형제들은 하나도 남김 없이 심판의 물결에 수장되어 버리고 말았습니다. 홍수가 나서 저희를 다 멸하기까지 깨닫지 못하였습니다(마 24:39). 말하자면 구원의 통로를 옆에 두고도 믿지 않으므로 구원 받지 못한 것입니다.

마태복음 24:37에서는 "노아의 때와 같이 인자의 임함도 그러하리라"라고 말씀하고 있습니다. 우리는 노아의 친형제들처럼 하나님의 말씀을 무시함으로 구원의 방주를 놓치는 어리석은 자들이 되어서는 안 될 것입니다.

10대 노아

נֹחַ / Noah

안식, 휴식, 위로/ rest, comfort

> 노아는 라멕이 182세에 낳은 아들로(창 5:28, 대상 1:4), 아담 이후 1056년에 출생했습니다. 노아는 502세에 셈을 낳고 이후로 함, 야벳을 낳았으며, 홍수 이후 350년 지내는 동안은 더 이상 자녀를 낳지 않고 950세(아담 이후 2006년)에 죽었습니다(창 5:32, 11:10, 9:28-29).
> 누가복음의 족보에 '노아'(Νῶε)로 기록되어 있습니다(눅 3:36).

'노아'라는 이름은 히브리어 '누아흐'(נָחַ)에서 유래하였습니다. 이 단어는 '머물다(왕하 2:15), 한숨 돌리다(애 5:5), 안식하다'(신 5:14)라는 뜻입니다. 이러한 어원에 근거한 노아의 뜻은 '안식, 휴식, 위로'입니다.

당시 죄악이 관영한 시대에 살았던(창 6:5) 경건한 후손들은 이 아들의 탄생을 계기로 하나님의 안위를 간절히 소망했습니다. 창세기 5:29에서는 노아의 이름에 대하여 "우리를 이 아들이 안위하리라"고 말씀하고 있습니다. '안위'는 한자로 '편안할 안(安), 위로할 위(慰)'로, '마음과 몸을 편안하게 하고 조용히 위로함'이라는 뜻입니다. 여기에 나오는 "안위하리라"라는 단어는 히브리어 동사형을 볼 때 피엘형인데, 이것은 '반드시 안위하리라'는 강조의 의미로, 그들이 얼마나 하나님의 위로를 갈망하고 있었는가를 보여 주고 있습니다.

라멕이 아들을 낳고 '노아', 곧 '위로'와 '안위'라는 뜻의 메시아적 이름을 지은 것은, 단지 라멕의 개인적인 소원이나 인간적인 통찰이 아니었을 것입니다. 그것은 하나님의 계시에 의해 새로운 구속 섭리가 이루어질 것이 알려졌기 때문입니다.[34] 이제 오랜 고통의 때가 마감되고 하나님의 위로를 받아 안식할 때가 도래한 것입니다. 창세기 5:29에 대하여 박윤선 박사는 그의 창세기 주석에서, "'노아'란 이름은 '안식'을 의미한다. 그의 부친 라멕이, 그 갓난아이를 메시아인 줄로 잘못 알고 그렇게 이름을 지었다. 곧, 그 아이는 모든 인류를 저주에서 구원하여 줄 구세주라고 그는 생각하였다. 이것을 보면, 인류의 초창 시대의 사람들은, 하나님의 약속(창 3:15)대로 장차 메시아가 날 것을 소망하고 있었음이 분명하다"[35]라고 설명하였습니다.

하나님이 홍수 심판을 선언하신 노아의 시대는, 하나님이 사람 창조하심을 한탄하고 후회할 정도로 완전히 타락한 시대였다고 성경은 말씀하고 있습니다(창 6:5-7). 그러한 때에 "그러나 노아는 은혜를 입었더라"(창 6:8)라고 말씀한 것은, 당시 타락한 암흑 시대에 하나님의 등불이었던 노아를 주목하게 하는 반면, 노아와 그의 일곱 식구 외에는 경건한 자가 한 사람도 없을 정도로 세상이 완전히 타락한 상태를 암시하는 말씀입니다. 그래서 베드로후서 2:5에서도 "옛 세상을 용서치 아니하시고 오직 의를 전파하는 노아와 그 일곱 식구를 보존하시고 경건치 아니한 자들의 세상에 홍수를 내리셨으며"라고 말씀하고 있습니다.

노아가 살던 시대는 홍수에 멸절되기까지 단 한 사람도 노아가 선포한 경고의 말씀을 진심으로 받아들이거나 깨닫는 자가 없었던 불경건한 때였습니다(마 24:39). 이와 마찬가지로 마지막 때 불경건한 시대에도 하나님이 경건한 자를 찾으실 것입니다. 그때에 노아처럼 하나님의 은혜를 충만히 받아 능히 인자 앞에 설 수 있는 성도 되시길 바랍니다(시 12:1, 미 7:2, 눅 21:36).

1. 라멕은 182세에 아들을 낳았습니다(창 5:28).

Lamech had a son at the age of 182 (Gen 5:28).

창세기 5:28 "라멕은 일백 팔십 이세에 아들을 낳고"

이 구절은 반복적인 족보 기록의 형식에서 벗어난 특이한 형태입니다. 이전 조상들의 경우 이름을 넣어 '~을(를) 낳았다'고 기록하였지만, 라멕의 경우는 이름 대신 '아들을 낳았다'고 표기하였습니다. 이 '아들'은 창세기 5:29에서 또 한 번 반복됩니다.

창세기 5:29 "이름을 노아라 하여 가로되 여호와께서 땅을 저주하시므로 수고로이 일하는 우리를 이 아들이 안위하리라 하였더라"

"이 아들"은 많은 아들 중에 하나가 아니라 마치 '독생자'처럼(요 1:14, 18, 3:16, 18, 요일 4:9) '독특한 아들'이라는 특별한 의미를 지닙니다. 하와가 첫아들을 낳고 '여호와로 말미암아 득남하였다'라고 기뻐하였던 것같이 특별한 기대, 특별한 기쁨, 특별한 의미의 아들이었던 것입니다. 타락한 인류의 구원을 위해 장차 독생자로 오실 예수 그리스도를 예표한 것입니다.

또 안식을 뜻하는 '노아'라는 이름은 세상을 구원하고 인류에게 참쉼과 안위를 가져오실 예수 그리스도를 예표합니다. 노아는 타락한 인류를 물로 멸절시키는 하나님의 심판 가운데서도 하나님의 말씀에 순종하여 방주를 예비함으로 그 가족들을 구원하여 안식을 주었습니다. 예수님은 성육신 하셔서 타락한 세상에 참안식을 선포하시는 '안위자'이셨습니다(요 14:27). 이제 장차 오실, 재림하실 주님도 마지막에 세상을 불로 심판하실 때 그의 택한 성도들을 구원하여 참안식의 세계인 천국으로 인도하실 것입니다.

2. 노아는 두 시대의 분기점에서 살았습니다.

Noah lived at the junction of two ages.

창세기 5장의 족보에는 노아의 남은 생애나 향수한 나이에 대하여 언급이 없습니다. 이것은 하나님이 노아를 통하여 앞으로 새로운 구속 역사를 펼치시겠다는 거룩한 뜻을 나타낸 것입니다(창 5:32). 이제 노아를 통해서 원(原) 역사가 끝나게 되고 홍수 후 새로운 역사가 계승되며, 아브라함의 출현을 보게 됩니다(창 12:1-3). 노아는 아브라함과 58년 동시대 인물입니다.

> 계산> 노아 죽은 해(아담 이후 2006) - 아브라함 출생 해(1948) = 58년

노아는 홍수 이전 10대 중 3인(아담, 셋, 에녹)을 제외하고 모두 만났습니다. 그는 아담부터 10대 중 세 번째 장수 인물로서 950세를 향수하면서(창 9:28-29), 홍수 이후 아브라함 시대까지 살았습니다. 결국 자기를 포함한 17명의 족장들과 동시대에 산 것입니다.

여기서 노아의 출생과 관련한 다음 몇 가지 사실들을 발견하게 됩니다.

(1) 아담 죽음 이후 노아가 출생하기까지는 126년입니다.
> 계산> 노아가 출생한 해(아담 이후 1056) - 아담 죽은 해(930) = 126년

(2) 에녹의 승천 이후 노아가 출생하기까지는 69년입니다.
> 계산> 노아가 출생한 해(아담 이후 1056) - 에녹이 승천한 해(987) = 69년

(3) 셋의 죽음 이후 노아가 출생하기까지는 14년입니다.
> 계산> 노아가 출생한 해(아담 이후 1056) - 셋이 죽은 해(1042) = 14년

3. 노아는 아담과 셋을 만나지 못했습니다.

Noah did not meet Adam and Seth.

노아가 아담을 만나지 못했으나, 아담과 노아 사이의 커다란 시간적 공백을 연결해 주는 징검다리 역할을 한 자들이 있었습니다. 아담의 손자 에노스부터 게난, 마할랄렐, 야렛, 므두셀라, 라멕이었습니다. 이 6명은 공통적으로 생애 전반부에서는 아담을 보았고 생애 후반부에서는 노아를 만났던 자들입니다. 6명의 족장들은 구속사가 끊어지지 않게 하는 신앙전수의 중요한 역할을 담당하였던 것입니다. 아담과 함께했던 자들이 받은바 신앙을 그의 후손 노아에게 그대로 전수했기 때문에 하나님의 구속사는 끊어지지 않았던 것입니다.

에노스는 아담과 695년 동시대를 살면서 물려받은 신앙을 노아에게 84년간 전수하였습니다.

게난은 아담과 605년 동시대를 살면서 물려받은 신앙을 노아에게 179년간 전수하였습니다.

마할랄렐은 아담과 535년 동시대를 살면서 물려받은 신앙을 노아에게 234년간 전수하였습니다.

야렛은 아담과 470년 동시대를 살면서 물려받은 신앙을 노아에게 366년간 전수하였습니다.

므두셀라는 아담과 243년 동시대를 살면서 물려받은 신앙을 노아에게 600년간 전수하였습니다.

라멕은 아담과 56년 동시대를 살면서 물려받은 신앙을 노아에게 595년간 전수하였습니다.

노아가 아담을 직접 만난 적은 없습니다. 그러나 그는, 아담으로부터 언약 신앙을 물려받았던 족장 6명으로부터 영향을 받고 그들로부터 참된 신앙을 전수받았습니다. 노아가 아담의 신앙을 전수받는 과정은 에노스(아담의 3대손) 이후 라멕(아담의 9대손)까지 지속된 것입니다.

4. 6대 야렛이 죽고 노아의 아들 셈이 출생하기까지 136년은 셋 계열 가운데 모두 죽고 므두셀라, 라멕, 노아 단 세 사람만 사역한 기간입니다.

During the 136-year period between the death of Jared (sixth generation) and the birth of Shem, all the patriarchs in the line of Seth had died except for Methuselah, Lamech, and Noah.

계산> 셈 출생한 해(아담 이후 1558) - 야렛이 죽은 해(1422) = 136년

셋 계열의 족장들이 모두 죽고, 유일하게 세 사람이 남아 사역한 지 136년이 되었을 때인 노아 502세에 첫 아들 '셈'이 출생했습니다. 셈에 이어 함, 야벳이 출생했고(창 5:32, 6:10), 세 아들 모두 아내를 얻어 결혼한 다음, 하나님이 노아에게 나타나 홍수 심판을 위한 구체적인 방주 식양을 계시하셨습니다(창 6:14-18).

5. 노아가 살던 홍수 전 세상은 완전히 타락하였습니다.

The prediluvian world in which Noah lived was completely corrupt.

창세기 6:2에서는 "하나님의 아들들이 사람의 딸들의 아름다움을 보고 자기들의 좋아하는 모든 자로 아내를 삼는지라"라고 말씀

하고 있습니다. 이것은 경건한 셋의 후손들(창 5장)과 타락한 가인의 후손들(창 4장)이 통혼을 하고 하나님을 떠나 육체주의 인간들이 되었음을 의미합니다(창 6:3). 이로 말미암아 하나님은 "나의 신이 영원히 사람과 함께하지 아니하리니"(창 6:3)라고 선포하셨습니다.

그 이후에 세상은 빠른 속도로 타락하고 온갖 죄악이 관영하였습니다(창 6:5). '관영'은 한자로 볼 때, '꿰뚫을 관(貫), 찰 영(盈)'으로, '죄가 가득 찼다, 미치지 않은 곳이 없다'라는 뜻입니다. '죄악이 세상에 관영했다'함은, 죄악이 인간의 마음속까지 깊이 파고 들어가 그 죄악이 무르익어 넘쳐흐른다는 뜻입니다. 마음의 생각의 모든 계획이 항상 불신앙적이어서(창 6:5), 악으로 시작해서 악으로 끝나는 상태요, 전적으로 하나님의 통치를 거부하며 간섭 받기를 싫어하는 상태인 것입니다.

또한 창세기 6:11에서는, 노아 당시의 타락상에 대하여 "하나님 앞에 패괴하여 강포가 땅에 충만한지라"고 말씀하고 있습니다.

'패괴'는 한자로 볼 때, '거스를 패(悖), 무너질 괴(壞)'로서, '부서지고 무너짐'이란 뜻입니다. '강포'는 한자로 볼 때, '굳셀 강(强), 사나울 포(暴)'로서, '완강하고 포악하고 우악스럽고 사납다'는 뜻입니다. 그러므로 '패괴하여 강포가 충만하다'는 것은, 남을 해치고 빼앗아가는 것, 살인, 강도, 강간, 폭력이 난무한 것을 의미합니다. 그래서 하나님은 "그 끝날이 내 앞에 이르렀으니"(창 6:13)라고 하시면서, 홍수 직전의 시대가 심판이 불가피한 최악(最惡)의 시대임을 선언하셨던 것입니다.

이와 같이 노아가 살던 홍수 직전의 타락상은, 하나님이 한탄하시고 근심하실 정도였습니다(창 6:6). 참으로 충격적인 선언입니다. 한마디로 '홍수 심판'은 하나님을 전혀 마음에 두지 않았던 방탕한 세대에 대한 무서운 형벌이었습니다.

그러나 이렇게 타락한 시대 속에서 노아는 하나님의 은혜를 입었습니다(창 6:8). 또 창세기 6:9에서는 "노아는 의인이요 당세에 완전한 자라 그가 하나님과 동행"하였다고 말씀하고 있습니다.

오늘 우리가 사는 시대도 노아의 시대와 같이 극심한 타락의 길을 걷고 있으며, 죄가 관영하여 하나님 앞에 패괴하고 강포가 가득 찬 세상이 되어 가고 있습니다. 예수님은 인자의 임함이 노아의 때와 같다고 말씀하셨습니다(마 24:37, 눅 17:26). 노아는 하나님의 은혜를 입고(창 6:8), 하나님이 자기에게 명하신 대로 방주를 짓고 모든 것을 준행한 결과(창 6:22, 7:5), 하나님으로부터 "네가 이 세대에 내 앞에서 의로움을 내가 보았음이니라"(창 7:1)고 인정받았습니다.

그렇다면 우리도 노아처럼 하나님의 은혜를 입어야 합니다. 베드로전서 1:13에서 "그러므로 너희 마음의 허리를 동이고 근신하여 예수 그리스도의 나타나실 때에 너희에게 가져올 은혜를 온전히 바랄지어다"라고 말씀하고 있습니다. 그 은혜를 받아야만 믿음의 방주를 온전히 예비할 수 있으며(히 11:7), 끝날 불로써 세상을 심판하실 때(벧후 3:7, 12) 구원의 반열에 설 수 있습니다.

6. 노아의 자녀 출생은 세 가지의 독특한 특징이 있습니다.

There are three notable traits about the birth of Noah's sons.

(1) 이제까지 족장들이 장자를 낳은 나이는 평균적으로 118세 정도이지만(창 5장), 노아는 매우 독특하게도 500세가 된 후에 자녀를 낳았습니다(창 5:32). 세 아들 중 셈의 경우는 성경에 그를 낳은 나이가 정확하게 언급되어 있습니다. 그는 홍수 심판 98년

전, 노아 502세에 출생했습니다.

창세기 11:10 "셈의 후예는 이러하니라 셈은 일백세 곧 홍수 후 이년에 아르박삿을 낳았고"

실제로 노아가 950세까지 살았기 때문에 세 아들을 낳은 이후에 살았던 약 400여 년의 기간(참고-창 5:32)을 이전 세대와 비교할 때, 약 6세대 정도가 출생하고도 남는 길고 긴 세월입니다(참고-아담의 6대손 야렛은 아담 이후 460년에 출생).

(2) 노아는 세 아들(셈, 함, 야벳)만 낳고, 앞선 다른 조상들처럼 수명을 다할 때까지 계속 아들을 낳았다는 기록은 발견되지 않고, 단지 600세 후에 350년을 지내다가 950세에 죽었다고만 기록되어 있습니다(창 5:32, 6:10, 9:28-29). 이러한 형식은 아담의 19대손 데라에게 똑같이 반복되는데(창 11:26), 데라 역시 70세에 아브람과 나홀과 하란을 낳고 더 이상 낳지 않았던 것입니다.

(3) 노아의 세 아들은 홍수 전에 아내를 얻었지만, 홍수가 나서 방주에 들어가기까지 자녀를 낳지 않았습니다.

창세기 6:18 "… 너는 네 아들들과 네 아내와 네 자부들과 함께 그 방주로 들어가고"

그러므로 방주에 들어간 사람은 단 여덟 명뿐이었습니다(창 7:7, 13, 8:18, 벧전 3:20, 벧후 2:5). 그리고 노아의 세 자부는 홍수 이후에 아들들을 낳은 것으로 기록되어 있습니다.

창세기 10:1 "노아의 아들 셈과 함과 야벳의 후예는 이러하니라 홍수 후에 그들이 아들들을 낳았으니"

모세가 경건한 신앙 계열의 족보를 기록할 때, 장자를 낳은 나이를 하나하나 세밀하게 기록한 것은 그만한 뜻이 있기 때문일 것입니다. 이는 당시의 시대상과, 믿음의 족보에 있는 인물들의 경건했던 삶을 잘 반영해 주고 있습니다.

노아가 늦은 나이(500세 이후-창 5:32)에 아들을 낳은 것과 하나님이 허락하신 세 아들 외에 더 이상 자녀를 낳지 않았던 사실이나, 또 그의 세 아들이 홍수 심판이 마치고 방주에서 나온 이후부터 자녀를 낳기 시작한 것은 노아가 계시 받았던 하나님의 심판 메시지를 조금도 의심 없이 철두철미하게 믿고 준비하고 있었다는 것을 보여 줍니다. 이것은 노아가 '그 모든 말씀을 다 준행하였다'는 말씀에서도 확인됩니다(창 6:22, 7:5). 이렇게 하나님은 홍수 이전 세대, 즉 전적으로 부패하고 타락한 세대를 점점 마감하고 계셨습니다. 그 끝이 이르렀기 때문이었습니다.

창세기 6:13 "하나님이 노아에게 이르시되 모든 혈육 있는 자의 강포가 땅에 가득하므로 그 끝날이 내 앞에 이르렀으니 내가 그들을 땅과 함께 멸하리라"

7. 노아는 하나님을 경외함으로 방주를 지었습니다.
Noah built the ark with reverence for God.

하나님은 노아에게 나타나셔서 당시 육체주의가 된 타락상을 한번 경고하신 이후(창 6:1-8), 방주 지을 것을 명령하셨습니다(창 6:14-16). 물론 모든 식양과 설계도 하나님이 직접 지시하셨습니다. 노아는 자기에게 명하신 그 설계대로 다 준행하여 방주를 지었다고 말씀하고 있습니다(창 6:22, 7:5).

이렇게 하나님이 노아에게 단 한 번 나타나서 지시하신 말씀을 노아가 그대로 빈틈없이 준행할 수 있었던 이유가 무엇입니까?

히브리서 11:7에서는 노아가 '경외함으로 방주를 예비하였다'고 말씀하고 있습니다. 경외하는 믿음이란, 하나님이 한 번 말씀하신 것을 두렵고 떨리는 마음으로 끝까지 지키려는 마음입니다. 노아는 악인의 형통을 부러워하지 않고, 오직 하나님을 경외하는 것이 사람이 마땅히 행하여야 할 본분인 것을 알았던 것입니다(잠 23:17, 전 12:13). 하나님을 경외할수록 하나님의 지혜를 충만히 받아 능히 방주를 완성할 수 있었던 것입니다. 하나님을 경외하는 것이 지혜의 근본이기 때문입니다(욥 28:28, 시 111:10, 잠 1:7, 9:10, 15:33). 실로 방주는 하나님을 경외한 노아의 믿음이 그대로 표현된 것입니다.

노아가 기나긴 시간 동안 변함없이 방주를 지었다는 것은 오직 하나님의 약속을 철저하게 믿고 절대 순종하며 하나님을 경외했다는 확실한 증거입니다. 방주를 짓는 동안 당시 사람들은 구경만 하면서 비난의 화살을 퍼부었습니다. 노아의 가슴은 얼마나 아팠으며, 그 기나긴 시간 방주를 지으면서 노아의 온몸은 얼마나 고달프고 힘들었겠습니까?

오랜 기간 묵묵히 방주를 잘 예비한 노아를 보시고 하나님은 창세기 7:1에서 "… 네가 이 세대에 내 앞에서 의로움을 내가 보았음이니라"고 하셨습니다. 참으로 가뭄에 단비와 같은 큰 위로의 말씀입니다.

'믿음'은 말이 아니고 노아와 같이 방주를 예비하는 행동입니다.

잘 믿으면 잘 예비합니다. 예수님도 종말에 사는 성도들에게 "예비하고 있으라"고 말씀하셨습니다(마 24:44). 예비하면 혼인 잔치에 들어갑니다(마 25:10). 깨어 등과 등불을 예비하고 신랑 맞을 준비합시다(마 25:1-13). 성도가 마지막 인자 앞에 서는 것은 오직 깨어 기도하는 길 외에는 다른 방도가 없습니다(눅 21:36).

8. 노아는 홍수가 끝나고, 아담 이후 '제2의 인류의 조상'으로서 하나님과 언약을 맺었습니다.

After the flood, God made a covenant with Noah as the second ancestor of mankind after Adam.

하나님은 거대한 홍수 심판을 통해 죄악된 전 세계의 구조를 완전히 무너뜨리시고 제2창조 사역을 준비하셨습니다. 홍수 사건은 세상의 끝이 아니라는 것입니다. 홍수 이후에도 인간의 악한 심성이 여전히 남아 있음을 아셨지만(창 8:21下), 절대적인 은혜와 긍휼로 '다시는 땅을 멸하지 않겠다'는 영원한 언약(무지개 언약)을 세우셨습니다(창 9:9-17).

그러므로 하나님이 정하신 세계의 종말이 올 때까지, 예수 그리스도로 말미암아 구원이 완성될 때까지 세계의 역사는 하나님의 은혜로 보존될 것입니다. 그래서 태초에 하나님이 주신 생육과 번성의 축복은 홍수 심판 이후의 세계에도 동일하게 적용되었습니다.

하나님이 아담에게 축복하신 그대로(창 1:28, 2:15), 노아와 그 아들들에게 '생육하고 번성하여 땅에 충만하라'는 축복을 부어 주셨습니다(창 9:1, 7). 인류와 세계를 향한 태초의 축복 선언은 대홍수 이후에도 여전히 유효하게 된 것입니다.

 이해도움 3 | The Duration of the Ark Construction
노아가 방주를 지은 기간

　노아가 방주를 지은 기간은 몇 년입니까?

　일반적으로 많은 주석과 창세기 강해집에서는 방주 짓는 기간을 120년이라고 주장합니다. 방주를 지었던 기간을 120년이라고 주장하는 견해들을 살펴보면 다음과 같습니다.

방주를 지은 기간이 120년이라고 주장하는 견해들

「방주 건조 기간이 120년으로 충분히 길었다…」
　　　　제자원 기획·편집, 그랜드 종합 주석 시리즈 1 (성서교재 간행사, 1991), 400.

「… 방주 건조 기간이 120년이라고 하는 사실이다」
　　　　석원태, 「창세기 강해」 (도서출판 경향문화사, 2002), 95.

「방주를 예비하였으니」라고 했다. 그는 약 120년을 준비했다」
　　　　석원태, 「저작선집 4.계시신학」 (도서출판 경향문화사, 1991), 113.

「노아는 하나님의 명에 의해서 120년간 방주를 지었습니다(창 6:3)」
　　　　석원태, 「설교전집 2권」 (도서출판 경향문화사, 1985), 350.

「노아는 하나님의 계시를 받고 산 위에서 120일(120년의 오기) 동안이나 방주를 만들었습니다」
　　　　석원태, 「설교전집 15권」 (도서출판 경향문화사, 2002), 238.

「노아는 120년이 넘도록 믿음으로 방주를 예비했습니다」
　　　　석원태, 「설교전집 27권」 (도서출판 경향문화사, 1999), 324.

「120년의 긴 기간 동안 노아는 그의 가족들과 함께 모두 8명(창 7:7-13)이 힘을 합해 거대한 함선인 방주를 하나님의 설계도에 따라 완전히 제작하였습니다. … 하나님의 말씀에 따라 120년 동안 배를 만들었던 것입니다」

조용기, 「창세기 강해(상)」 (서울말씀사, 1998), 111.

「하나님은 120년을 유예하시고 120년간 노아로 하여금 방주를 짓게 하였으며…」

김경행, 「창세기 1」 (성서 연구사, 1988), 153-154.

「노아는 120년 동안 홍수를 예비해서 방주를 지어…」

박요일, 「창세기 강해 상(上)」 (도서출판 그루터기, 1986), 134.

「… 노아는 불신 세대에 대한 증거로써 방주를 계속 지어 나갔다. 그가 일을 마치기까지는 120년이 걸렸다…」

S.G.DE 그라아프 著/박권섭 譯, 「약속 그리고 구원 제 1권」
(크리스챤서적, 1991), 68.

「노아가 방주를 짓는 기간이 120년이었다」

김영환, 「창세기 요약 강해」 (도서출판 영문, 1998), 45.

「120여 년 동안(창 6:3) … 하나님 지시를 따르는 노아와 그의 아들들은 거대한 배를 만들고 있었다」

에텔 알. 넬슨/C.H 강, 「창세기의 재발견」 (도서출판 요나, 1998), 113.

「이 배를 만드는 것은 1, 2년에 끝날 일이 아닙니다. 제가 생각하기에는 120년이 꼬박 걸렸을 것 같습니다」

김서택, 「대홍수 그리고 무지개 언약」 (홍성사, 1997), 207.

「그러니까 노아는 120년 동안이나 방주를 준비한 셈이 됩니다」

창세기, FMA 크로스 종합 주석 시리즈 1 ((주)포도원, 1999), 116.

「120년이라는 긴 세월 동안 방주를 짓는다는 것은 무척 힘든 일이었을 것이다」

성종현, 「믿음의 조상들 예수를 증언하다」 (기독교연합신문사, 2005), 92.

「노아가 120년간 배를 지으며 전도하느라고 핍박을 받으며 조롱을 받았을 것입니다」
이강현, 창세기, 모세오경의 성경의 맥 시리즈 1 (보이스사, 2006), 94.

「120년간 그의 심혈을 쏟아 만든 방주는…」
강용조, 「창세기 강해 설교」 (도서출판 들소리, 1990), 278.

「노아는 이 경고하심을 받고 120년간이나 방주를 만들며…」
「노아가 하나님의 지시를 받아서 120년에 걸쳐서 거대한 방주를 만들었습니다」
정양수, 「창세기 강해 설교」 (예루살렘, 1991), 112, 116.

「노아가 방주 짓는 데는 120년의 긴 세월이 걸린 것처럼…」
이병규, 「마태복음」 성경강해 시리즈 (염광출판사, 1989), 561.

「구약 시대에 노아는 120년 후에는 홍수 심판이 있을 것을 경고받아 날마다 방주를 짓고 있으면서 심판을 예언했습니다」
최기채, 「주님의 고난과 부활」 절기 설교 시리즈 1 (성광문화사, 1988), 129.

「노아는 하나님의 명령을 받은 후 믿음으로 120년간 방주를 만들었습니다」
오창윤, 「가인 계열과 셋 계열」 (진리의 깃발, 1998), 82.

「120년이 걸려서 완공된 방주…」
이중수, 「창세기 강해 (하나님의 무지개)」 (양무리서원, 1999), 235.

「노아는 120년간 의의 설교자로 살면서 방주를 지은 것으로 추정된다… 120년 후에 있을 홍수를 대비하여 육지에서 배를 건조하다가…」
김회권, 「모세 오경 1」 (대한기독교서회, 2005), 68.

「노아가 방주를 지은 것은 언약에 대한 믿음의 순종이었던 것입니다. 노아가 120년이나 인내하며 순종할 수 있었던 것은 그에게 언약이 있었기 때문입니다」
유도순, 「창세기의 파노라마」 (도서출판 머릿돌, 2001), 49.

> 「노아는 480세부터 방주를 만들기 시작하여 120년간 방주를 만들어 600세에 건조를 마쳤다」
> 김흔중, 「성서의 역사와 지리」 (엘맨 출판사, 2006), 103.

> 「노아는 하나님께 대홍수의 경고를 받고서 그후 120년간 방주를 만들었다」
> 성경인물연구 편찬위원회, 창조와 족장시대 인물편, 성경인물연구 시리즈 1
> (도서출판 램난트, 1997), 134.

> 「1백 20년을 변함없이 하나님의 말씀을 따라서 지속적인 믿음으로 방주를 지은…」
> 이병돈, 「창세기 강해 설교집」 (예찬사, 1985), 48.

> 「선박 제조 기간이 장기간(120년)이었다는 점」
> 톰슨 성경 편찬 위원회, 톰슨 II 주석 성경 (기독지혜사, 1990), 8.

> 「하나님께서는 노아에게 홍수 심판이 있을 것을 미리 알려 주셨다(창 6:17-18). 그리고 그 심판을 대비하여 방주를 지을 것도 소상히 알려 주셨는데 노아는 "그 말씀을 다 준행하였더라"고 성경은 증거한다. 노아의 120여 년간의 준행은 참으로 큰 인내와 믿음을 필요로 한다」
> 박근범, 「New 성경의 파노라마」 (쿰란출판사, 2006), 48.

이상의 많은 분들의 주장에도 불구하고, 성경을 볼 때 방주를 지은 기간은 명백하게 120년이 아닙니다. 이것은 아주 중요한 문제입니다. 성경에 기록된 하나님의 말씀은 더해서도 안 되고 제해서도 안 되는 것입니다(계 22:18-19). 만약 예수님의 생애가 이 땅에서 33년인데, 35년이라고 한다면 얼마나 잘못된 것입니까?

창세기 6:3에서 '120년'이라고 한 것은, 당시 사람들이 육체주의가 된 타락상을 경고하시면서 타락한 세상을 쓸어 버리겠다고 심판의 경고를 하신 시점을 가리키는 것이지(창 6:7), 그때에 방주 계시를 곧바로 주신 것은 아닙니다.

세월이 흘러, 창세기 6:10에서 세 아들을 낳았고, 또 세월이 흐른 후에 세 자부를 맞았을 것입니다. 그 이후에 '너를 위하여 방주를 지으라'(창 6:14)고 하시면서 자세하게 그 식양과 설계를 알려 주셨습니다(창 6:15-16). 그 다음 "내가 홍수를 땅에" 내린다고 선고했습니다(창 6:17). 홍수가 나기 120년 전에는 노아가 480세였는데, 그때는 장자 셈을 낳기 22년 전입니다(창 5:32, 7:7, 11, 11:10).

그러면 방주 지은 기간을 계산해 봅시다.

① 홍수로 심판하신 때는 노아가 600세 된 때였습니다(창 7:6, 11). 노아가 세 아들을 낳은 것은 500세 된 후였습니다(창 5:32).

② 그리고 하나님은 노아가 세 아들을 낳은 후에 방주를 지으라고 명령하셨습니다.

창세기 6:10에서 "그가 세 아들을 낳았으니 셈과 함과 야벳이라"고 말씀하고 있고, 그 후에 창세기 6:14에서 방주를 지으라고 계시를 주셨습니다. 방주 식양을 모두 말씀하시고, 홍수를 땅에 일으켜 무릇 생명의 기식 있는 육체를 천하에서 멸절하겠다고 선언하셨습니다(창 6:17).

그러므로 노아가 방주를 지은 기간은, 노아가 세 아들을 낳은 500세 된 후부터 노아 600세 홍수 심판 사이에 있었던 기간이므로, 실제로 100년도 훨씬 못 됩니다.

③ 그런데 하나님이 노아에게 방주를 지으라고 말씀하신 때는(창 6:14), 노아가 500세 된 후에 낳은 자식들이 성장하여 장가간 후였습니다(창 6:18).

표준새번역에서는 창세기 5:32을 "노아는 오백 살이 지나서 셈과 함과 야벳을 낳았다"라고 하였습니다. 창세기 11:10 말씀을 볼 때, 정확히 노아 502세에 셈이 태어났습니다. 그리고 이들이 자라서 결혼한 후에 노아에게 홍수 계시가 왔고(창 6:18, 참고-창 7:13), 노아는 하나님이 주신 계시대로 방주를 짓기 시작하였습니다(창 6:22).

④ 그러므로 실제로 방주를 지은 기간은 노아가 셈을 낳은 502세를 기준으로 볼 때 98년이 못 되며(노아 600세-502세=98년), 노아의 세 아들이 결혼한 연수를 고려하면 훨씬 짧아지는 것을 알 수 있습니다.

노아는 502세에 첫아들 셈을 낳았습니다(창 11:10). 그 이후에 만약 노아가 두 아들(함, 야벳)을 빠르게 연년생으로 낳았다 하더라도 노아 502세부터 2년이 더 걸렸을 것입니다. 만일 노아가 셈을 낳은 이후 2년 간격으로 나머지 두 아들을 낳았다면 4년이 더 걸렸을 것이고, 3년 간격으로 두 아들을 낳았다면 6년이 더 걸렸을 것입니다. 그러므로 노아가 방주를 지은 연수는 98년보다 훨씬 더 짧은 기간임을 알 수 있습니다. 또 그들이 성장하고 결혼하여 자부를 얻으려면(창 6:18) 이들의 나이가 최소한 15세가 넘어야 합니다. 이것을 고려할 때, 방주를 지은 기간은 길게 잡아도 70-80년은 넘지 않을 것입니다. 그러므로 방주를 지은 기간이 120년이라는 견해는 다 성경과 맞지 않는 잘못된 것입니다.

이해도움 4

The Meaning of the 120 Years in Genesis 6:3
창세기 6:3에 나오는 '120년'의 의미

창세기 6:3 "여호와께서 가라사대 나의 신이 영원히 사람과 함께 하지 아니하리니 이는 그들이 육체가 됨이라 그러나 그들의 날은 일백 이십년이 되리라 하시니라"

וַיֹּאמֶר יְהוָה לֹא־יָדוֹן רוּחִי בָאָדָם לְעֹלָם
בְּשַׁגַּם הוּא בָשָׂר
וְהָיוּ יָמָיו מֵאָה וְעֶשְׂרִים שָׁנָה׃

일반적으로 사람들이 방주 짓는 기간으로 생각하는 120년이라는 숫자는 어디에서 나왔을까요?

그것은 창세기 6:3에 나오는 120년을 근거로 하여 아마도 '노아가 방주를 지은 기간이 120년이겠구나'라고 주장한 것입니다. 그러나 앞에서 살펴본 대로 창세기 6:3의 120년은 노아가 방주를 지은 기간을 가리키는 것이 아닙니다.

그렇다면 창세기 6:3에 나오는 120년이라는 기간은 무엇을 의미할까요? 이것에 대한 신학자들의 두 가지 견해가 있습니다.

첫째 견해는, 죄로 말미암아 앞으로 인간이 살 수 있는 최대한의 나이(수명)를 120년으로 단축하셨다는 것으로 해석하는 견해입니다.

이러한 견해를 제시하는 분들은 다음과 같습니다.

1. 120년(창 6:3): 수명 단축으로 보는 견해

「일부 주석가들(예를 들어, Keil, Konig, Kidner)은 120년이 홍수 이전의 은혜의 시기를 나타낸다고 제안해 왔다. 그러나 작가는 120년을 점진적으로 이행될 최대 수명으로 생각했을 것이다(참조, 3:16-19의 에덴의 저주들이 서서히 이행되고 있는 것). 홍수 이후의 시기를 기록된 나이들은 점차 줄어들고 있으며(11장), 보다 후기 인물들은 거의 120년을 초과하지 않는다」

Gordon J. Wenham, 창세기(상), WBC 주석 시리즈 1,
박영호 옮김 (도서출판 솔로몬, 2001), 295.

「셋의 후손이 다 가인의 후손의 길로 감으로 그 벌로 모든 인류의 수명을 일백 이십 년으로 단축하셨다. 홍수 후에도 사람들이 이백여 년을 살았어도 그들의 사는 날들은 이제 이후로는 일백 이십 년으로 줄어들게 되었다. 사람의 날들이라고 한 것은 모든 인류가 한 사람의 경우처럼 수명이 과격하게 줄어들 것을 말한다」

서철원, 「창세기 주석 1」 (도서출판 그리심, 2001), 258-259.

「사람의 수한을 120년으로 하셨다…」

방지일, 「창세기 주석」 (동진문화사, 1989), 70.

「… 120년을 수명과 관련짓는 해석을 선호한다」

John H. Walton, 「NIV 창세기 강해」 (성서유니온선교회, 2007), 433.

「"120년"이란 단어는… 정당한 해석은 노아의 홍수 후에 인간의 수명으로 보는 것이 옳은 것 같은데 그 증거는 홍수 후에 인간의 수명이 점점 단축이 되어 120년을 넘지 못하고 있는 것이다」

원용국, 「창세기 주석」 (도서출판 세신문화, 1990), 152.

둘째 견해는, 홍수가 있기까지 당시 사람들이 하나님 앞으로 돌아와 회개할 수 있는 마지막 심판 유예 기간이라는 것입니다.

이러한 견해를 제시하는 분들은 다음과 같습니다.

2. 120년(창 6:3): 회개를 기다리는 심판 유예 기간으로 보는 견해

「이것은, 그 때에 사람의 수명이 120년으로 한정된다는 의미가 아니고, 120년 지난 후에는 홍수 심판이 있으리라는 의미이다」

「120년 동안이나 회개할 기회를 주셨으되 그들이 순종치 않았으니…」

박윤선, 창세기, 박윤선 성경 주석 시리즈 1 (영음사, 1991), 132-133.

「'날들'은 120년을 말한다. 즉 한 인간의 수명의 기간을 말하는 것이 아니라, 인류에게 심판을 120년간 유보해 주셨다는 의미이다.」

제자원 기획편집, 창세기, 옥스퍼드 원어성경 대전 1 (제자원, 2002), 391.

「그 때부터 120년 후에는 하나님이 심판하신다는 뜻이다. … 하나님께서 사람들에게 회개하도록 은혜 베푸시는 기간에 회개하지 않으면 하나님의 심판을 받아 멸망받을 수밖에 없다」

이병규, 「창세기 성경 강해 주석」 (염광 출판사, 1999), 86-87.

「하나님은 은혜의 마지막 기간을 인류의 회개를 위해 정하셨다… 죄악을 보응하시기 전 하나님은 적지 않은 120년이라는 기간을 인류의 회개 기회로 제공해 주셨다. … 따라서 "날들"이 하나님께서 장래의 인간 수명은 120년을 넘지 못하리라 작정하신 것을 뜻하지 않는다」

H.C. Leupold, 창세기(上), 반즈 노트/신구약성경주석, 최종태 역 (크리스챤서적, 1990), 222.

「… 그리고 그들의 연한은 120년으로 한정되었다. 이것은 120년이 지난 후 홍수 심판이 있을 것이라는 예언적 경고로서 타락한 인간들에게 주어진 심판의 유보 기간인 동시에 회개할 수 있는 마지막 은혜의 기간으로 보인다」

김의원, 「하늘과 땅 그리고 족장들의 톨레돗」 (총신대학교 출판부, 2004), 164.

「당시 모든 사람들의 수명이 일백 이십 년으로 한정된다는 뜻이 아니라, 그 기간이 지난 후 대홍수 심판이 있을 것이라는 예언적 경고이다. 따라서 이 기한은 당시의 타락한 인간들에게 주어진 심판의 유보 기간이자 동시에 그들이 회개할 수 있는 마지막 은혜의 기간이었던 것이다(벧후 3:9)」　강병도 편(編), 창세기, 호크마 종합 주석 1 (기독지혜사, 1989), 212.

「루터는(칼빈, Scofield Bible도 역시) 120년이 홍수를 보내기 전에 하나님에 의해서 인간에게 허용된 유예 기간을 의미하는 것으로 이해하였다("내가 아직 120년의 유예 기간을 그들에게 주기를 원하노라" Luther Bible)」
John. H. Sailhamer, 「'서술'로서의 모세오경·상」, 김동진·정충하 공역 (크리스챤서적, 2005), 234.

「그러나 120년간의 유예기간을 두시고 이런 인간들에게 돌이켜 하나님께 돌아올 것을 권고하셨다」
박찬수, 「한눈에 들어오는 성경」 (도서출판 죠에, 2007), 22.

창세기 6:3의 120년에 대한 이상의 두 가지 견해는 나름대로 타당성이 있고 모두 각자의 신앙을 따라 해석하였으므로, 둘 중에 어느 것이 맞다, 또는 틀리다 말할 수는 없을 것 같습니다. 그러나 명백한 것은, 이 120년이 결코 노아가 방주를 짓는 기간을 의미하는 것은 아니라는 사실입니다. 신학자 월튼(John H. Walton)도 120년의 기간을 홍수 이전의 은혜의 기간으로 보면서, 그것을 노아가 방주를 짓는 데 120년이 걸렸다고 해석하는 일부 사람들의 결론을 불필요한 것 이라고 말하였습니다. 그는 NIV 적용주석 창세기에서 "설령 120년이 홍수 때까지 남은 시간을 의미한다 할지라도, 이 모든 기간을 노아가 방주를 만드는 데 쏟았다는 암시가 그 본문 어디에도 없다"[36]라고 정확하게 말하였습니다.

II
셈에서 아브라함까지의 족보
THE GENEALOGY FROM SHEM TO ABRAHAM

아담에서 노아까지의 족보(창 5장)에 이어, 셈에서 아브라함에 이르는 두 번째 족보(창 11장)는 인류가 번성하여 세계에 충만한 모습과 그들 속에서 구속 역사를 이끌기 위해 선택한 한 인물에 초점이 모아지고 있습니다. 창세기 10장에서는 노아의 세 아들들과 그들의 후손 70명을 소개하고 있습니다. 창세기 11장은 노아의 세 아들 중 '셈'을 선택하였고, 그의 족보를 통해 구속사의 시발점이 되고 있는 '아브라함'을 등장시킴으로 끝을 맺고 있습니다.

창세기 11장 셈 자손의 족보에서 나타나고 있는 안타까운 사실은, 홍수 이후에 또다시 인류가 죄악을 더하여 바벨탑을 쌓았다는 것과 경건해야 할 셈의 후손들 가운데 그 죄악에 동참한 자들이 있었다는 사실입니다. 그 결과 인간의 수명은 벨렉의 시대에 급격히 단축되고 말았으며, 그 이후 계속되는 범죄로 말미암아 셈의 후손들의 수명은 점점 줄어들게 되었습니다.

이러한 영적 암흑 시대 속에서 하나님은 아브라함을 선택하시고 강력한 호출 명령을 내리심으로 그를 죄악의 영역 갈대아 우르에서 분리시켜 내셨습니다(창 11:31-32). 그리고 아브라함은 75세에 믿음의 결단을 통하여 마침내 하란을 떠나 가나안 땅을 밟게 됩니다(창 12:1-5).

11대
셈

שֵׁם / Shem
이름, 명예, 명성[37] / name, reputation, fame

> 셈은 아담 이후 1558년에 출생하였습니다(홍수 이전, 노아 502세).
> 홍수 후 2년에 셈이 100세에 아르박삿을 낳고, 500년을 지내며
> 자녀를 낳았으며, 600세(아담 이후 2158년)에 죽었습니다(창 11:10-
> 11). 셈은 아버지 노아(대상 1:4)와는 448년 동시대에 살았습니다.
> 그는 아브라함보다 35년 더 살았으며, 셈은 이삭 110세까지, 야곱 50
> 세까지 동시대에 살았습니다. 셈은 98세에 홍수를 겪었고, 이후 600
> 세까지 크게 장수하였습니다. 그는 장수하면서 홍수 전(前)과 홍수 후
> (後) 시대를 정확히 모두 보았고, 8대 므두셀라부터 22대 야곱까지
> 자기를 포함하여 15대 족장들과 동시대에 살았습니다.
> 누가복음의 족보에 '셈'(Σήμ)으로 기록되어 있습니다(눅 3:36).

셈은 노아의 장자이지만, 창세기 10장에서 족보를 서술할 때는 야
벳, 함, 셈 순으로 전개됩니다. 이는 향후 구속사의 중심이 될 셈과
그의 후손들에게 그 초점을 맞추기 위함입니다. 노아가 "셈의 하나
님 여호와를 찬송하리로다"(창 9:26)라고 예언한 것같이 셈의 후손을
통해 '여자의 후손' 곧 그리스도가 나옴으로써 셈의 자손은 구속사
를 이루어 가는 중심이 됩니다. 태고사는 전 인류가 한 조상을 뿌리
로 하지만, 홍수 심판 후에 노아의 직계는 셈 자손으로 이어지게 됩
니다.

셈은 홍수가 나기 전 노아 502세에 낳은 아들로서(창 11:10), 아담
이후 1558년에 출생하였습니다. 홍수 심판 때는 노아 600세였으므
로 홍수 때 셈의 나이는 98세였습니다.

창세기 11:10 "셈은 일백세 곧 홍수 후 이년에 아르박삿을 낳았고"

셈의 이름의 뜻은 '명예, 명성'입니다.

참고로, 동생들 가운데 '함'은 '검다, 뜨겁다'라는 뜻이고, '야벳'은 '넓히다, 확장하다'라는 뜻을 가지고 있습니다. 노아가 첫아들을 낳고 '셈'이라고 한 것은, 그의 아들이 명성을 떨치게 되기를 바라는 기대가 스며 있습니다. 아들의 이름이 유명해지기를 바란 것은 부모의 명예나 가문의 명예를 위함이 아니라 하나님의 명예, 하나님의 이름을 지키고 그분의 명성을 온 세상에 떨치는 삶을 살기를 바라는 마음에서 비롯된 것입니다.

1. 셈은 하나님의 명예를 위해 살았을 것입니다.
Shem lived to honor God's name.

명예란 '이름 명(名), 기릴 예(譽)'로서, 그 뜻은 '이름을 기리고, 칭찬하고, 가상히 여기는 것'입니다. 그래서 일반적으로 '명예롭다'는 것은 세상 사람들로부터 받는 높은 평가나 가치 그리고 이에 따르는 영광을 의미합니다. 이처럼 위대한 업적을 남겨 지속적인 존경을 받아 온 사람들을 기리고 기념하기 위해 세상에서는 명예의 전당을 세우기도 하는 것입니다.

사람에게 그 이름과 인격과 존재에 명예가 있듯이 하나님의 이름에도 명예와 권위와 존귀가 가득합니다. 왜냐하면 하나님의 이름에는 위대한 창조(히 11:3, 시 33:6)와 섭리(롬 11:36, 고전 8:6), 구원(행 2:21, 4:12, 롬 10:13)의 역사가 담겨 있기 때문입니다. 무엇보다 그분의 입에서 나간 말씀은 헛되이 돌아오지 않으며(사 55:11), 반드시 '가라사대' 말씀하신 일에 형통하므로 하나님의 이름은 가장 높은 권위요, 최고의 명예입니다.

이사야 55:8-13 "… 이것이 여호와의 명예가 되며 영영한 표징이 되어 끊어지지 아니하리라"

시편 135:13 "여호와여 주의 이름이 영원하시니이다 여호와여 주의 기념이 대대에 이르리이다"

이사야 42:8 "나는 여호와니 이는 내 이름이라 나는 내 영광을 다른 자에게, 내 찬송을 우상에게 주지 아니하리라"

호세아 12:5 "저는 만군의 하나님 여호와시라 여호와는 그의 기념 칭호니라"

세상에서도 명예 훼손죄를 묻듯이, 하나님은 자신의 높으신 명예를 훼손한 죄, 곧 여호와의 이름을 망령되이 일컫는 자를 그냥 지나치지 않고 그 죄를 반드시 물으십니다(출 20:7). '망령되이 일컫는다'는 것은 하나님의 이름을 '만홀히 여겨 무시하거나 조롱하거나 업신여긴다'(갈 6:7)는 뜻입니다.

세상이 인정하고 사람들이 칭찬하는 명예는 일시적이고 다시 목마르기 쉬우나, 오직 하나님의 이름으로 말미암은 명예는 영원한 큰 기쁨과 축복의 샘이 됩니다(말 4:2). '솔로몬의 명예'(대하 9:1)가 그토록 유명할 수 있었던 것은 그것이 여호와의 이름으로 말미암은 명예였기 때문입니다(왕상 10:1). 그러므로 마음과 뜻과 목숨을 다해 하나님의 명예를 지키는 자는 자신의 이름도 자연히 높아지고 명예로운 인생을 살게 됩니다.

이로 보건대, 노아의 아들 셈도 자신을 위한 삶이 아니라 오직 하나님의 영광과 그분의 명예를 위한 충성스러운 삶을 살았을 것으로 추정됩니다. "셈의 하나님"(창 9:26)이라는 영광스러운 칭호를 받기에 족한 삶을 살았을 것입니다.

2. "셈의 하나님을 찬송하리로다"라는 축복을 받았습니다(창 9:26).

Shem received the blessing, "Blessed be the Lord, the God of Shem" (Gen 9:26).

한 가정에도 여러 자식이 있지만 그 가운데 특별히 한 아이에게 '이 애는 복 덩어리야, 이 애를 낳은 다음부터 집안이 잘되기 시작했고 그간 빚진 거 다 갚고 여유가 생겼다. 너는 우리 집안에 복 덩어리다'라고 옛 어른들이 말하는 것을 종종 듣게 됩니다.

'셈의 하나님을 찬송한다'는 감탄조의 말도 그와 마찬가지로 셈을 통해서 노아 가정에 주신 축복이 지속적으로 이어지고, 축복의 꽃을 피울 것을 노아가 믿음으로 바라본 것입니다. 즉 '셈의 후손을 통해 하나님의 이름이 알려지고 지속적으로 불리기를 원한다'는 뜻으로, 장차 하나님이 셈의 후손을 통해 영광을 받으시고 그들이 명성을 떨치게 되기를 소망하며 찬송한 것입니다. 전 우주를 통치하시는 최고의 하나님이 셈의 후손을 통해 영광을 받으시겠다고 선언하셨으니, 셈 자신에게는 얼마나 크고 영예로운 명성입니까? 한 개인에게 이보다 더 큰 영광이 어디 있겠습니까?

그 믿음의 고백대로 셈의 후손들에 의해서 하나님의 이름은 지속적으로 불리었습니다. 셈 자손이었던 아브라함을 통해 아브라함의 하나님으로 이어졌고, 계속해서 아브라함은 또한 그 자손에게 신앙의 전수를 철두철미하게 함으로써 이삭의 하나님, 야곱의 하나님으로 이어졌습니다(출 3:6, 15, 마 22:32, 막 12:26, 눅 20:37, 행 3:13, 7:32). 아브라함이 신앙 전수를 철저히 한 것은 이것이 그를 부르신 하나님의 목적이었기 때문입니다(창 18:18-19).

마침내 야곱의 열두 아들 가운데 "내가 이제는 여호와를 찬송하

리로다"(창 29:35)라는 뜻을 가진 넷째 아들 유다 지파를 통해서 실로
(메시아)가 날 것이 예언됨으로(창 49:10), 그 찬송은 셈 자손으로부터
시작하여 그 후대에 이르기까지 메아리처럼 울려 퍼져 나간 것입니다.

참으로 장차 오실 메시아는 모든 이름 위에 뛰어난 이름을 가지
신 분으로(빌 2:9), 또 모든 존귀와 영광과 찬송을 받으시기에 합당
하신 분으로 오실 것입니다(계 5:12). 장차 재림하시는 우리 주님의
이름은 만왕의 왕, 만주의 주로 가장 큰 영광과 명성을 떨치실 것입
니다(대상 16:27, 딤전 6:15, 계 17:14, 19:16).

*유구한 역사 속에서 세계 최초로 체계적 정립 발표

3. 셈 93세에 라멕이 죽었고, 이후 5년이 지나 셈 98세에 므두셀라가 죽었으며, 므두셀라의 죽음과 동시에 홍수 심판이 있었습니다.

Lamech died when Shem was ninety-three years old, and Methuselah
died five years later, when Shem was ninety-eight years old. The
judgment of the flood came with Methuselah's death.

셈은 아브라함보다 35년 더 살았고, 이삭과 야곱 때에도 생존하
였습니다. 참으로 놀라운 장수의 축복입니다.

셈은 600년이라는 긴 세월 동안 장수하면서 위로는 아담의 8대
손 므두셀라부터, 아래로는 22대손 야곱까지 자기를 포함하여 15명
의 족장과 동시대에 살았습니다(창 5:25-32, 11:10-32, 25:7-26, 35:28,
41:46, 45:11, 47:9, 28).

(1) 홍수 전(前) 출생자 - 8므두셀라, 9라멕, 10노아, 11셈

(2) 홍수 후(後) 출생자 - 12아르박삿, 13셀라, 14에벨, 15벨렉, 16르우, 17스룩, 18나홀, 19데라, 20아브라함, 21이삭, 22야곱

셈 자손(26명)의 계보(창 10:21-31)
The Genealogy of the Sons of Shem (26 people; Gen 10:21-31)

노아 / נֹחַ / Νῶε / Noah

셈 / שֵׁם / Σήμ / Shem   창 10:21-31
야벳 / יֶפֶת / Ιαφεθ / Japheth   창 10:2-5
함 / חָם / Χαμ / Ham   창 10:6-20

창세기 10:1
"노아의 아들 셈과 함과 야벳의 후예는 이러하니라 홍수 후에 그들이 아들들을 낳았으니"

엘람 / עֵילָם / Αιλαμ / Elam   창 10:22
앗수르 / אַשּׁוּר / Ασσουρ / Asshur   창 10:22
아르박삿 / אַרְפַּכְשַׁד / Ἀρφαξάδ / Arpachshad   창 10:22
룻 / לוּד / Λουδ / Lud   창 10:22
아람 / אֲרָם / Αραμ / Aram   창 10:22

셀라 / שֶׁלַח / Σαλά / Shelah   창 10:24

에벨 / עֵבֶר / Ἔβερ / Eber   창 10:24

우스 / עוּץ / Ως / Uz   창 10:23

훌 / חוּל / Ουλ / Hul   창 10:23

게델 / גֶּתֶר / Γαθερ / Gether   창 10:23

마스 / מַשׁ / Μοσοχ / Mash   창 10:23

벨렉 / פֶּלֶג / Φάλεκ / Peleg   창 10:25
욕단 / יָקְטָן / Ιεκταν / Joktan   창 10:25

르우 / רְעוּ / Ραγαῦ / Reu   창 11:18
알모닷 / אַלְמוֹדָד / Ελμωδαδ / Almodad   창 10:26

스룩 / שְׂרוּג / Σερούχ / Serug   창 11:20
셀렙 / שֶׁלֶף / Σαλεφ / Sheleph   창 10:26
우살 / אוּזָל / Αιζηλ / Uzal   창 10:27
스바 / שְׁבָא / Σαβευ / Sheba   창 10:28

나홀 / נָחוֹר / Ναχώρ / Nahor   창 11:22
하살마웻 / חֲצַרְמָוֶת / Ασαρμωθ / Hazarmaveth   창 10:26
디글라 / דִּקְלָה / Δεκλα / Diklah   창 10:27
오빌 / אוֹפִיר / Ουφιρ / Ophir   창 10:29

데라 / תֶּרַח / Θάρα / Terah   창 11:24
예라 / יֶרַח / Ιαραχ / Jerah   창 10:26
오발 / עוֹבָל / Ουβαλ / Obal   창 10:28
하윌라 / חֲוִילָה / Ευιλα / Havilah   창 10:29

아브람 / אַבְרָם / Ἀβραάμ / Abram   창 11:26
하도람 / הֲדוֹרָם / Οδορρα / Hadoram   창 10:27
아비마엘 / אֲבִימָאֵל / Αβιμεηλ / Abimael   창 10:28
요밥 / יוֹבָב / Ιωβαβ / Jobab   창 10:29

12대 아르박삿

אַרְפַּכְשַׁד / Arpachshad

영역 38) / boundary

아르박삿은 아담 이후 1658년에 출생하였습니다. 35세에 셀라를 낳고 403년을 지내며 자녀를 낳았으며, 438세(아담 이후 2096년)에 죽었습니다(창 11:12-13, 대상 1:24). 노아와는 348년 동시대에 살았습니다. 아르박삿은 아브라함 148세까지, 이삭 48세까지 동시대에 살았습니다.

누가복음의 족보에 '아박삿'(Ἀρφαξάδ)으로 기록되어 있습니다(눅 3:36).

셈은 홍수 후에 자녀를 낳았는데(창 10:1), '엘람, 앗수르, 아르박삿, 룻, 아람' 다섯 명으로, 그 중 아르박삿은 세 번째 아들이었습니다(창 10:22). 성경은 다섯 아들을 열거하면서 첫아들이 아닌 셋째 아르박삿을 통해서 뜻이 이루어져 나가고 있음에 주목하고 있습니다.

셈은 엘람과 앗수르에 이어 셋째 아들을 낳은 후 '영역'이라는 뜻을 가진 '아르박삿'이라 이름하였습니다(창 10:22). 셈은 셋째 아들인 아르박삿을 통해 자신이 받은 그 축복과 신앙의 영역이 대대로 이어지기를 믿음으로 소원하였을 것입니다.

창세기 10장 족보 속에는 아르박삿을 통해 하나님의 뜻이 이어지는 이유에 대하여 아무런 답이 없으므로, 이후로 성경에서 엘람과 앗수르 민족이 선민 이스라엘과 어떤 관계로 등장하는지 살펴보면 그들이 성경의 주류에서 밀려난 이유를 알 수 있습니다.

아시모프의 바이블39)에서는 "셈의 처음 두 아들은 창세기가 성

문화될 당시 '셈' 세계에서 가장 강한 종족이던 엘람인과 앗시리아
인의 이름 시조, 곧 엘람과 앗수르이다. 일부러 '셈'이라고 인용부
호를 붙인 것은, 엘람인이 실제로는 현대적 의미로서 더 이상 셈 족
이 아니기 때문이다"라고 기록하고 있습니다.

1. 셈의 맏아들과 둘째 아들이 구속사의 족보를 잇지 못하는 이유
The reason Shem's first and second sons were not included in the genealogy of redemptive history

셈의 맏아들 <엘람>
Shem's first son, Elam

'엘람'(עֵילָם)은 '오르다, 높다'에서 유래되어 '높은 곳'이란 의미
를 갖고 있습니다. 엘람은 당시 고대 근동에서 티그리스(힛데겔) 강
을 경계로 가장 우측에 있던 페르시아만과 카스피해 사이의 높은 산
악 지역에 거주하였던 엘람 족속의 조상입니다. 엘람은 지정학적 조
건상 수메르, 바벨론, 앗수르, 메대와 바사 등 인근 메소포타미아 여
러 나라와 끊임없이 전쟁을 치렀습니다. 아브라함이 롯을 구해 오기
위해 318명의 가신(家臣)을 거느리고 나가 싸울 때 적군의 네 나라 가
운데 주동했던 나라가 엘람이었고, 그 나라 왕 이름은 '그돌라오멜'
이었습니다(시날, 엘라살, 엘람, 고임 네 나라의 침공-창 14:1-17). 당시 동
쪽 부근에서 시작된 엘람의 세력이 서쪽의 요단까지 빠르게 확장된
것입니다.

엘람은 활 쏘는 데 으뜸가던(렘 49:35) 무력적인 민족, 호전적이고
정복력이 강한 민족이었습니다. 그래서 에스겔 32:24에서는 세상

사람들이 그들을 두려워했다고 하였습니다. 앗수르가 선민 유대를 침략할 때 군사를 지원하여 예루살렘 멸망을 돕기도 하였습니다(사 22:6). 이와 같이 선민을 괴롭히던 엘람 나라에 하나님이 직접 재앙과 진노를 쏟고 칼을 보내어 진멸하시고, 왕과 족장들을 멸하시겠다고 말씀하셨습니다(렘 49:36-38, 겔 32:24-25).

또 바벨론 포로에서 귀환하여 예루살렘 성전을 재건했을 때 방해했던 사람 중의 하나가 엘람 사람이었습니다(스 4:1-9). 이와 같이 엘람은 선민 이스라엘을 괴롭히는 나라로 등장합니다. 당시 엘람 지역은 현재 이란 남서부의 고원 지대 쿠지스탄 지방입니다.

셈의 둘째 아들 <앗수르> - 앗시리아, 앗수르인들
Shem's second son, Asshur - Assyria, Assyrians

'앗수르'(אַשּׁוּר)는 '번영하다, 기쁘다'에서 유래되어 '번성한 곳'이란 의미를 갖고 있습니다. 그 의미대로 앗수르는 기회가 있을 때마다 서진 정책을 추진하여 그 방향의 영토를 확장하였으며, 고대의 초강국을 건설하였습니다. 앗수르의 세력이 가장 융성했던 시기는 기원 전 9세기에서 7세기까지로, 수도는 '앗수르'였으며, 산헤립 시대(주전 705/704-681년)에는 수도가 '니느웨'였습니다.

앗수르 족속은 니므롯에게 정복 당한 이후 셈의 신앙적인 계승을 이루지 못하고 함의 자손과 마찬가지로 호전적인 민족으로, 선민을 괴롭히는 자리에 서게 됩니다. 창세기 10:11에서 "그가 그 땅에서 앗수르로 나아가…"라고 하였습니다. 여기서 '그'는 함의 손자 니므롯으로(창 10:6-8), 그가 셈 족의 앗수르 나라를 정복한 것을 보여 줍니다. 당시 니므롯은 세상의 처음 영걸이고(창 10:8) 여호와 앞에서 특이한 사냥꾼으로(창 10:9), 큰 성(도시)을 네 개나(창 10:11-12)

건설할 만큼 막강한 통치력을 가진 영웅이었습니다. 그는 '반역자'라는 그 이름 뜻대로 노아로부터 이어진 하나님 신앙을 배반하고, 바벨탑을 쌓고 하나님의 일을 대적하는 사단 편에 선 자였습니다.

선민 이스라엘 민족과의 관계에서는, 북 왕국 이스라엘의 수도 사마리아가 호세아왕 때에 앗수르 제국의 살만에셀왕에 의해 멸망당하였습니다(주전 722년, 왕하 17:1-6, 18:9-12). 이스라엘 땅을 정복한 후 앗수르 사람들이 아예 이스라엘 땅으로 들어와 선민과 섞여 살게 되자, 이스라엘 백성은 빠른 속도로 타락해 갔습니다(왕하 17:27-33). 또한 북조 이스라엘을 삼켰던 앗수르는 남조 유다까지 함락시키기 위해 히스기야왕 때에 산헤립 왕이 185,000명의 대군을 이끌고 예루살렘성을 포위하였다가 하나님이 치심으로 모두 송장이 되었던 적도 있습니다(왕하 18:13-19:37).

하나님은 이사야 선지자를 통해 앗수르를 가리켜 "나의 진노의 막대기요 그 손의 몽둥이는 나의 분한이라"고 하셨습니다(사 10:5). 하지만 앗수르 역시 하나님을 인정하지 않고 교만하였기 때문에 결국에는 심판을 받게 될 것이라고 예언하셨습니다(사 10:12-16, 14:24-25).

이처럼 앗수르는 본래 셈족이었으나, 니므롯 일당과 섞여 점점 신앙에서 멀어져 갔고 어느새 하나님을 대적하는 원수 민족이 되어 신앙에서 아주 밀려나게 되었습니다. 이처럼 구속사의 노선이 셈의 셋째 아들인 아르박삿을 중심으로 이어져 간 것은 결코 우연이 아닙니다.

2. 아르박삿은 셈이 100세에 홍수가 지난 지 2년째 되던 해(아담 이후 1658년)에 낳은 아들입니다 (창 11:10).

Arpachshad was born to Shem at the age of one hundred, two years after the flood, 1,658 years since Adam (Gen 11:10).

셈은 죄로 말미암은 하나님의 대홍수 심판을 직접 목도하고, 그 가운데 구원 받은 여덟 명 중의 한 사람이었습니다. 홍수가 지나고 하나님은 노아뿐만 아니라 그의 세 아들까지 함께 불러 축복하시기를 "생육하고 번성하여 땅에 충만하라"고 말씀하셨습니다.

창세기 9:1 "하나님이 노아와 그 아들들에게 복을 주시며 그들에게 이르시되 생육하고 번성하여 땅에 충만하라"

창세기 9:7 "너희는 생육하고 번성하며 땅에 편만하여 그 중에서 번성하라 하셨더라"

셈은 대홍수 심판을 실제로 겪으면서 꽉 막힌 방주 안의 고달픈 생활을 잘 통과함으로 하나님 제일주의 신앙으로 그 믿음이 성숙했던 자입니다. 그것은 홍수가 지난 지 얼마 되지 않아, 아버지 노아가 술에 취해 벌거벗은 채로 그 방에 누웠을 때 했던 행동에서 잘 나타납니다. 동생 함은 아비의 하체를 보고 밖으로 나가 아버지에 대하여 몹쓸 소문을 퍼뜨렸습니다.

창세기 9:22 "가나안의 아비 함이 그 아비의 하체를 보고 밖으로 나가서 두 형제에게 고하매"

여기 '고하매'라는 단어는 히브리어로 '나가드'(נָגַד)로서, '해설하다'(창 41:24)라는 뜻을 가지고 있습니다. 함은 아버지의 허물을 마치 해설하듯 자세하게 그리고 과장하여 폭로했던 것입니다. 이와 반대로, 셈의 행동은 신중하고 주도면밀했습니다. 겸손하게 뒷걸음쳐 들어가서 겉옷으로 아비의 하체를 덮어 주었습니다(창 9:23). 이는 중심으로 아버지를 공경하는 태도입니다.

노아는 술이 깬 후에, 함에게는 그 아들 대(가나안)까지 극심한 저주를 내렸습니다. 반면에 셈에게는 "셈의 하나님을 찬송하리로다"라고 큰 축복을 내리며, '함의 아들 가나안은 셈의 종이 되고, 야벳 자손도 셈의 장막에 와서 거할 것이라'고 예언하였습니다(창 9:25-27). 그리하여 셈은 노아로부터 신앙의 대를 이어받았습니다.

3. 셈은 아르박삿을 통해 신앙의 영역이 확보되기를 소망하였을 것입니다.

Shem hoped that the boundary of faith would be secured through Arpachshad.

이처럼 하나님의 충만한 은총과 축복을 받은 셈은 셋째 아들을 낳고 그 이름을 아르박삿이라고 지었습니다. 아르박삿의 '영역'이라는 뜻 속에는 아들을 통해 믿음의 영역 곧 구속사적 발판이 마련되기를 바라는 셈의 간절한 기대가 스며 있던 것 같습니다.

이처럼 셈이 아르박삿을 통하여 신앙의 영역, 복음을 위한 신령한 교두보가 확보되기를 소망한 것은, 마치 방주에서 나간 둘째 비둘기가 접족(接足)할 곳(비둘기의 작은 발이 디딜 수 있는 조그마한 안식처)을 찾고, 감람 새 잎을 물고 돌아왔던 것을 연상시킵니다(창 8:8-11). 그때 노아는 땅이 마른 줄 알고 안도의 숨을 쉬면서 소망을 가졌습니다.

하나님의 구속 역사는 먼저 하나님의 자기 영역을 선택하심으로 시작됩니다. 하나님은 구속사적 발판을 마련하시기 위해 그 거점으로 팔레스타인의 작은 이스라엘을 선택하셨습니다. 선택 받은 이스라엘은 하나님의 자기 '영역'(땅)이었습니다(요 1:11). 홍수 후에 생겨난 열국과 여러 민족 가운데(창 10:31-32) 구속 사역을 위해 한 나라를 선택하사 보배로운 백성으로 만드신 것입니다(신 7:6, 10:15, 26:18, 32:9).

아모스 선지자는 선민의 탄생을 이렇게 말하였습니다.
아모스 3:2ᄂ "내가 땅의 모든 족속 중에 너희만 알았나니…"

그 선택은 선민이 가지는 특출한 자격이나 조건 때문이 아니라 절대적인 하나님의 은혜였습니다(암 9:7). 아모스 선지자는, 하나님의 선택에 대한 은혜를 망각하고 자만해지면 가혹한 심판을 면치 못할 것이라고 경고하였습니다(암 3:2ᄒ).

때가 차매(갈 4:4) 하나님은 오래 전에 선택하사 메시아를 맞을 준비를 시켰던 이스라엘 땅에 예수님을 보내셨습니다. 그 땅은 '자기 땅'이었습니다(요 1:11). 인자가 머리 둘 땅이었습니다(마 8:20, 눅 9:58). 아브라함 때부터 언약하시고 구별하여 세우시고 지켜 왔던 '자기 영역'이었던 것입니다.

실제로 예수님의 공생애 사역 범위는 '이스라엘 땅'이라는 작은 영역을 크게 벗어나지 않았습니다. 대부분의 시간을 '자기 땅'에서 보내셨습니다.

우리는 자기 딸을 고치기 위해 멀리 수로보니게 지방(막 7:26)에서 찾아왔던 여인에게 예수님이 냉대하며 말씀하신 것을 기억할 것입니다. "나는 이스라엘 집의 잃어버린 양 외에는 다른 데로 보내심

을 받지 아니하였노라" 하셨습니다(마 15:24). 또한 전도하기 위해서
제자들을 내어 보내실 때도 "이방인의 길로도 가지 말고 사마리아
인의 고을에도 들어가지 말고 차라리 이스라엘 집의 잃어버린 양에
게로 가라"고 말씀하셨습니다(마 10:5-6).

 이스라엘 땅이 전 세계에 비할 때에 그 면적은 매우 미미합니다.
그러나, 전쟁에서 승리를 위해 미리 작은 교두보를 치밀하게 확보
하듯이, 하나님은 이 땅에 발붙이고 일하실 수 있는 중심 핵과 같은
자기 영역, 자기 땅을 마련하였던 것입니다. 하나님이 자기 영역으
로 마련하신 유대 땅은 지리적으로도 유럽과 아프리카와 아시아로
통하는 지역으로 세계의 중앙이었습니다(겔 38:12). 오늘도 우리 각
자가 하나님께서 구별하여 세우시고 그 뜻을 전진시키시는 '자기
영역'이 되기를 소원합니다(벧전 2:9).

13대
셀라

שֵׁלַח / Shelah
보냄을 받은 자, 햇가지, 확장
/ send away or sent, sprout, outstretching

셀라는 아담 이후 1693년에 출생하였습니다. 30세에 에벨을 낳고 403년을 지내며 자녀를 낳았으며, 433세(아담 이후 2126년)에 죽었습니다 (창 11:14-15, 대상 1:24-25). 노아와는 313년 동시대에 살았습니다. 셀라는 아브라함보다 3년 더 장수하였습니다. 셀라는 이삭 78세까지, 야곱 18세까지 동시대에 살았습니다.
누가복음의 족보에 '살라'(Σαλά)로 기록되어 있습니다(눅 3:35).

셀라의 어원은 히브리어 '샬라흐'(שֵׁלַח)에서 유래되었으며, '(멀리 밖으로) 내던지다, 보내다, 뻗치다'라는 뜻입니다.

아르박삿이 아들을 낳고 그 이름을 '셀라'라고 지은 것은 경건한 자손들이 전 세계 속에 하나님의 보내심을 받고 흩어져 신앙의 세력이 확장되기를 소원했기 때문인 것입니다. 이는 셀라 시대에 이르러 셈 족이 여러 지역으로 퍼져 나갔음을 반영합니다.

셀라의 아버지 '아르박삿'의 시대가 하나님이 일하실 수 있는 어느 한 영역 곧 중심 거점을 구별하고 마련한 단계였다면, 셀라 시대는 하나님의 나라와 복음의 영역이 점점 더 멀리, 온 땅 가득히 확장되는 단계라고 할 수 있습니다. 그것은 홍수 직후 노아와 그의 아들들에게 "생육하고 번성하며 땅에 편만하여 그 중에서 번성하라"(창 9:1, 7)라고 하신 하나님의 명령과 축복의 성취인 셈입니다. 마치 갈대아 우르에서 아브라함 한 사람의 선택에서 시작한 선민 이스라엘이, 출애굽 할 때에는 "생육이 중다하고 번식하고 창성하고 심히 강대하여 온 땅에 가득하게 되었더라"(출 1:7)라고 하신 말씀과 같은 것입니다.

1. 이스라엘이 하나님의 첫 영역이었지만, 예수님께서 부활 승천하시면서 지상 명령을 내리신 후에, 하나님의 영역은 이방으로 확장되었습니다(마 28:18-20).

Israel was God's first boundary, but this was expanded to encompass the Gentiles, furthering the boundaries of the gospel in accordance with Jesus' command as He ascended into heaven (Matt 28:18-20).

'셀라'의 또다른 어원은 히브리어로 '셀라흐'(שֶׁלַח)인데, '무기'라는 뜻 외에도 '어린 가지, 싹, 햇가지'라는 뜻이 있습니다. 햇가지는 처음 나온 가지로서, 앞으로 큰 나무가 되리라는 소망을 상징합니다. 십자가의 죽으심과 부활을 통하여 구원의 길을 열어 놓으신 예수님은 신령한 '햇가지'입니다. 봄에 나온 햇가지는 시간이 지나면 어느새 짙푸른 잎으로 큰 숲을 이루듯이, 복음이 그렇게 빠른 속도로 확장될 소원을 담은 것입니다.

예수 그리스도의 복음은 십자가와 부활을 기점으로, 유대 땅 안에서 유대인을 중심으로 이루어졌던 사역이 이방으로 확장되는 크나큰 전환기를 맞습니다(마 28:18-20, 행 1:8, 13:46-47). "우리에 들지 아니한 다른 양들"(이방)까지도 한 목자에게로 인도하실 때가 된 것입니다(요 10:16). 사도 바울을 택하신 이유도 이방 사람들을 담는 그릇으로 쓰시기 위해서였습니다(행 9:15). 이렇게 예루살렘을 거점으로 시작한 복음 운동은 가까운 이웃이었던 사마리아로, 또한 아주 멀리 땅끝까지 급속도로 퍼져 나갔습니다(행 1:8).

2. 셈의 아들 아르박삿과 그의 아들 셀라로 이어지는 과정은 마치 예수님의 부활 승천 이후 왕성했던 초대교회 말씀 운동을 연상시킵니다.

The progression of the work from Arpachshad to Shelah corresponds to the growing gospel movement during the early church era after Jesus' resurrection and ascension.

우리는 부활하신 예수 그리스도의 승천 이후에 120문도에게 내린 오순절 성령강림 사건으로 복음의 영역이 확보된 것을 새겨 볼 필요가 있습니다. 작은 팔레스타인의 땅, 또 마가의 다락방에 모인 120문도라는 적은 무리로 말미암아 이스라엘은 불신의 땅에서 복음의 영역으로 바뀌기 시작했고, 이들이 보내심을 받아 복음을 증거함으로 말미암아 왕성한 말씀의 확장과 부흥의 역사가 일어났습니다(행 2:41, 47, 4:4, 5:14, 28, 6:7, 9:31, 11:21, 12:24, 19:20). 복음이 온 천하에서 열매를 맺어 자라게 되었습니다(골 1:5-6).

초대교회 때 말씀이 왕성하여 세력을 더하는 놀라운 부흥 운동은 말세에 나타날 말씀 운동의 역사를 예표합니다. 말씀 운동, 복음을 확장시키는 사명은 오늘날 우리에게 맡겨진 셈입니다(마 24:14). 우리는 이 시대에 말씀을 맡은 자들로서(롬 3:2), 여호와를 아는 지식이 온 땅에 충만하기까지 가정에서는 내 자녀에게 가르치고, 밖으로는 이웃에게 부지런히 전파해야 할 사명이 있습니다. 그리하여 온 세계가 하나님을 인정하고, 작은 자로부터 큰 자에 이르기까지 모두 하나님을 아는 것이 가득하게 되는 날이 속히 임하기를 소원해 봅니다(사 11:9, 렘 31:31-34, 합 2:14, 히 8:10-11, 10:16-18).

*유구한 역사 속에서 세계 최초로 체계적 정리 발표

 이해도움 5 | Perspective on Cainan
'가이난'을 어떻게 볼 것인가?

> **노아10 – 셈11 – 아박삿(아르박삿)12 – 가이난 – 살라(셀라)13**
> **(눅 3:35-36)**

아담의 12대손 아르박삿은 35세에 셀라를 낳았습니다. 그리고 아르박삿은 아담의 13대손 셀라를 낳은 후 403년을 지내며 자녀를 낳았습니다(창 11:12-13). 이처럼 '아르박삿이 셀라를 낳았다'는 성구가 성경에 나오는 족보를 통틀어 볼 때, 네 군데(창 10:24, 11:12, 대상 1:18, 24)입니다. 그 네 군데 모두 아르박삿과 셀라 사이에 가이난은 없습니다. 히브리어 원문에 가이난이 기록되어 있지 않기 때문입니다. 그런데 유독 누가복음에만 아르박삿(아박삿)과 셀라(살라) 사이에 가이난이 기록되고 있는데, 우리는 가이난을 어떻게 보아야 합니까?

* 누가복음 3:37의 '가이난'과 창세기 5:10의 '게난'은 동일 인물입니다.

1. 구약성경에서는 가이난이 빠져 있습니다.
Cainan is missing in the Old Testament.

(1) 창세기 10장의 족보를 보면 '노아-셈-아르박삿-셀라-에벨-벨렉'의 순서로 나오는데(창 10:1-25), 아르박삿이 셀라를 낳은 것으로 되어 있습니다.

창세기 10:24 "아르박삿은 셀라를 낳고 셀라는 에벨을 낳았으며"

(2) 창세기 11:10-20의 족보에서도 마찬가지로 '노아-셈-아르박삿-셀라-에벨-벨렉-르우-스룩-나홀-데라-아브람'이라고 기록되고 있습니다.

창세기 11:12-13 "아르박삿은 삼십 오세에 셀라를 낳았고 [13]셀라를 낳은 후에 사백 삼 년을 지내며 자녀를 낳았으며"

2. 그런데, 누가복음 3장 족보에는 가이난이 포함되어 있습니다.
However, the genealogy in the Gospel of Luke includes Cainan.

누가복음 3장에 나오는 족보에는 '노아-셈-아박삿-가이난-살라-헤버-벨렉-르우-스룩-나홀-데라-아브라함'의 순서로 기록되고 있습니다(눅 3:34-36).

그렇다면 우리는 이 문제를 어떻게 해결해야 할까요?

3. 아르박삿과 가이난과 셀라의 관계
The relationship between Arpachshad, Cainan, and Shelah

구약 창세기 10:24, 11:12-13에 나오는 족보에는 분명히 가이난이 빠져 있고, 누가복음 3:36에는 가이난이 들어 있습니다. 신구약 성경은 정확 무오한 하나님의 말씀입니다. 그러한 입장에서 그 이유를 찾아 보면 다음과 같이 생각해 볼 수도 있습니다.

(1) 아르박삿 이후에 장자권이 가이난에게 넘어가고
또 가이난의 장자권이 셀라에게로 넘어간 것은 확실합니다.

(2) 그렇다면 가이난과 셀라는 쌍둥이였을 가능성이 있습니다.

즉 아르박삿이 낳은 두 아들 가운데 '가이난'이 형이고 '셀라'가 동생입니다. 아르박삿은 35세에 가이난과 셀라를 같이 낳았을 것입니다.

> **창세기 11:12** "아르박삿은 삼십 오세에 셀라를 낳았고…"

그런데 창세기의 기록과 누가복음의 기록이 다른 이유는 무엇일까요?

아르박삿의 장자 축복권이 장자였던 가이난에게서 차자 셀라에게로 넘어갔기 때문이라고 여겨집니다. 성경에는 기록되어 있지 않지만 가이난이 어떤 이유로 장자권을 상실하였기 때문입니다. 아르박삿의 장자권을 계승한 가이난이 장자권을 상실하게 되자, 당연히 장자권은 가이난에게서 그의 동생 셀라에게로 넘어가게 된 것입니다.

흥미로운 것은 쿰란 동굴에서 발견된 외경 요벨서 8장에서는 가이난에 관하여 다음과 같은 기록이 있습니다.

"아르박삿의 아들 가이난은 성장하여 도시로 나가 점성술사의 가르침을 받고, 일월성신의 징조로 점을 쳐서 죄를 범하였다…"

우리가 외경의 기록을 다 인정할 수는 없지만, 적어도 가이난이라는 사람은 어떤 이유에서인지 하나님을 떠나 장자권을 상실했기 때문에 구약의 족장들의 족보에서 빠진 것으로 보입니다.

(3) 누가복음에서는 이렇게 장자권이 이동한 순서를 따라서 '셀라의 이상은 가이난이요, 가이난의 이상은 아르박삿'이라고 기록한 것 같습니다.

다만, 창세기에서는 실제적인 측면에서 중간에 장자권이 가이난에서 셀라로 넘어간 것을 생략하고, 곧바로 장자권이 아르박삿에서 셀라로 넘어간 것으로 기록하고 있는 것입니다.

성경에는 이같은 상황이 종종 등장하는데, 그 가운데 이삭과 리브가 사이에서 태어난 쌍둥이 에서와 야곱이 장자권을 두고 다툼하는 것에서도 나타납니다. 아버지 이삭의 장자권은 당연히 장자 에서의 것이었으나 에서는 그것을 소홀히 여기고 팥죽 한 그릇에 장자의 명분을 팔아 버렸습니다(창 25:27-34). 결국 야곱이 이삭을 속이고 장자의 축복을 받으므로(창 27:25-40), 실제적으로 장자의 축복은 야곱이 차지하게 됩니다. 그렇다면 논리적으로 장자권이 이동한 것을 보면 '아브라함-이삭-에서-야곱'의 순으로 기록할 수 있지만, 마태복음 족보에서는 장자권이 누구에게 넘어갔는가를 중심으로 '아브라함-이삭-야곱' 순으로 기록하였습니다.

신구약 성경 속의 이 같은 하나님의 섭리로 볼 때, 누가복음 3장의 족보에 가이난이 들어 있을지라도 창세기 5장과 11장의 역대의 연대를 계산하는 것에는 아무런 영향을 미치지 못한다는 사실을 확인할 수 있습니다.

14대 에벨

עֵבֶר / Eber
건너온 자 / the one who crossed over

에벨은 아담 이후 1723년에 출생하였습니다. 34세에 벨렉을 낳고 430년을 지내며 자녀를 낳았으며, 464세(아담 이후 2187년)에 죽었습니다 (창 11:16-17, 대상 1:25). 노아와는 283년 동시대에 살았습니다. 에벨은 아브라함보다 64년 더 장수하였고, 이삭 139세까지, 야곱 79세까지 동시대에 살았습니다.
누가복음의 족보에 '헤버'(῏Εβερ)로 기록되어 있습니다(눅 3:35).

에벨은 '건너다'라는 뜻을 가진 '아바르'(עֵבֶר)에서 유래되었습니다. 이러한 어원에 근거하여 에벨은 '건너온 자, 건너편'이란 의미를 갖습니다. '에벨'이라는 이름 속에는 그가 이후에 죄악의 세상에서 유브라데 강을 건너 믿음의 길을 걸어갈 것을 미리 보여 준 것이라고 추정할 수 있습니다.

에벨은 '히브리'와 그 어원이 동일합니다. 이 같은 사실은 히브리 민족이 에벨의 후손이라는 사실과, 히브리 민족의 조상인 아브라함이 에벨과 같은 신앙 노선을 따라 유브라데 강을 건너 죄악의 땅에서 분리하여 이주하였음을 반영한 이름으로 볼 수 있습니다(창 14:13).

성경에는 에벨에 대하여 "셈은 에벨 온 자손의 조상이요"라는 특이한 표현이 있습니다(창 10:21). 존 칼빈은 이 말씀을 셈 족보의 '특별 서론'이라고 하여 에벨의 중요성을 강조했습니다.

셈 족보의 인물들을 열거하기 전에 셈의 4대손이었던 에벨을 찬양하는 듯 성경은 에벨에게 큰 비중을 두고 있습니다. 셈의 후손으로는 아르박삿과 셀라도 있는데, 그들을 제치고 마치 셈이 에벨 자손만의 조상인 양 족보의 중심 축을 에벨에게 둔 것입니다.

이 말씀은 일차적으로 에벨의 신앙 공적을 높이 평가하고 그것을 크게 자랑하는 말씀으로, 셈 이후로 에벨에게 시선을 집중하라는 것입니다. 또한 이 말씀은 '에벨의 모든 후손이 그(셈)에게서 나왔다'라는 뜻으로, 에벨뿐 아니라 특별히 그의 자손들에게도 신앙적 가치를 부여하는 내용입니다. '셈의 하나님'(창 9:26)은 이제 그 선택의 범위가 셈 자손 중에서 특히 '에벨의 자손'으로 한정되어 '에벨 자손의 하나님'으로 불리고 있습니다. 이렇게 에벨은 셈 계열 내에서 믿음의 조상 아브라함과 연결되는 아주 중요한 인물로 부각되어 있습니다(창 11:10-27).

1. 에벨은 홍수 이후 태어난 셈의 직계 후손 가운데 최고로 장수한 인물이었으나, 그의 아들 벨렉 이후부터는 인간의 수명이 200년대로 줄어드는 특이한 현상이 나타납니다.

Although Eber enjoyed the greatest longevity among the direct descendants of Shem, there was a trend of decreasing human life span to about two hundred years after the generation of his son Peleg.

수명이 급격히 반으로 단축되는 것은 '죄'와 연관됩니다(잠 10:27).

시편 55:23 "하나님이여 주께서 저희로 파멸의 웅덩이에 빠지게 하시리이다 피를 흘리게 하며 속이는 자들은 저희 날의 반도 살지 못할 것이나 나는 주를 의지하리이다"

이로 보아 에벨이 장수한 것은 당시 바벨탑 배교 운동이 진행될 때 그가 철저히 죄악을 멀리하고 믿음을 수호한 결과로 받은 축복입니다. 그와 반대로 그 후손들의 수명이 단축된 것은 조상을 따라 강을 건너지 않고 함의 자손들과 혼합되어 바벨탑을 쌓는 일에 동조한 결과로 받은 저주입니다(창 10:6-10, 11:1-9).

2. 에벨은 유브라데 강을 건너서 에블라 왕국을 세웠습니다.[40)]
Eber crossed the Euphrates River and established the kingdom of Ebla.

많은 사람들이 하나님을 배신하고 돌아서는, 바벨탑 운동이 일어나던 때였습니다. 에벨은 메소포타미아로부터 유브라데 강을 건너서 '에블라 왕국'이라는 큰 도시 국가를 세우고, 창조주 하나님을 믿는 신앙의 정통을 이어 갔습니다. 에벨은 경건한 자손으로서 영적 개혁과 종교적 정화 운동의 기치를 치켜 들고 강을 건넜습니다.

참고적으로, 에블라 왕국이 있었던 유적지에서 발견된 토판의 일부를 판독한 결과, 에블라 왕국은 오늘날 시리아의 알레포 지역을 중심으로 건립되어 예술과 학문이 발달했던 문명 도시 국가로 밝혀졌습니다. 에벨은 에블라를 세운 인물이자 초대 왕이었다고 전해집니다.[41)] 아마도 에블라는 처음에 소규모의 도시 형태로 존재하다가, 에벨 때부터 본격적인 국가 형태로 번창하게 되었을 것입니다. 그 도시 국가의 초대 왕이 경건한 셈 계열의 에벨이었고, 그 에벨의 이름을 따서 에블라 왕국이 된 것으로 추정됩니다. 토판에 따르면, 실제로 에벨이 다스렸던 주전 2300년 경에는 에블라가 가장 융성하고 번창하여 예술과 학문이 찬란하게 빛을 발했고, 당시 유브라

데 유역의 도시 국가들로부터 조공을 받는 등 근동의 최대 강대국
이었음이 밝혀졌습니다.

성경의 연대를 따라 계산해 보면, 에벨은 아담 이후 1723년(주
전 2391년)에 출생하여 아담 이후 1757년에 벨렉을 낳고 아담 이후
2187년(주전 1927년)까지 살았으므로, 에블라 왕국은 정확히 이 에벨
의 시대에 해당함을 알 수 있습니다.

이는 고고학자들에 의하여 시리아 북서부의 한 폐허에서 발견된
1만 5천 개의 서판이 해독되면서(수메르어를 에블라어로 번역해 놓은
세계 최고 1천 단어 사전이 함께 발굴됨으로 해독이 가능해짐) 밝혀진 내
용입니다. 원용국 교수는 그의 저서 「모세오경」에서 "서판에 의하
면 에블라 왕국은 남쪽으로 팔레스틴 전체와 레바논 최근세사의 시
리아를 포함하여 시나이까지 뻗어 있었으며, 서쪽으로는 키프로스,
동쪽으로는 메소포타미아까지 뻗어 있었다. 서판들은 에블라가 교
역했던 가자, 므깃도, 멜기세덱, 소돔, 고모라와 같은 고대 도시들에
대해서도 언급하고 있다"라고 기록하였습니다.[42] 이처럼 에벨이
세웠던 나라는 당시 '에블라 왕국'이라고 불릴 만큼 넓은 영역이었
고, 큰 세력을 가지고 있었습니다.

3. 에벨이 건너고 또 아브라함이 건넜던 강의 이름은 '유브라데' 강입니다.

The name of the river that Eber and Abraham crossed is "Euphrates."

신기하게 '유브라데'는 '천국 곳간'이라는 뜻이 있습니다. 씨를
뿌리고 싹이 나고 자라서 열매를 거둘 때 알곡은 천국 곳간에 들어
가고 가라지는 풀무불에 들어가듯이, 에벨처럼 유브라데를 건너 죄

악의 땅을 벗어난 자들은 천국에 알곡으로 들어가지만, 유브라데를 건너지 않고 여전히 세상 죄악에 파묻혀 바벨탑을 쌓으며 사는 사람들은 쭉정이로, 천국에 들어갈 수 없습니다.

> **마태복음 3:12** "손에 키를 들고 자기의 타작 마당을 정하게 하사 알곡은 모아 곳간에 들이고 쭉정이는 꺼지지 않는 불에 태우시리라"

세상 마지막 때 하나님의 심판도 유브라데에 쏟아집니다. 일곱 나팔 재앙 가운데 마지막 여섯 번째 나팔 재앙이 '큰 강 유브라데' 에 쏟아지고 있습니다(계 9:13-15).

> **요한계시록 9:14** "나팔 가진 여섯째 천사에게 말하기를 큰 강 유브라데에 결박한 네 천사를 놓아 주라 하매"

또한 요한계시록 16:12을 보면, 마지막 여섯 번째 대접 재앙이 '큰 강 유브라데'에 쏟아지고 있습니다.

> **요한계시록 16:12** "또 여섯째가 그 대접을 큰 강 유브라데에 쏟으매 강물이 말라서 동방에서 오는 왕들의 길이 예비되더라"

또 바벨론의 멸망을 선포하는 책도 유브라데에 던져졌습니다(렘 51:61-64). 그러므로 세상 마지막 때도 유브라데를 건너서 그곳에 쏟아지는 마지막 큰 환란을 벗어난 자들이 살아남을 수 있는 것입니다.

4. '에벨의 하나님'은 후에 '아브라함의 하나님'이 되셨습니다.

The "God of Eber" later became the "God of Abraham."

아브라함도 에벨과 같이 갈대아 우르를 떠날 때 유브라데 강을 건너 가나안 땅으로 들어갔습니다. 이렇게 아브라함은 에벨 이후 세상과 혼합되어 어둠 속으로 곤두박질치던 '벨렉-르우-스룩-나홀-데라' 조상으로부터 단호히 떠났던 것입니다(창 11:31-12:4, 수 24:2-3, 행 7:2-4).

그러므로 당시 사람들에 의해 아브라함이 최초로 '히브리 사람(강을 건너온 자)'이라는 별명으로 불린 것은(창 14:13), 그가 에벨의 후손임을 인정하는 칭호였던 것입니다.

'에벨'(עֵבֶר)과 '히브리'(עִבְרִי)는 같은 '아바르'(עָבַר)에서 파생된 단어로서 '강을 건너온 자'라는 뜻입니다. 에벨 이후 단절되었던 신앙 정통의 맥을 에벨의 7대 자손인 아브라함이 이어 감으로, '셈의 하나님'이 '에벨의 하나님'으로, 이제는 '아브라함의 하나님'으로 이어진 것입니다.

15대
벨렉

פֶּלֶג / Peleg
나뉨, 분리, 분열 / division, separate, split

> 벨렉은 아담 이후 1757년에 출생하였습니다. 30세에 르우를 낳고 209년을 지내며 자녀를 낳았으며, 239세(아담 이후 1996년)에 죽었습니다 (창 11:18-19, 대상 1:25). 에벨 때에 비해 수명이 갑자기 반으로 줄어들어, 벨렉은 홍수 이후 10대 가운데 가장 먼저 죽었습니다. 노아와는 239년 동시대에 살았습니다.
> 누가복음의 족보에 '벨렉'(Φάλεκ)으로 기록되어 있습니다(눅 3:35).

벨렉의 어원은 히브리어 '팔라그'(פֶּלֶג)로서 그 뜻은 '쪼개다, 나누다'입니다. 이 어원을 근거로 벨렉의 이름은 '나뉨, 분리, 분열'이라는 뜻입니다. 그 이름의 뜻대로 벨렉의 시대에 '세상이 나뉘었다'고 창세기 10:25에서 말씀하고 있습니다. 아마도 경건한 사람 에벨은 아들을 낳고, 세상과 분리된 거룩하고 구별된 사람이 되기를 바라면서 '벨렉'이라고 지었을 것입니다. 그러나 벨렉의 삶은 이러한 에벨의 기대에 부응하지 못했습니다.

1. 벨렉의 시대는 바벨탑 사건으로 언어가 혼잡해지고 인류가 분산된 때입니다(창 11:1-9).

It was during Peleg's time that languages were confused and mankind became scattered as a result of the construction of the Tower of Babel (Gen 11:1-9).

창세기 10:25에서 "그 때에 세상이 나뉘었음이라"고 하였는데, 그것은 다름 아닌 바벨탑을 쌓을 때 하나님의 역사로 서로 말을 알아듣지 못하게 함으로 그들의 목적을 무산시키고 민족이 나뉘게 된 것을 가리킵니다(창 11:9). 그들은 의사 소통이 되지 않는 상황에서 더 이상 복잡한 건축 작업을 계속하지 못하고 뿔뿔이 흩어져야 했는데, 이러한 흩어짐을 통하여 그 탑이 건설되던 도시의 이름이 유래되었다고 성경은 기록하고 있습니다.

창세기 11:9 "그러므로 그 이름을 바벨이라 하니 이는 여호와께서 거기서 온 땅의 언어를 혼잡케 하셨음이라 여호와께서 거기서 그들을 온 지면에 흩으셨더라"

죄악의 관영으로 인해 전 세계적으로 무시무시한 홍수 심판을 경험했음에도 불구하고, 인류가 또다시 심판의 혹독함을 망각한 채 바벨탑을 쌓음으로 하나님의 노를 격동시킨 것입니다.

*유구한 역사 속에서 세계 최초로 벨렉 때의 수명 단축 원인 체계적 규명

2. 벨렉 때의 가장 독특한 점은, 아버지 에벨 때에 비해 수명이 반으로 줄었다는 것입니다. 특히 벨렉은 노아 이후 10대 족장 가운데 가장 먼저 죽었습니다.

The most peculiar characteristic of Peleg's time was that human life span was shortened by about half of what it had been during his father Eber's time. Peleg was the first one to die among the ten generations of patriarchs since Noah.

에벨은 464세까지 살았지만 벨렉은 239세, 르우는 239세, 스룩은 230세까지 살았습니다. 이렇게 200년대에서 더 이상 올라가지 못했습니다. 그들은 자기의 조상들처럼 장수하지 못하고 조상들의 수명의 반만 살고 죽은 것입니다. 홍수 이후 노아부터 에벨까지 경건한 셈 계열의 조상들이 모두 건강하게 살아 있는데 갑자기 벨렉이 제일 먼저 죽은 것입니다. 벨렉 시대에 갑자기 수명이 반으로 줄고 단축된 것은 벨렉과 그 시대 사람들이 하나님을 경외하지 않고 그 앞에 큰 죄를 지었다는 사실을 반증합니다(시 55:23, 잠 10:27).

　　전도서 8:13 "악인은 잘되지 못하며 장수하지 못하고 그 날이 그림자와 같으리니 이는 하나님 앞에 경외하지 아니함이니라"

　그 죄는 바로 '벨렉 때에 세상이 나뉘어졌다'는 말씀으로 보아, 그 시대에 바벨탑을 쌓으면서 하나님께 도전하였던 일입니다. 인간들은 홍수 때 인류가 멸망당한 끔찍했던 심판을 추억하여 죄를 단절하고 하나님을 더욱 가까이해야 했지만, 인간의 온갖 지혜를 동원해 하나님의 심판을 면해 보고자 인간 스스로 바벨탑을 쌓기 시작한 것입니다(창 11:3-4). 이는 하나님의 홍수 심판이 부당하다는 인간들의 못된 잠재 의식에서 비롯된, 하나님께 대한 도전이었습니다. 경건한 에벨의 자손 벨렉조차도 그들의 유혹에 넘어가, 눈에 보이는 물질이나 권력과 타협하면서 바벨탑 쌓는 일에 동참함으로 하나님께 크게 범죄하였습니다.

　김성일씨는 고대 성서 시대에 관한 그의 여러 저서를 통해 '니므롯이 천하를 장악한 이후, 자신의 이름을 높이고 백성들의 반역을 방지하기 위해 바벨탑을 건설코자 했는데, 셈 족의 정교한 건축 기술이 없이는 불가능했을 것이다'라고 소개하며, 바벨탑 쌓는 일에 셈 족이 동참했을 것이라고 기록하고 있습니다.[43]

노아 홍수 이후 범죄와 타락의 물결이 경건한 셈 자손에게까지 미친 것입니다. 이것은 마치 노아 시대에 죄악이 미치지 않은 곳이 없을 정도로 관영하다 보니, 하나님의 아들들조차 사람의 딸들의 아름다움에 유혹되어 결혼한 것과 같습니다(창 6:2). 셋 계통의 경건한 사람들의 타락은 하나님의 마음을 가장 아프게 한 사건이었습니다. 그것은 하나님이 사람 지으심을 한탄하실 정도였습니다. 그 일은 홍수 심판의 결정적인 이유가 되었습니다(창 6:5-7).

마찬가지로 셈 계통의 신앙을 계승해야 했던 벨렉이 범죄의 길에 선 것은, 홍수 이후 주신 무지개 언약만 아니었다면 홍수 심판과 같은 거대한 저주가 쏟아질 수 있는 크나큰 죄목이었습니다. 따라서 벨렉의 시대에 갑자기 단축된 수명은, 분명 그들의 죄에 대한 하나님의 심판의 일환으로 볼 수 있습니다. 아담의 10대손 노아는 15대손 벨렉보다 10년을 더 살다가 죽었습니다. 죄짓는 일에 동조하고 동참했던 벨렉은 하나님의 심판을 받아 단명하고 말았던 것입니다.

3. 벨렉은 그의 6대손 아브라함과 48년간 동시대에 살았습니다.

Peleg lived contemporaneously with Abraham (his sixth generation) for forty-eight years.

연대표를 참고하여 볼 때, 아브라함은 그의 조상 노아로부터 데라까지 셈 계열 내에 있는 열 명의 조상들과 같은 시대에 살고 있었습니다.

당시 '노아-셈-아르박삿-셀라-에벨'은 이미 하란 방향으로 이동하여 살았을 것이므로,[44] 아브라함은 갈대아 우르를 떠나기 전까지는 신앙을 온전히 지키지 못했던 '벨렉-르우-스룩-나홀-데라'와 함께 살았던 것으로 추정할 수 있습니다.

아브라함은 48세 되었을 때, 조상 벨렉이 유례없는 단명으로(239세) 갑자기 죽는 것을 보았고, 그 이듬해에는(아브라함 49세 때) 할아버지 나홀이 148세로 극히 단명하여 죽는 것을 보았습니다. 그들의 신앙이 너무나 깊이 변질되어 하나님으로부터 버림받은 것입니다.

이들의 죽음을 통하여 아브라함은 많은 것을 느끼고 깨달았을 것입니다. 하나님은 바로 그런 조상들 틈 속에 있는 아브라함을 불러 분리하셨던 것입니다(창 12:1).

라아 / Reu
친구 혹은 이웃[45] / friend or neighbor

르우는 아담 이후 1787년에 출생하였습니다. 32세에 스룩을 낳고 207년을 지내며 자녀를 낳았으며, 239세(아담 이후 2026년)에 죽었습니다 (창 11:20-21, 대상 1:25-26). 노아와는 219년 동시대에 살았습니다. 누가복음의 족보에 '르우'('Ραγαῦ)로 기록되어 있습니다(눅 3:35).

르우의 어원은 '(가축을) 돌보거나 방목하는 목초지'를 뜻하는 명사 '레이'(רעי)에서, 그리고 '방목하다, 기르다, 사귀다, 특별한 친구가 되다'라는 뜻을 가진 동사 '라아'(רעה)에서 유래되었습니다.

벨렉은 신앙의 조상 에벨이 떠난 후 마땅한 신앙적 지도자가 없는 불안한 시대적 상황 속에서, 자기의 아들이 원만한 인간관계를 엮어 세상에서 성공할 수 있도록 소원하면서 '르우'라고 이름하였을 것으로 짐작됩니다. 그러나 신앙의 부모로서 '하나님의 친구'가 되는 일을 먼저 가르치기보다, 세상 사람들처럼 인간관계에서 최고가 되기를 원했던 것 같습니다. 이 얼마나 어리석은 생각입니까?

1. 르우는 유목 생활을 했을 것입니다.

Reu probably lived a nomadic life.

르우의 어원 가운데 '방목하다, 기르다'라는 뜻이 있습니다. 이는 그들의 직업이 유목 생활이었음을 보여 주고 있습니다. 고대 농경 사회의 생계 유지는 가축을 기르는 일과 농사하는 것이 거의 대부분이었습니다.

유목 생활의 특징은 물이나 목초지를 찾아 가축을 이끌고 이동 생활을 되풀이하게 됩니다. 일반적으로 봄가을에 목초지를 찾아 대이동을 하고, 방목지 안에서도 또 소이동을 합니다. 당시에는 바벨탑 사건 이후 대이동이 있었을 것이므로 이들은 유목 생활로써 생계의 터전을 잡아 갔을 것입니다. 이를 위해 애쓴 흔적이 그 이름 속에 묻어 나고 있습니다. 여기저기 초원을 찾아 이동하면서 가축을 방목하여 기르고, 그러면서 자기들만의 생활 영역을 확보하여 나갔을 것입니다.

성도들의 이 땅에서의 삶도 거처할 곳을 찾아 끊임없이 이동할 수밖에 없는 삶입니다. 이러한 삶을 가리켜 성경에서는 '나그네'(벧전 2:11), '우거(寓居)하는 자'(대상 29:15)라고 하였습니다. '우거'는 '잠시 머물러 사는 것'을 의미합니다. 성도의 삶은 이 땅에서 잠시 머물렀다가 영원한 본향 천국으로 가는 것입니다(히 11:13-16).

2. 르우는 인간적인 친구 관계에 충실했습니다.

Reu was faithful in his friendships with other people.

르우의 어원 가운데 '사귀다, 특별한 친구가 되다'라는 뜻이 있습니다.

바벨탑 전에는 모두가 같은 사회의 구성원이었으며, 하나의 언어로만 소통하고 있었습니다.

창세기 11:1 "온 땅의 구음이 하나이요 언어가 하나이었더라"

그러나 하나님은 그들의 어리석은 반역에 대한 벌로 언어를 혼란시켰으며, 그 결과 세계 곳곳으로 흩어지게 되었습니다.

모든 인간은 관계성 안에서만 존재하게 되어 있는데, 이는 의사소통의 매개체인 언어를 통해 이루어집니다. 따라서 이러한 언어의 혼란이 인류에게 가져온 불편과 장애는 말로 표현할 수 없을 정도였을 것입니다. 더군다나 언어는 일상적인 대화뿐만 아니라 사고(思考) 자체의 결정적 영향권자이기 때문에, 언어의 차이는 결국 사고 방식의 차이까지 가져와 그 혼란은 우리가 생각하는 것 이상으로 컸을 것입니다.

이렇게 하나님은 언어 혼란으로 상호간에 이질감, 오해, 적대감을 심화시켜 하나님을 대적하려는 바벨탑 건설을 무효화시켰습니다.

아마도 당시 사람들은 비슷한 언어를 쓰는 사람들을 찾아 여기저기로 인류의 대이동을 하였을 것입니다. 이렇게 하여 몇몇 사람들이 어울리고 사귀면서 새 공동체가 만들어지고, 그리고 그 안에서 생존을 위해 마음이 맞는 사람끼리 사귐을 가졌을 것입니다. 그러는 동안에 이해 관계, 유대 관계, 친분 관계를 다지는 일은 우선적으로 필요한 문제였을 것입니다. 언어가 불편했던 때이니만큼, 마음이 통하고 뜻이 통하고 영이 통하는 특별한 친구가 가장 필요했던 시기였음이 그 이름의 뜻이 비추고 있는 당시 시대상입니다.

그러나 우리는 하나님이 빠진 인간적인 친구 관계는 결국 성도의 발목을 땅에 묶어 두려는 사단의 계략임을 기억해야 합니다(약 4:4). 만일 르우가 위에 계신 하나님과 손을 잡고 하나님과의 관계 회복에 눈을 돌렸다면, 이 땅의 인간 관계에 붙잡혀서 전전긍긍하지 않고, 아브라함과 같이 그 땅을 떠나 나그네로서 참된 신앙을 회복하기 시작했을 것입니다.

인간들은 바벨탑 사건 이후 흩어져 어떻게 되었습니까? 그들은 공동체의 힘을 키우고, 삶의 터전과 자리를 잡기 시작하면서 또다시 보이지 않는 죄악의 성을 쌓기 시작했습니다. 어디 가나 죄짓는 일에 익숙한 인간들은 하나님 앞에 도전하고 범죄할 목적으로 전보다 더 뭉치기 시작하고 그 세력을 키워 나간 것입니다. 유유상종(類類相從), 물이류취(物以類聚)라는 옛 성인들의 말과 같이 어둠의 종자들, 악의 세력들은 언제나 그 마음과 뜻이 맞는 사람들끼리 어울려 재빠르게 죄악의 공동체를 형성하기 때문입니다.

3. 참성도는 '하나님의 벗'이라 칭함을 받을 정도가 되어야 합니다.

A true believer must be worthy of being called a "friend of God."

물론 르우와 같은 시기 즈음에 하나님을 믿는 경건한 신앙을 지키던 에벨과 셈 계열의 조상들은 그곳을 떠나 유브라데 강을 건너 거룩한 신앙 공동체(에블라 왕국)를 세웠을 것입니다. 에벨을 따라나서지 않고 강 이편에 살고 있었던 벨렉과 그 후손들은 그렇게 떠나지 않고도 신앙생활을 잘 할 수 있다고 자부하였을 것입니다. 그러나, 인본주의적인 우상 공동체 속에서 그들은 온전한 신앙을 지킬 수 없게 되었습니다. 바벨탑 사건이 있은 지 얼마 되지 않았던 아브라함 시대에 벌써, 경건한 셈 자손들조차 시대의 조류를 따라 우상을 섬기는 등 부패한 모습으로 완전히 전락하고 말았습니다 (수 24:2, 14).

그러한 환경 중에 하나님은 아브라함을 택하셨습니다. 죄악이 관영했던 시대에 노아를 불러 방주를 짓게 하신 하나님은 또다시 그

죄악의 온상에서 아브라함을 불러 하나님의 나라를 건설케 하려고
하신 것입니다.

이때, 아브라함은 하나님의 부르시는 말씀을 좇아, 고향 산천
의 모든 생활 기반을 포기하고, 친척과 친구 등 모든 인간관계를
미련 없이 청산하였습니다(창 12:1, 행 7:3). 갈 바를 알지 못할 정도
로 앞길은 캄캄했지만(히 11:8) 위로부터 주신 말씀의 부름을 좇아
(창 12:4), 나그네길을 시작한 것입니다. 벨렉도, 르우도, 스룩도, 나
홀도 감히 실행하지 못하고 있었던 것을 아브라함은 결단하고 움직
였습니다.

그 이유는 아브라함이 세상과 벗 되기를 포기하고(약 4:4) '하나
님의 친구(벗)'로 칭함을 받을 정도로 하나님과 친밀하기를 더 갈망
하고 소원했기 때문입니다(시 25:14). 아브라함은 성경에서 유일하
게 '하나님의 친구'라는 존귀한 칭호를 받은 자입니다(대하 20:7, 사
41:8, 약 2:23). 오늘 우리는 세상과 친구(벗)입니까? 아니면 '하나님
의 친구(벗)'입니까?

<table>
<tr><td>

17대
스룩

</td><td>

שְׂרוּג / Serug
덩굴손, 매우 단단한 힘, 활 [46)
/ vine-shoot, firm strength, bow

</td></tr>
</table>

> 스룩은 아담 이후 1819년에 출생하였습니다. 30세에 나홀을 낳고 200
> 년을 지내며 자녀를 낳았으며, 230세(아담 이후 2049년)에 죽었습니다
> (창 11:22-23, 대상 1:26). 노아와는 187년 동시대에 살았습니다.
> 누가복음의 족보에 '스룩'(Σερούχ)으로 기록되어 있습니다(눅 3:35).

스룩의 어원은 '사라그'(שָׂרַג)로서, 그 뜻은 '섞어 짜다, 칭칭 감다, 뒤얽히게 하다' [47)입니다.

이 어원의 뜻대로 섞어 짜고, 얽히고, 칭칭 감는 목적은 단단한 힘을 위한 것입니다. 집 담벼락에 얽히면서 칭칭 감아 올라간 덩굴손은 수많은 잔뿌리로 벽에 아주 단단히 밀착되어 있는 것을 볼 수 있습니다. 궁수가 화살을 메워 쏘는 활 또한 단단한 힘을 상징합니다. 이렇게 르우가 아들을 낳고 '스룩'이라고 이름한 것은 바벨탑 사건을 기점으로 언어의 혼잡 속에서 생존을 위한 자기 공동체의 힘을 키우기 위한 의도가 엿보입니다.

그러나 그 힘은 신앙의 힘, 위로부터 주신 힘이 아니라 스스로 키운 인본주의적인 힘이었습니다. 세상과 짝하여 그 속에서 섞여 짜여지고 세상과 얽히면서 만든 물질주의적이고 인본주의적인 힘이었습니다.

1. 스룩은 철저하게 자기의 힘과 능력을 의지하는 자였습니다.

Serug relied totally on his own power and strength.

이는 그 이름의 어원이 '활'이라는 것에서도 잘 드러납니다.

(1) 성경에서 '활'은 주로 전쟁과 관련한 공격용 무기입니다.

예를 들어 '전쟁하는 활'(슥 9:10), '싸우는 활'(슥 10:4), '힘의 으뜸 되는 활'(렘 49:35), '활을 가진 자가 이기고 또 이기려고 하더라'(계 6:2), '활을 당기어 싸움에 익숙한 자'(대상 5:18)라는 성구들에서 잘 나타납니다.

(2) 정통 신앙의 주류에서 밀려난 자들의 공통점은 대부분 활 쏘는 자로 호전적(好戰的) 성향이 강합니다.

예를 들어, 셈의 첫째 아들 엘람은 '힘의 으뜸 되는 활 쏘는 자'였고(렘 49:35), 아브라함의 첩의 소생이었던 이스마엘도 '활 쏘는 자'(창 21:20)였으며, 이삭의 아들 에서도 '활을 가지고 사냥하는 자'였습니다(창 27:3). 이들은 호전적이고 정복적이며, 무력적인 나라가 되어 후세에 선민을 공격하고 괴롭히는 적대국이 됩니다.

스룩은 당시 바벨탑 사건 이후 정착 기반으로 아무 것도 가진 것이 없고, 외세의 위협이 자주 있을 때였으므로 자기 족속을 지키려는 자구책으로 전쟁에 대비한 군사적인 힘을 기르면서 활로 무장한 듯합니다. 하나님을 믿는 신앙으로 무장하기보다, 그에 앞서 이방 나라들처럼 스스로를 지키기 위해 나름대로 강한 결속력을 다지면서 활을 예비한 것입니다.

이러한 자들에 관하여, 이사야 선지자는 이사야 31:1-3 말씀에서 하나님을 의지하지 않고 힘센 나라를 의지하고, 보이는 말이나 병거가 심히 많은 것으로 그 마음에 위안을 삼으면, 반드시 재앙을 받아 멸망하게 될 것이라고 예언하였습니다. 그것들은 영이 아니고 신이 아니며 육체일 뿐이기 때문입니다.

2. 참성도는 하나님의 힘을 의지해야 합니다.

A true believer must rely on God's strength.

군인이 싸울 날을 위하여 칼과 창을 예비할지라도 이김은 여호와께 있기 때문에 하나님이 함께하지 않으시면 아무것도 아닌 것입니다(잠 21:30-31). 전쟁은 여호와께 속한 것이며(삼상 17:47), 여호와의 구원하심은 외적인 조건에 있지 아니합니다(삼상 14:6). 때로는 여호와 자신이 친히 싸워 주십니다(출 15:3, 14:13-14).

이 사실을 알았던 시편 기자는 믿음으로 노래하기를 '나는 활을 의지하지 않겠다'고 하였습니다(시 44:6). 인간의 힘, 인간의 능력으로는 안 되는 일이 얼마나 많습니까? 사람의 힘으로 금방 될 듯하면서도 내 뜻대로 되지 않는 것이 다반사이며, 상대적으로 더 큰 힘 앞에서는 언젠가는 거꾸러지기 마련입니다. 성도는 오직 하나님의 말씀 속에 있는 다이나마이트와 같은 힘과 능력(히 4:12, 행 19:20), 그리고 하나님의 은혜를 간절히 앙망하며 바라보아야 합니다. 여호와를 기뻐하는 것이 성도의 힘이요(느 8:10), 하나님의 말씀을 믿고 의지하는 자에게 놀라운 새 힘을 공급하십니다(시 146:3-5, 사 40:31). 그러한 자는 어떤 위기가 찾아와도 능히 이기고 헤쳐 나갈 수 있을 것입니다(사 40:31, 슥 4:6).

시편 119:133 "나의 행보를 주의 말씀에 굳게 세우시고 아무 죄악이 나를 주장치 못하게 하소서"

נָחוֹר / Nahor
콧김을 뿜다[48] / to blow out

나홀은 아담 이후 1849년에 출생하였습니다. 29세에 데라를 낳고 119년을 지내며 자녀를 낳았으며, 148세(아담 이후 1997년)에 죽었습니다 (창 11:24-25, 대상 1:26). 20대 족장 가운데 가장 짧은 생애입니다. 노아와는 148년 동시대에 살았습니다.
누가복음의 족보에 '나홀'(Ναχώρ)로 기록되어 있습니다(눅 3:34).

나홀의 이름의 뜻은 '숨이 차다, 헐떡거리다, 콧김을 내뿜다'입니다. 어원은 '나하르'(נָחַר)로 '뒷바람, 콧바람'이라는 뜻입니다.

이전에 족장들의 수명은 벨렉이 239세, 르우 239세, 스룩 230세, 데라가 205세를 살았던 것을 볼 때, 148세에 죽은 나홀은 결코 자기 수명을 다하고 죽은 것이 아닙니다. 분명히 하나님의 저주를 받아 어떤 사고나 질병으로 갑자기 죽은 것입니다. 아마도 그의 갑작스런 죽음은 셈 계열의 족장들과 가족들에게 큰 충격이었을 것입니다.

1. 나홀은 죄 때문에 단명(短命)한 것으로 보입니다.

Nahor's life appears to have been shortened due to sin.

노아 홍수 이후 10대손 가운데 가장 먼저 죽은 자는 벨렉이고, 그다음 1년 후에 나홀이 148세에 갑자기 죽었습니다. 나홀은 수명이 가장 짧은 자였습니다. 수명의 갑작스런 단축은 확실히 죄의 문제와 연관됩니다(시 55:23, 잠 10:27, 전 7:17, 8:13, 욥 22:15-16).

성경에서 '갑자기' 패망하는 경우는 대표적으로 다음 두 가지입니다.

첫째, 교만한 자입니다.
   잠언 29:1 "자주 책망을 받으면서도 목이 곧은 사람은 갑자기 패망을 당하고 피하지 못하리라"

둘째, 거짓말하는 자입니다.
   잠언 6:12-15 공동번역 "거짓말이나 하며 돌아다니는 불량배, 협잡꾼들은 13서로 눈짓을 하고 손짓 발짓으로 신호를 해 가며 14마음이 비뚤어져 나쁜 짓을 꾸미고 자나깨나 말썽만 일으키다가 15갑자기 재앙을 만나 순식간에 아주 망하고 만다."

나홀은 당시 나이를 기준하여 볼 때 한창 나이, 젊은 나이에 재앙을 만나 순식간에 아주 망한 것입니다. 그 이름 속에는 그의 삶이 무엇인가에 홀리거나 미쳐서 동분서주하며 생애 전부를 투자하면서 아주 바쁘게 살았던 흔적이 보입니다. 그는 세상에서 물질이든, 명예든 최고가 되기 위해 꿈꾸고, 수단 방법을 가리지 않은 것입니다. 물질도, 시간도, 젊음도 세상에 다 쏟았습니다. 오늘날로 말하면, 젊은 날에 세상에서 사업에서든지 인기에서든지 한 바람 날린 자입니다. 자기 계산 속에 스스로 만족하고 자기 꾀에 배불러 착각 속에 산 자입니다.
   결국 세속적인 일(물질, 명예, 인기)에 너무 몰두한 나머지, 점점 자아를 상실하고, 영혼과 생명의 귀중성은 송두리째 망각하고 말았습니다.

2. 나홀은 세속주의에 푹 젖은 탐욕의 사람이었던 것 같습니다.

Nahor probably was a man of greed, deeply immersed in secularism.

만일 나홀이 세상의 탐욕을 미워했다면 잠언 28:16의 말씀 그대로 장수하였을 것이지만, 그는 탐심을 물리치지 못하고 단명하고 말았습니다.

잠언 28:16 "무지한 치리자는 포학을 크게 행하거니와 탐욕을 미워하는 자는 장수하리라"

예수님은 누가복음 12:15에서 "삼가 모든 탐심을 물리치라"고 하셨고, 사도 바울도 에베소서 5:3에서 "탐욕은 그 이름이라도 부르지 말라"고 하였습니다.

탐심은 온갖 거짓말을 동원하게 하며, 하나님을 버리고서라도 혹은 이용해서라도 그 탐하는 바를 얻고자 합니다. 때로는 신앙심까지 육체의 욕심을 채우는 데 악용하려는 파렴치한 마음이요, 그것은 곧 우상 숭배입니다(골 3:5). 나홀이 바로 그런 자였습니다.

그렇게 기력을 다해 힘쓰고 분주하게 전 세계를 누비고 돌아다녔어도 하나님이 그 영혼을 갑자기 회수해 가셨으니 그 인생의 결과는 얼마나 공허하고 허무합니까? 나홀은 온 천하를 얻은 듯 자랑했지만, 결국 자기를 잃어버린 너무도 어리석은 사람이었습니다(마 16:26, 눅 9:25). 예수님은 이러한 어리석은 자들을 향하여 "어리석은 자여 오늘 밤에 네 영혼을 도로 찾으리니 그러면 네 예비한 것이 뉘 것이 되겠느냐"(눅 12:20)라고 한탄하셨습니다.

만일 나홀이 신앙을 파수하기 위해, 죄악 세상으로부터 자신의 거룩을 지키기 위해, 그리고 죄악 세상과 싸우는 일에 그토록 분투하고 힘을 쏟았다면 하나님이 얼마나 기뻐하셨겠습니까?

끊임없이 버리고 떠나야 하는 것, 그것이 하나님이 기뻐하시는 적신(赤身) 신앙의 본질임에도(욥 1:21, 전 5:15, 딤전 6:7-9) 불구하고 나홀은 명예, 재물, 부귀가 덕지덕지 붙어야 만족하고, 그것을 의지하고 바라보아야 든든해지고, 콧노래가 나고 살 마음이 생겼던 것입니다. 그래서 평생을 자기의 온갖 욕구를 채우기 위해 날마다 콧바람, 뒷바람을 일으키며 분주했습니다.

이렇게 나홀의 이름 속에는 신앙인으로서의 경건미는 전혀 보이지 않고, 하나님과 완전히 단절되고 동떨어진 삶을 살았던 흔적만 보이고 있습니다.

결국 이러한 인생의 종말은 창세기 6:3의 말씀대로 하나님의 영이 떠난 육체주의일 뿐입니다. 믿는다 하면서도 실상은 하나님이 계시지 않는 온전히 감각적, 물질적인 삶으로 전락해 버린 것입니다.

로마서 1:21-32에서는 그러한 자들을 낱낱이 고발하고 있습니다.
하나님은 알지만, 감사가 없으며(21절),
하나님은 알지만, 허망한 생각과 부끄러운 일들뿐이며(21절),
하나님은 알지만, 지혜가 없고 미련한 마음뿐이며(22절),
하나님은 알지만, 그 영광을 우상으로 바꾸는 자요(23절),
하나님은 알지만, 진리를 거짓 것으로 바꾸어 버리고(25절),
하나님은 알지만, 더러운 정욕과 음란한 생각뿐이며(26-27절),
하나님은 알지만, 마음속에 하나님 두기를 싫어하고(28절),
하나님은 알지만, 악한 일만 도모하며 배은 망덕합니다(29-31절).
이렇게 행하면 사형 선고를 받을 줄 알면서도, 부끄러운 줄 모르고 계속하고, 다른 사람들까지도 그렇게 하도록 유도합니다(32절).

이렇게 불신자보다 가증하고, 경건치 않고, 불의한 모습으로 사는 자에게 하늘에서부터 하나님의 진노가 내려 그들을 치시겠다고 말씀하십니다(롬 1:18上).

바로 나홀이 그렇게 된 자입니다. 아무리 많은 것을 소유했을지라도 전능하신 하나님이 아담의 코에 불어넣으신 생기를 거두어 가시면 인간은 나홀처럼 헐떡거리다가 끝나고 마는 것입니다(창 2:7, 욥 33:4).

경건한 셋 계열 자손의 타락은 시간이 갈수록 심해져, 르우는 하나님과의 관계보다 인간관계를 우선했으며, 스룩은 자기의 힘과 능력을 의지하며, 나홀은 세속주의에 젖은 탐욕의 존재로 살아가게 됩니다. 그들은 하나님을 아주 모르는 이들이 아니었음에도, 후에는 아예 신앙을 버리고 가증한 우상을 섬기는 비극적인 모습으로 전락하고 말았습니다(수 24:2, 15). 육체주의 신앙으로 완전히 변질되고 퇴보하였습니다.

바로 육체의 소욕이 성령을 대적하고 거스림으로 진리의 말씀을 외면한 것입니다(갈 5:17).

이것은 포도원에 두 종자를 뿌리는 행위입니다(신 22:9).

이것은 소와 나귀를 겨리하여 밭을 가는 행위입니다(신 22:10).

이것은 양털과 베실로 섞어 짜는 행위입니다(신 22:11).

이것은 믿는 자와 불신자, 그리스도와 벨리알, 하나님의 성전과 우상을 일치하게 하려는 가증한 신앙입니다(고후 6:14-16).

그러므로 참성도라면 이제 탐욕의 우상 숭배를 버리고(골 3:5), 세상과 혼합되어 변질된 육체주의 신앙을 과감히 벗어 던지고, 하나님의 뜻을 위해 숨이 헐떡거릴 정도로 열심 있는 하나님의 친백성이 되어야 할 것입니다.

19대
데라

הֶרַח / Terah
체류하다, 지체하다 / to stay, to delay

> 데라는 아담 이후 1878년에 출생하였습니다. 70세에 아브람을 낳고,
> 205세(아담 이후 2083년)에 죽었습니다(창 11:26-32, 대상 1:26-27).
> 노아와는 128년 동시대에 살았습니다.
> 누가복음의 족보에 '데라'(Θάρα)로 기록되어 있습니다(눅 3:34).

데라의 이름의 뜻은 '체류하다, 지체하다'입니다. 그는 아브라함과 함께 갈대아 우르에서 가나안 땅으로 가고자 하란으로 이주하였으나, 하란에서 지체하다가 거기서 죽었습니다(창 11:31-32). 데라는 205세에 아브라함보다 40년 먼저 하란에서 죽은 것입니다. 그는 아담의 19대손으로 10대 노아와 128년이나 동시대를 살았습니다. 그러나 128년 내내 노아와 함께 같은 장소에서 살았던 것을 의미하는 것은 아닙니다.

1. 데라는 우상 숭배자였습니다(수 24:2-5, 14-15).

Terah was an idol worshiper (Josh 24:2-5, 14-15).

그는 노아의 후예, 셈의 후예, 에벨의 후예 곧 '믿음의 후예'로서 훌륭한 믿음을 유산으로 물려받은 정통적인 신앙의 가문에서 태어난 사람이었습니다. 그런데 데라의 신앙이란 것은 조상의 신앙을 자랑할 뿐, 정작 자신은 조상이 물려준 신앙을 팔아먹고, 우상 숭배

에 깊이 빠져 신앙의 뿌리까지 완전히 흔들리는 수준이 되고 말았
습니다. 여호수아 24:2에서는 정확하게 "아브라함의 아비, 나홀의
아비 데라가 강 저편에 거하여 다른 신들을 섬겼으나"라고 말씀하
고 있습니다.

2. 데라는 우상의 도시 갈대아 우르를 떠났으나 하란에 머물고 맙니다.

Terah left Ur of the Chaldeans, the city of idols, but he settled in Haran.

창세기 11:31 "데라가 그 아들 아브람과 하란의 아들 그 손자 롯과 그
자부 아브람의 아내 사래를 데리고 갈대아 우르에서 떠나 가나안 땅으
로 가고자 하더니 하란에 이르러 거기 거하였으며"

창세기 11:27-32의 데라의 족보에서 주된 내용은 아브라함이 갈
대아 우르를 떠나 가나안으로 향하는 대장정에 오르는 것입니다.
하나님이 아브라함을 쓰시기 위해 바벨탑을 쌓던 죄악의 본고장에
서 완전히 분리시켜 탈출시키는 이 장면은 마치 역동적인 한 편의
드라마를 보는 듯합니다.

하나님은 갈대아 우르에 있던 아브라함에게 영광의 하나님으로
나타나셔서 "네 고향과 친척을 떠나 내가 네게 보일 땅으로 가라"
라고 명령하셨습니다(행 7:2-3). 데라는 아브라함을 통해 이 명령을
전해 듣고 자신이 주도적으로 앞장서서 아브라함을 데리고 갈대아
우르를 떠났습니다(창 11:31). 그러나 안타까운 사실은 그가 끝까지
가나안으로 가지 못하고, 하란에 머물렀다가 205세에 하란에서 죽
었다는 사실입니다(창 11:32). 실로 '지체하다'라는 데라의 이름대로

된 것입니다. 데라와 아브라함이 하란에서 지체하고 있는 상황에서 하나님은 아브라함에게 다시 나타나사, "너는 너의 본토 친척 아비 집을 떠나 내가 네게 지시할 땅으로 가라"고 명령하셨습니다(창 12:1). 아브라함은 이 명령에 순종하여 하란을 떠나 마침내 가나안에 도착하였습니다(창 12:5). 이제 하나님의 새로운 구원 역사는 아브라함을 중심으로 이루어지게 됩니다.

3. 데라 이후 아브라함이 구속사의 전면에 나오게 됩니다.

After Terah, Abraham came to the forefront of the history of redemption.

셈의 족보는 '누가 언제 누구를 낳고, 몇 년을 지내며 자녀를 낳았다'(창 11:10-26)는 형식으로 기록되고 있는데, 창세기 5장과 달리 '향수하고 죽었더라'가 생략되어 있습니다. 단지 데라 한 사람에게 '향수하고 죽었더라'로 기록하면서 창세기 11장은 데라의 죽음을 부각시키고 있습니다.

창세기 11:32 "데라는 이백 오세를 향수하고 하란에서 죽었더라"

이렇게 창세기 11장의 족보는 데라의 죽음으로 끝을 맺고 있습니다. 하나님을 배반하며 대항하기 위해 시끌벅적했던 바벨탑을 쌓던 소리도 이제는 들리지 않습니다. 벨렉과 르우, 스룩과 나홀 등 신앙의 후손이라는 사람들이 보여 준 육체주의 신앙의 냄새도 더 이상 풍기지 않습니다. 데라의 죽음과 함께 저 멀리 사라지고 잠잠해졌습니다.

그리고 오직 '아브라함' 한 사람이 구속사의 전면에 등장하고 있습니다.

정통적인 신앙 계열의 셈 자손조차 세상과 하나가 되어 우상 숭배로 얼룩진 생활을 하던 흑암 속에서, 하나님은 아브라함 한 사람을 찾아 급히 이끌고 나오신 것입니다.

바벨탑 사건 이후, 인간들이 죄악의 수렁 속으로 빠져 들어감으로 하나님의 구원 섭리가 단절될 뻔하였으나, 데라의 죽음을 끝으로 셈 계열의 어둠의 역사는 깨끗하게 종결되고, 하나님은 아브라함을 택하심으로 새로운 구원 역사를 진행하신 것입니다.

셈의 하나님은(창 9:26) 에벨의 하나님으로(창 10:21), 그리고 이제 아브라함의 하나님으로 연결되고 있습니다. 홍수 이후 함의 범죄로 신앙 계열에 먹구름이 끼었지만, "셈의 하나님을 찬송하리로다"(창 9:26) 했던 한 줄기 소망의 말씀 그대로 셈의 후손 중에서 아브라함이 선택됨으로 전 인류에게 구원의 길이 활짝 열린 것입니다.

20대 아브라함

אַבְרָהָם / Abraham

많은 무리의 아버지, 열국의 아버지
/ father of the multitude, father of nations

아브라함은 아담 이후 1948년에 출생하였습니다. 100세에 언약의 후손 이삭을 낳고, 175세(아담 이후 2123년)에 죽었습니다(대상 1:27-28, 창 21:5, 25:7, 17:1-22). 노아와는 58년 동시대에 살았습니다. 노아 이후 10대 가운데 아브라함보다 먼저 죽은 자는 아르박삿, 벨렉, 르우, 스룩, 나홀, 데라입니다. 노아 이후 10대 가운데 아브라함보다 나중에 죽은 자는 셈(아브라함보다 35년 후에 죽음), 셀라(3년 후에 죽음), 에벨(64년 후에 죽음)입니다. 누가복음의 족보에 '아브라함'(Ἀβραάμ)으로 기록되어 있습니다(눅 3:34).

아브람(אַבְרָם)의 뜻은 '높은 아버지, 존귀한 아버지'이지만, 99세에 하나님께서 개명하여 주신 이름인 아브라함은 '많은 무리의 아버지, 열국의 아버지'라는 뜻입니다(창 17:5). 이는 아브라함이 구속사적 경륜 속에서 새로운 중심인물이 되었음을 암시합니다.

아담은 첫 조상이었고, 노아는 홍수 이후 새로운 인류의 시조였으며, 아브라함은 선택된 백성 이스라엘의 조상입니다. 또한 예수 안에서 신령한 세계 만국 백성의 믿음의 조상입니다.

이제 구속사의 흐름은 아담의 아들 셋으로부터 시작하여 홍수 시대의 노아를 거쳐 마침내 아브라함까지 이르게 됩니다. 바벨탑 사건 이후 비록 셈 계열 가운데서도 실패와 반역과 타락의 역사가 거듭됐지만, 하나님은 데라의 가정에서 아브라함을 선택하신 것입니다. 아브라함이 태어난 때는 홍수 심판이 있은 지 대략 292년 되는 해요, 바벨탑 사건이 있은 지 백여 년 밖에 안 된 시기로, 죄악이 또다시 물 끓듯 차 오를 때였습니다. 그러나 아브라함을 부르심으로 새로운 하나님의 구속 경륜이 시작되었습니다.

*유구한 역사 속에서 세계 최초로 아브라함의 두 번 부르심에 대한 체계적 정립

1. 아브라함은 갈대아 우르에서 부르심을 받았습니다(창 11:31, 행 7:2-4).
Abraham received God's calling in Ur of the Chaldeans (Gen 11:31, Acts 7:2-4).

처음 아브라함은 갈대아 우르에서 '영광의 하나님'으로부터 부르심을 받았습니다. '우르'(Ur)라는 단어는 본래 '빛' 또는 '불'이란 뜻입니다. 이것은 당시의 불(火)을 숭상하는 우상 숭배의 의식에서 유래된 말이라고 학자들은 이야기하고 있습니다. 이것은 아브라함이 살던 시대가 우상을 섬기는 지극히 타락한 시대였음을 알려 줍니다. 여호수아 24:2에서도 여호수아가 백성들에게 "… 너희 조상들 곧 아브라함의 아비, 나홀의 아비 데라가 강 저편에 거하여 다른 신들을 섬겼으나"라고 말씀하고 있습니다. 하나님은 어느 날 아브라함에게 영광의 하나님으로 나타나셔서 아브라함에게 갈대아 우르를 떠나라고 명령하십니다(행 7:2-3). 이에 아브라함은 아버지 데라를 따라서 갈대아 우르를 떠나 하란에 정착하게 됩니다(창 11:31).

2. 아브라함은 하란에서 두 번째 부르심에 온전히 순종함으로 복의 근원이 되었습니다(창 12:1-3, 히 11:8).
Abraham fully obeyed God's second calling in Haran and became a blessing (Gen 12:1-3, Heb 11:8).

하란은 메소포타미아 북부 지역인 밧단 아람의 성읍 중 하나로 매우 화려한 도시였습니다. 그 주변에는 셈 계열의 일가친척들이 많이 살고 있었던 것으로 추정됩니다(창 10:22, 24:4, 25:20, 28:5).

갈대아 우르에서 떠난 아브라함은 중간 정착지였던 하란에 체류하면서 아버지 데라를 향한 정(情) 때문에 계속 떠나지 못하고 있었습니다. 데라는 이미 조상들의 죄악 속에 태어나, 죄악 속에서 먹고 마시면서 자라고, 죄짓는 일이 온 몸에 배어 있었으므로 중간 정착지였던 하란에서 그 죄악된 행실을 끊어 버리지 못하고 체류하고자 하였습니다. 그것은 '지체하다, 체류하다'라는 그 이름의 뜻대로 된 것입니다.

하란에서 상당 기간 데라와 함께 거주하고 있었던 아브라함은 그의 나이 75세에 두 번째 하나님의 부르심을 받고 하란을 떠나 마침내 가나안에 도착하였습니다(창 12:5). 이때 하나님은 창세기 12:1에서 "… 너는 너의 본토 친척 아비 집을 떠나 내가 네게 지시할 땅으로 가라"고 명령하셨습니다.

하란에서 아브라함은 이 명령에 순종하여 더 이상 아버지 데라를 붙잡지 않았습니다. 오직 말씀을 좇아(창 12:4) 마음으로부터 부친에 대한 정을 완전히 끊어 버리는 신앙의 용단을 내리고 가나안을 향해서 떠났습니다.

이에 대해 히브리서 11:8에서는 "믿음으로 아브라함은 부르심을 받았을 때에 순종하여 장래 기업으로 받을 땅에 나갈새 갈 바를 알지 못하고 나갔으며"라고 그의 믿음을 크게 인정하였습니다.

75세에 하란을 떠나 가나안에 들어간 아브라함은 175세에 죽을 때까지 100년 동안 살면서 아들 이삭과 손자 야곱을 얻게 됩니다.

3. 아브라함은 이삭과 75년, 손자 야곱과 약 15년 함께 살았습니다.

Abraham lived with Isaac for seventy-five years, and with his grandson Jacob for about fifteen years.

히브리서 11:9에서는 "믿음으로 저가 외방에 있는 것같이 약속하신 땅에 우거하여 동일한 약속을 유업으로 함께 받은 이삭과 야곱으로 더불어 장막에 거하였으니"라고 말씀하고 있습니다. 아브라함의 장막 생활의 주된 일은 무엇이었을까요? 하나님을 믿는 자신의 신앙을 그 후손들에게 전수하는 일이었습니다. 그렇게 후손들에게 신앙을 전수한 것은 창세기 18:18-19에서 아브라함을 부르신 목적이었고, 아브라함은 이에 대하여 온전히 순종하였습니다. 그 결과 아브라함의 아들 이삭은 믿음의 열매가 되었습니다. 그것은 하나님이 아브라함에게 100세에 낳은 유일한 언약의 자식인 이삭을 번제로 바치라고 했을 때(창 22:1-2), 이삭이 순종한 것에서 잘 나타나고 있습니다(창 22:9).

아브라함은 야곱과 15년을 같이 살면서 그에게도 믿음을 전수했을 것입니다. 손자 야곱에게 아브라함 자신이 갈대아 우르에서 부르심을 받았을 때부터 하란에 머무른 이야기를 비롯하여, 하란에서 가나안으로 떠난 일, 75세에 하란을 떠난 이후 100년 동안 일어났던 하나님의 놀라운 역사, 그리고 땅과 자손에 대한 하나님의 언약이 성취된다는 사실을 교육하였을 것입니다. 그것은 말로만 아니라 그의 삶 속에 묻어 난 믿음을 통해 더 크게 각인되었을 것입니다.

이렇게 믿음 안에서 아브라함과 이삭, 야곱 3대가 하나가 되었습니다. 이 후 하나님은 아브라함의 하나님, 이삭의 하나님, 야곱의 하나님으로 불리시게 되었으며, 하나님의 놀라운 구속 경륜은 이들 3대를 통하여 전개되기 시작한 것입니다(출 3:6, 15-16, 마 22:32, 막 12:26, 눅 20:37, 행 3:13, 7:32).

*유구한 역사 속에서 세계 최초로 체계적 정립 발표

4. 아브라함은 노아와 58년 동시대를 살았습니다.
Abraham lived fifty-eight years contemporaneously with Noah.

아브라함은 그의 나이 100세에 이삭을 낳았으며, 175세에 죽었습니다. 성경 연대상으로 아브라함이 출생한 때는 노아 이후 10대가 모두 생존하고 있을 때였습니다.

아브라함은 아르박삿이 290세 되던 해에 태어났으므로 그의 모든 조상들이 그 당시 아직 생존해 있었습니다. 연대표를 보면, 아브라함이 태어났을 때 노아가 아직 살아 있었습니다(노아 892세). 노아는 홍수가 있은 이후 350년을 더 살았습니다(창 9:28). 아브라함은 홍수 이후 292년 만에 태어났습니다. 이것은 성경에 직접적인 기록은 없으나, 셈의 족보를 통해서 쉽게 계산할 수 있습니다. 셈은 홍수 후 2년에 아르박삿을 낳았고(창 11:10), 그 뒤로 장자를 낳은 나이를 전부 합산해 보면, 아르박삿이 35세에 셀라를, 셀라가 30세에 에벨을, 에벨이 34세에 벨렉을, 벨렉이 30세에 르우를, 르우가 32세에 스룩을, 스룩이 30세에 나홀을, 나홀이 29세에 데라를, 데라가 70세에 아브라함을 낳았습니다(창 11:12-26). 따라서 아브라함은 홍수 이후 292년에 태어난 것입니다(2+35+30+34+30+32+30+29+70).

그렇다면 아브라함은 홍수 이후 292년 만에 태어났고, 노아는 홍수 이후 350년을 더 살았으므로 노아와 아브라함은 58년(350-292)을 동시대에 산 것입니다.

그러므로 아브라함은 노아가 950세에 죽을 때까지 58년 동안 동시대를 살았던 것입니다. 참으로 놀라운 사실입니다. 셈에서 아브라함까지 걸린 연대는 390년입니다. 이렇게 홍수 이후 하나님의 언약은 셈으로부터 아브라함에게 이르기까지 계속해서 이어져 왔고, 인류의 새로운 조상이었던 노아의 신앙은 아브라함에게 긍정적인 영향을 끼쳤을 것입니다.

아담으로부터 시작된 하나님의 구원 역사는 아담의 10대손 노아를 거쳐, 다시 노아 이후 10대 만에 아브라함에게 이르러 새로운 시작을 맞이하게 되었습니다. 이 후에 나타나는 하나님의 구원 역사는 새로운 하나님의 백성인 아브라함의 자손들과 새로운 하나님의 땅인 가나안을 중심으로 펼쳐지게 됩니다.

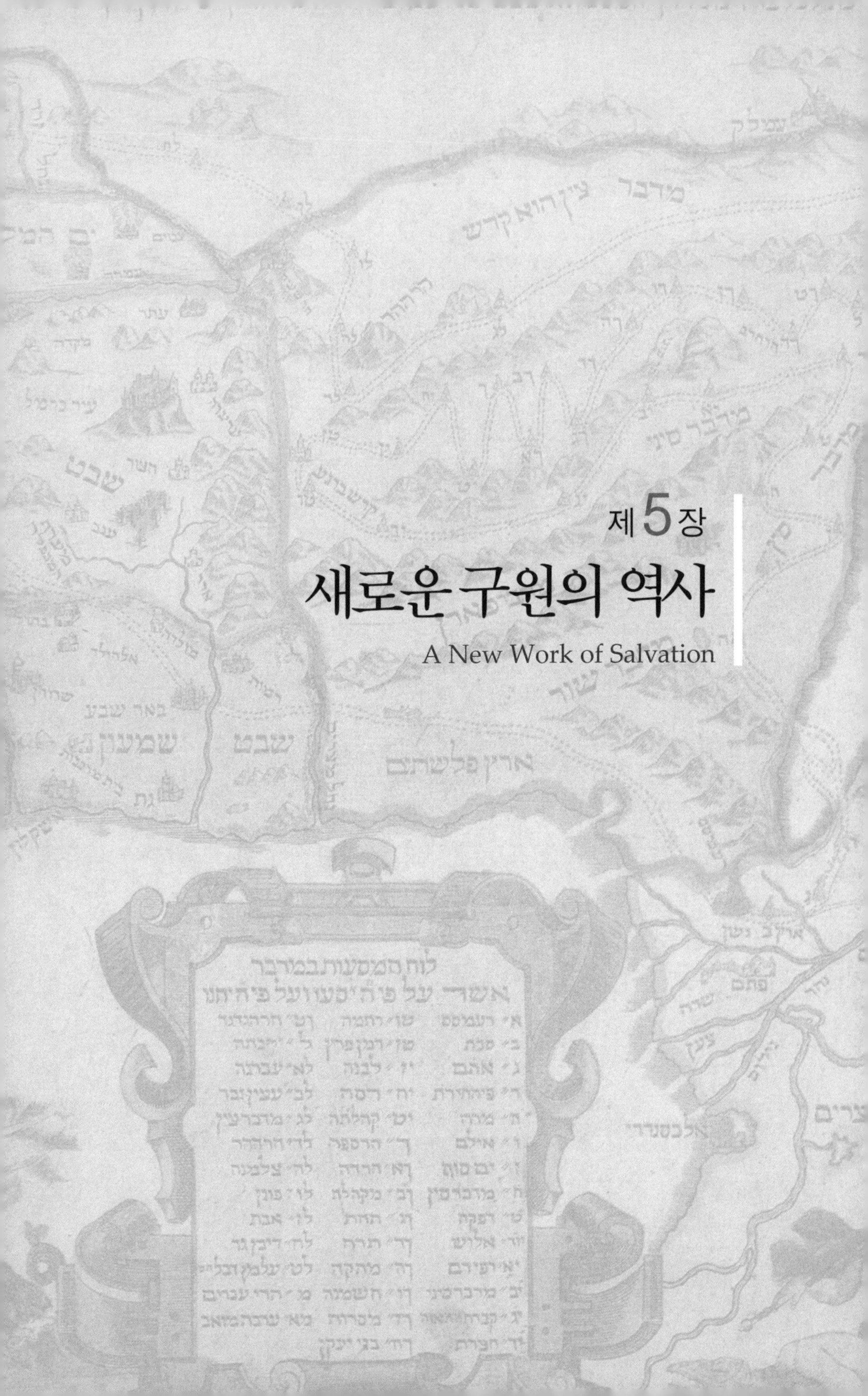

제 5 장

새로운 구원의 역사

A New Work of Salvation

새로운 구원의 역사
A NEW WORK OF SALVATION

성경에는 타락한 인류를 구원하시고자 하는 하나님의 구속사적 경륜이 담겨 있습니다. 그 중에서도 창세기에 나오는 족보는 하나님의 구속사를 선명하게 제시하고 있습니다. 창세기의 족보에는 가인 계열과 셋 계열의 두 가지 영적 흐름이 있습니다. 두 계열의 차이는 하나님의 구속사적 경륜을 성취시킬 참성도들이 새로운 구원 역사의 주역으로서 세상과 분리되어 어떻게 살아야 하는지를 보여 줍니다. 특별히 창세기 5장과 11장의 셋 계열의 흐름은 아브라함에서 끝남과 동시에 아브라함을 통해서 새로운 시대를 열고 있습니다.

아브라함까지 연결되어 내려오는 셋 계열의 족보를 한마디로 요약한다면, 하나님의 말씀을 좇아 '세상과 분리' 되어 나오는 과정이라고 할 수 있습니다. 성경은 세상과 분리된 자들이 하나님의 구속사적 경륜의 중심 인물이 되어 그것을 성취시켜 나간다는 사실을 명확히 가르쳐 주고 있습니다.

그렇다면 가인 계열과 셋 계열의 차이가 무엇이며, 세상과 분리되어 나오는 아브라함의 등장 과정은 구속사적으로 어떤 의미가 있습니까?

I
가인 계열과 셋 계열 족보의 차이

THE DIFFERENCES BETWEEN THE LINE OF CAIN
AND THE LINE OF SETH

아담과 하와는 에덴동산에서 쫓겨난 이후 가인과 아벨이라는 두 아들을 낳았습니다. 그러나 가인은 아벨을 죽이는 끔찍한 일을 저질렀습니다. 하나님은 죽은 아벨을 대신하여 셋이라는 새로운 다른 씨를 주셨습니다(창 4:25). 그 이후 아벨의 죽음으로 아담의 두 아들은 가인과 셋으로 나누어지게 됩니다. 한 부모에게서 출생한 자녀였지만, 이 둘은 장차 두 흐름을 대표하는 조상이 되었습니다. 셋은 하나님의 말씀에 순종하고 그 뜻과 섭리를 받들어 이 땅에 하나님의 구원을 성취하는 선민 족보의 조상이 되었고, 가인은 하나님의 뜻에 도전하고 성도들을 핍박하며 하나님의 구원 역사를 가로막고 방해하는 세력의 조상이 되고 말았습니다. 신구약성경 전체에는 명백하게 이와 같은 두 가지 영적 흐름이 나타나 있습니다.

지금까지 연구한 셋 계열의 족보와 가인 계열의 족보를 볼 때, 셋 계열은 하나님께 뿌리를 두며 하나님의 구속 사역에 동참하고, 이 땅에서 장수의 축복을 누렸음을 알 수 있습니다. 반면에 가인 계열은 세속 사회에서 번영을 구가(謳歌)하긴 했으나 하나님과 단절되고, 하나님의 선민을 방해하며 구속 역사의 흐름을 가로막는 사악한 편에 서 있었다는 것을 발견하게 됩니다. 그렇다면 두 계열의 차이는 구체적으로 무엇입니까?

1. 가인 계열의 족보와 셋 계열의 족보는 '시작'이 다릅니다.

The genealogies of Cain and Seth had different beginnings.

무엇이든지 시작이 중요합니다. 한 번 시작이 잘못되면 전체가 잘 못될 가능성이 많습니다. 두 계열의 족보는 시작이 전혀 다릅니다.

첫째, 가인 계열의 족보는 하나님을 떠남으로 시작되었습니다.

창세기 4:16에서 "가인이 여호와의 앞을 떠나 나가 에덴 동편 놋 땅에 거하였더니"라고 말씀하고 있습니다. 가인은 하나님 앞을 떠 나서 그의 아들 에녹을 낳게 됩니다. 이처럼 하나님을 떠남으로 시 작된 가인 계열의 족보는 하나님과는 아무 상관이 없는 족보가 되 고 말았습니다. 그들이 세상적으로 아무리 화려한 업적을 이룩했을 지라도 하나님을 떠난 자들은 저주를 받아 멸망하게 되어 있습니 다(시 73:27). 예레미야 17:5에서 "나 여호와가 이같이 말하노라 무릇 사람을 믿으며 혈육으로 그 권력을 삼고 마음이 여호와에게서 떠난 그 사람은 저주를 받을 것이라"라고 말씀하고 있습니다.

둘째, 셋 계열의 족보는 하나님으로부터 시작되었습니다.

창세기 5:1-3에서 아담 자손의 족보를 소개하고 있습니다. 그런 데 아담을 하나님이 창조하셨고, 그 아담이 130세에 아들을 낳아 이름을 셋이라고 하였습니다. 그러므로 셋 계열의 족보는 위로 아 담에서 시작되고 더 나아가 하나님으로부터 시작되었던 것입니다.

누가복음 3장에 나오는 예수님의 족보에서도 "… 그 이상은 셋 이요 그 이상은 아담이요 그 이상은 하나님이시니라"라고 기록하 심으로, 하나님의 구속사적 경륜이 셋 계열의 족보를 통해서 이루어지고 있음을 확실하게 증거하고 있습니다.

이러한 사실을 뒷받침하는 것은 노아 시대에 셋 계열의 사람들이 '하나님의 아들들'이라는 영예로운 칭호를 받았던 사실에서 찾아볼 수 있습니다(창 6:2). 우리는 '하나님의 아들들'이 되고, 하나님은 우리의 '아버지'가 되신다는 사실은 성경 곳곳에서 소개되고 있습니다(출 4:22, 신 1:31, 14:1, 32:5-6, 삼하 7:14, 대상 22:10, 사 1:2, 9:6, 63:16, 64:8, 렘 3:4, 19, 31:9, 호 11:1, 말 2:10, 시 2:7, 68:5, 89:26-27, 마 5:45, 6:4, 7:11, 10:20, 29, 32, 11:25, 23:9, 막 11:25, 눅 2:49, 6:36, 10:21-22, 11:2, 12:30, 요 1:12, 4:21, 8:41, 54, 20:17, 갈 4:6, 엡 1:17, 벧전 1:17).

이러한 사실을 오늘날 성도들의 삶에 적용해 볼 때 기도하지 않는 사람은 하나님을 떠난 사람이요, 기도하는 사람은 하나님으로부터 시작되는 사람이라 할 수 있습니다(신 4:7). 또 하나님의 말씀을 멀리하는 사람은 하나님을 떠난 사람이요, 하나님의 말씀을 가까이하는 사람은 하나님으로부터 시작되는 사람이라 할 수 있습니다(시 1:1-3).

2. 가인 계열의 족보와 셋 계열의 족보는 '삶의 방식'이 다릅니다.
The genealogies of Cain and Seth demonstrate different lifestyles.

가인 계열의 족보와 셋 계열 족보의 차이점 중 주목해야 할 것은 그들의 삶의 방식이 다르다는 사실입니다. 인간이 세상을 살아가는 삶의 방식은 크게 두 가지입니다. 하나는 오직 자신의 성공과 행복을 위해서 살아가는 자기 중심적인 삶의 방식이 있고, 또 하나는 오직 하나님의 영광을 위해서 살아가는 하나님 중심적인 삶의 방식입니다.

첫째, 가인 계열의 자손들은 오직 자기 중심적인삶의 방식으로 인생을 살았습니다.

창세기 4장에서 가인 계열의 족보에 나오는 인물들은 다양한 분야에서 문화와 문명의 창시자들입니다. 세상적으로 볼 때는 성공하였다고 인정받기에 충분한 인생들이었습니다. 하나님의 앞을 떠났던 가인은 인간 최초로 성을 쌓고, 그 성의 이름을 자신의 아들의 이름대로 '에녹'이라고 불렀습니다(창 4:17). 그의 삶의 방식은 성을 쌓음으로 오직 자기를 잘 보호하고 자기의 이름을 내는 것이었습니다. 이러한 가인 계열의 삶은 아담의 7대손 라멕에 이르러 절정에 이릅니다. 라멕은 창상(작은 상처)을 인하여 어린 소년을 죽이고 살인자가 되는, 철저하게 자기 중심적인 삶을 살았습니다. 라멕의 아들들은 각종 문명의 창시자로 이름을 떨치게 됩니다. 창세기 4:20-22에서 '야발'은 육축 치는 자의 조상이 되었고, 그의 아우 '유발'은 수금과 통소를 잡는 모든 자의 조상이 되었으며, '두발가인'은 동철로 각양 날카로운 기계를 만드는 자였습니다. 그러나 그들의 삶은 하나님의 이름을 내지 않고 하나님과 아무런 상관이 없는, 철저하게 자기 중심적인 삶이었습니다. 이러한 가인 계열의 자기 중심적인 삶은 바벨탑 사건에서 확실하게 드러납니다. 그들이 성과 대를 쌓은 목적은 결국 자신들의 이름을 내기 위한 것이었습니다(창 11:4).

둘째, 셋 계열의 족보는 하나님 중심적인 삶의 방식으로 인생을 살았습니다.

창세기 5장에 나오는 셋 계열 족보의 인물들은 세상의 문명을 이룩하며 자신의 이름을 내는 일과는 아무런 관련이 없었습니다. 이들의 특징은 한결같이 하나님의 영광을 위한 하나님 중심적인 삶이었습니다.

에노스는 하나님의 이름을 부르며 예배를 드렸습니다. 마할랄렐은 하나님을 찬양하며 살았습니다. 에녹은 300년 동안 하나님과 동행하며 살았습니다. 므두셀라는 자신의 이름대로 하나님의 심판으로 인한 종말을 바라보며 살았습니다. 라멕은 아들 노아를 통하여 하나님의 안식이 이루어질 것을 소망했습니다. 노아는 방주를 지으면서 하나님의 말씀대로 준행하는 삶을 살았습니다. 이들의 삶은 한결같이 하나님의 영광을 나타내는, 하나님 중심적인 삶이었습니다.

역사가 시작된 이래로 오늘날까지 전 인류의 삶은 이와 같이 가인 계열의 길과 셋 계열의 길로 나뉘어져 왔습니다. 가인 계열의 길은 자기 분야에서 성공한 결과 일시적으로 돈과 명예와 권력을 거머쥐고 인기를 받을지는 모릅니다. 그러나 성경은 아무리 화려한 인생을 살아도 가인의 길을 걷는 자들에게는 화가 있다고 말씀하고 있습니다. 가인의 길을 걷는 자들은 죽고 또 죽어 뿌리 뽑힌 나무요, 자기의 수치의 거품을 뿜는 바다의 거친 물결이요, 영원히 예비된 캄캄한 흑암에 돌아갈 유리하는 별들입니다(유 11-13). 잎사귀 마른 상수리나무요, 물 없는 동산입니다(사 1:30). 그들은 '물을 저축지 못할 터진 웅덩이'입니다(렘 2:13). 아무리 많은 물을 마시고 또 마셔도 점점 목이 갈합니다. 저주 받은 사막의 떨기나무 같아서 좋은 일의 오는 것을 보지 못합니다(렘 17:5-6). 근심, 걱정, 슬픔, 아픔 등이 끊임없이 닥쳐옵니다. 이 모든 것은 그들이 생수의 근원이신 하나님을 버린 결과입니다.

그러나, 셋 계열의 자손들은 하나님의 이름을 빛낸 결과 그들의 생애가 늙어도 결실하며 진액이 풍족하고 빛이 청청합니다(시 92:14). 생수의 근원이신 하나님은(렘 2:13, 17:13), 그들의 생애 처음부터 끝까지 책임져 주시고 보호해 주시며, 그들을 모든 이름 위에 뛰어나게 해 주시고(빌 2:9), 영원히 지워지지 않게 해 주셨습니다.

3. 가인 계열의 족보와 셋 계열의 족보는 '출생'과 '사망'에 대한 기록이 다릅니다.
The genealogies of Cain and Seth have different records of birth and death.

창세기 5장에 나타난 셋 계열 족보의 특징 중에 "… 낳았고… 지내며… 향수하고 죽었더라"라는 표현이 반복되고 있습니다. 이 족보에는 출생과 사망에 대한 구체적인 연대의 기록과 향수한 기간이 정확하게 기록되어 있습니다. 그러나 가인 계열의 족보에는 출생과 사망에 관한 기록, 그리고 향수한 연도가 나타나 있지 않습니다. 이것은 무엇을 의미합니까?

첫째, 하나님께서 인정하시는 삶과 인정하시지 않는 삶이
      있다는 것을 가르쳐 줍니다.

가인 계열의 족보를 볼 때, 언제 출생하여 얼마를 살다가 언제 죽었는지에 대한 기록이 없는 것은 하나님이 그들의 삶을 인정하시지 않으셨다는 것입니다. 세상의 많은 사람들이 아무리 화려하고 성공적인 인생이라고 인정하여도, 하나님 앞에 인정받지 못한 인생은

그 연대가 기록되지 않은 것입니다.

그러나 셋 계열의 자손들의 삶은 하나님이 인정하시는 삶이기에 출생과 생애, 그리고 죽은 날짜까지 모두 정확하게 기록되어 있습니다. 시편 1:6에서 "대저 의인의 길은 여호와께서 인정하시나 악인의 길은 망하리로다"라고 말씀하고 있습니다. 그러므로 하나님은 하나님이 인정하시는 셋 계열을 통해서 구속 역사의 경륜을 이끌어 오신 것입니다.

**둘째, 신앙의 계승과 연속성의 문제에서 차이가 있음을
    가르쳐 줍니다.**

가인 계열의 족보는 그 후손들에게 하나님에 관한 신앙과 영적 유산이 계승되지 않았습니다. 그들의 삶은 개개인이 분리된 극히 개인주의적인 모습을 보여 줍니다. 각자 자아도취에 빠져, 자신의 세계만을 고집하며 자신의 아성(牙城)을 쌓고 살다가 허무하게 사라져 간 인생들이었던 것입니다.

반면에 셋 계열의 족보는 오랜 세월 끊어짐 없이 신앙의 대(代)가 이어졌습니다. 셋 계열의 인물들이 자녀에게 전수한 하나님의 말씀과 그들의 신앙 업적은 아비에게서 자녀에게로 꾸준히 대물림되었습니다(욜 1:3, 시 78:3-8, 사 38:19).

그리하여 가인 계열의 자녀들은 7대의 기록으로 짧게 끝나고 말았지만, 셋 계열의 자녀들은 아담부터 20대손 아브라함까지 이어지고 있습니다. 비록 중간에 약간의 굴곡이 있었지만, 최종적으로 메시아가 오시기까지 경건한 후손들의 출생과 신앙의 업적은 단절되지 않았습니다. 아담부터 메시아까지, 그리고 오늘날 우리에게까지 끊어지지 않고 연결되어 왔습니다. 이처럼 자손이 계속된다는 것은, 개인은 죽지만 인류에게 내려진 죽음의 저주를 극복시키기

위한 하나님의 생명의 역사는 경건한 자손들을 통해 쉬지 않고 계속되었음을 보여 줍니다.

셋째, 똑같은 사람의 삶이지만 '짐승' 같은 삶이 있고, 참
　　　'사람'다운 삶이 있다는 것을 가르쳐 줍니다.

　가인 계열 자손들의 삶은 마치 짐승들의 삶과 한가지입니다. 짐승들은 '낳고, 죽고'만을 무의미하게 반복합니다. 가인 계열의 자녀들은 생애의 시작부터 마감하는 날까지 단 한 번도 자기 시대를 향한 구속사적인 시기와 때를 주목했거나 은혜로 살아간 흔적이 전혀 없이 오로지 자기 중심, 자기 만족만을 위해 살다 간 자들입니다. 이렇게 하나님의 뜻을 깨닫지 못하는 인생에 대해 성경은 짐승과 별반 다를 바 없다고 말씀하고 있습니다(시 49:12, 20, 전 3:18-19).
　그러나 셋 계열의 자손들에 대해서는 짐승이 아니라 '사람'의 지위를 부여하고 있음을 볼 수 있습니다. 창세기 5:2에서 "그 이름을 사람이라 일컬으셨더라"라고 말씀하시고 바로 이어서 창세기 5:3에서 '아담이 셋을 낳았다'라고 말씀하고 있습니다. 이것은 셋 계열의 족보야말로 하나님이 창조하실 때 하나님의 형상으로 만드신 참 '사람'의 모습을 계승하고 있음을 말합니다.

4. 가인 계열의 족보와 셋 계열의 족보는 '장수'에 대한 기록이 다릅니다.

The genealogies of Cain and Seth had different records of longevity.

　가인 계열의 자녀들은 출생 연도나 사망한 나이 등에 관한 기록이 없기 때문에 이 땅에서 몇 년 동안 살았는지 전혀 알 길이 없습니다.

반면에 셋 계열의 자녀들은 이 땅에서 장수의 축복을 누렸습니다. '장수(長壽)의 복'은 가인의 후예와 달리 셋의 후예들에게 주어진 하나님의 특별한 복이었습니다. 이러한 장수의 축복을 증거하는 것이 바로 "향수하고"라는 표현입니다. 셋 계열 족보에 나오는 족장들의 말년은 공통적으로 "향수하고 죽었더라"라고 기록되어 있습니다(창 5:5, 8, 11, 14, 17, 20, 27, 31). '향수(享壽)하였다'는 것은 단순히 오래 산 것을 의미하는 것이 아니라, 영육간에 건강하게 생명의 축복을 누렸음을 의미합니다. 셋 계열의 장수는 나약하고 병든 상태로의 장수가 아니라 건강한 장수, 축복의 장수였습니다. 오랜 병을 앓으면서 본인이 괴로워하고, 가족들까지 고생시키다가 죽은 것이 아닙니다. 향수는 한자로 풀어 보면 '누릴 향(享), 목숨 수(壽)'로서, 그 뜻은 '오래 사는 복을 누린다'는 것입니다. 영어로는 'enjoy'라고 표현되어 있습니다.

하나님이 정하신 자기 수명을 모두 '향수하고 죽는 것' 그것은 진정 하나님의 은혜요, 돌보아 주신 역사입니다. 셋 계열의 족보에 나오는 경건한 자손들은 고령이 되어 생애를 마치기까지 자녀를 낳았다고 하였는데, 이것은 그들이 하나님의 축복 속에 건강한 장수를 누리면서 살았다는 것을 말합니다(잠 4:20-23). 그렇다면 셋 계열의 자손들이 '향수'의 축복을 받은 비결은 무엇이었습니까?

첫째, 하나님을 경외했기 때문입니다.

성경은 가장 큰 장수의 비결을 '하나님을 경외하는 일'이라고 말씀하고 있습니다(신 4:40, 5:16, 6:2-3, 11:9, 22:7, 출 20:12, 왕상 3:14, 욥 22:15-16, 시 21:4, 55:23, 91:16, 잠 3:1-2, 7-8, 16, 4:20-23, 9:11, 10:27, 16:31, 전 7:17, 8:12-13, 엡 6:1-3). 잠언 10:27에서 "여호와를 경외하면 장수

하느니라 그러나 악인의 년세는 짧아지느니라"라고 말씀하고 있습니다. '경외한다'는 것은 하나님을 두려운 존재로 알아, 거짓 없이 공경하며 온 마음을 다하여 섬기는 것입니다. 전도서의 결론은 "하나님을 경외하고 그 명령을 지킬지어다 이것이 사람의 본분이니라"라고 말씀하고 있습니다(전 12:13). 하나님을 경외하는 일은 하나님의 명령이라고 성경 여러 곳에서 자주 기록하고 있습니다(레 19:14, 32, 신 5:29, 6:2, 10:12, 20, 잠 3:7, 23:17). 하나님을 경외하는 것이 모든 지혜의 근본입니다(욥 28:28, 시 111:10, 잠 1:7, 9:10). 하나님을 경외할 때 악을 피하고 악에서 떠나게 됩니다(잠 3:7, 8:13, 16:6, 17, 욥 28:28). 하나님을 경외하는 것은 온갖 부족함이 없는 축복이 쏟아지는 통로입니다(사 33:6, 시 34:7-9, 128:1, 잠 14:26-27, 22:4).

고린도후서 7:1에서는 말세에 온갖 더러운 죄악이 난무하는 때에 성도가 흠 없이 점 없이 자기의 영육을 지키는 길은 오직 하나님을 경외하는 데 있다고 하였습니다. 하나님을 경외함으로 거룩함을 온전히 이루고 주님을 만나는 자들이 되시기를 바랍니다(히 12:14).

둘째, 죄를 멀리했기 때문입니다.

우리가 장수하기를 원한다면 하루 속히 우리 삶 주변에 가까이 있는 '죄'부터 속히 해결해야만 합니다. '죄'는 인간의 수명을 단축시키고 위로부터 오는 모든 좋은 것을 막는 가장 큰 장애물이기 때문입니다(렘 5:23-25). 셋 계열의 자손들 가운데 '장수'한 사람들은 하나같이 자신의 죄를 회개하면서 죄를 멀리하는 삶을 살았습니다. 성경에 기록된 최장수 인물은 므두셀라(969세)이며, 그 다음은 야렛(아담의 6대손)으로 962세를 향수하였고, 세 번째는 노아(아담의 10대손)로 950세를 향수하였습니다. 이들의 장수는 본래 영생불사의 존재로 창조된 인간의 원형을 회고하게 합니다(요일 2:25).

본래 영생하도록 창조된 인간들이었지만 죄로 말미암아 사망이 왔습니다(롬 5:12, 6:23). 그러나 바로 사망하지 않고 오래 살게 된 것은 하나님이 죄로 인한 형벌을 어느 정도 유예해 주셨기 때문입니다. 이러한 하나님의 사랑을 입고도 인간들이 계속 범죄하자 수명은 점점 단축되었습니다. 노아 때 홍수 사건을 기점으로 인간의 수명은 급격히 줄었으며, 인간들의 이름을 과시하고 하나님께 도전하려고 쌓았던 바벨탑 사건이 있은 이후, 또다시 수명은 기존의 반으로 짧아졌습니다. 처음에 아담의 후손들은 천 년 가까운 수명을 누렸으나, 노아 홍수 이후 평균 수명은 400-600세로, 바벨탑 사건 이후 평균 수명은 200년대로 급격하게 단축되었으며, 아브라함 이후로는 200년 선을 넘지 못합니다. 120세를 살기까지 눈이 흐려지지 않았다는 모세는 시편 90편에서 '사람의 목숨이 기껏해야 70, 강건하면 80'이라고 하였습니다(시 90:10).

수명이 짧아지는 현상은 분명 죄가 인간 생활에 깊숙이 파고 든 결과입니다(시 55:23). 인간의 죄는 사람의 수명뿐만 아니라 우리가 늘 숨을 쉬고 먹고 마시는 모든 자연 만물의 환경에까지 영향을 미쳤습니다(호 4:2-3, 암 4:6-10). 하나님의 만물 창조 원리에서 보면, 지구는 태양을 중심해서 자전과 공전을 통하여 하루 24시간을 움직이면서 사람들이 살기에 아름답고 적합한 진선미의 춘하추동을 유지하였으며(창 1:14), 수억만 개의 별들 또한 자기 위치를 지키면서 우주가 질서 있게 유지되고 있었습니다. 그것들의 엄정하고도 경이로운 질서는 과연, 하나님의 신묘막측하심과 인간에 대한 깊은 사랑을 보여 주고 있습니다(시 139:14).

이처럼 본래 우주 만물은 사람에게 이롭게 창조되었던 것입니다.

그런데, 창조주가 한탄하실 만큼 온 세상이 죄악으로 관영하고 강
포가 땅에 충만해지자(창 6:5-7, 11-12), 하나님이 사람 지으셨음을 한
탄하시고 홍수로 세상을 심판하셨습니다.

대홍수 이후, 조화롭게 운행되던 자연 질서, 사람이 살기에 적절
했던 모든 기후나 풍토는 확실히 여러 면에서 창조 때와는 많이 달
라졌습니다(창 8:22). 죄의 결과로 온 홍수 심판과, 그 이후 지구에
찾아온 기후 변화로, 이제 자연은 더 이상 인류에게 이로움만 주던
이전의 모습이 아닙니다. 홍수 이전과 다른 비정상적인 기후와 급
격한 계절 변화(살인적인 혹한 혹서나 극한 극서)로 사람들의 노화 속
도가 빨라지고, 쉽게 병들어 인간의 수명이 현저히 단축되었습니
다. 창세기 8:22와 같은 결과의 원인이 '사람들의 생각이 어려서부
터 악하기 때문'이라고 말씀하고 있습니다(창 8:21). 만물이 사람을
이롭게 하지 못하고 도리어 사람을 상하게 된 것은 명백하게 사람
들이 지은 '죄'의 결과였던 것입니다(렘 5:23-25). 이것에 대해 창세
기 3:17에서는 "아담에게 이르시되 네가 네 아내의 말을 듣고 내가
너더러 먹지 말라 한 나무 실과를 먹었은즉 땅은 너로 인하여 저주
를 받고 너는 종신토록 수고하여야 그 소산을 먹으리라"라고 말씀
하고 있습니다.

셋째, 부모를 공경했기 때문입니다.

성경은 부모를 공경하면 장수한다고 말씀하고 있습니다(엡 6:1-3,
신 5:16). 십계명의 다섯 번째 계명에서도 "네 부모를 공경하라 그리
하면 너의 하나님 나 여호와가 네게 준 땅에서 네 생명이 길리라"
라고 말씀하고 있습니다(출 20:12).

이러한 성경의 일관된 말씀들을 볼 때, 셋 계열의 자손들 가운데

장수한 자들은 부모를 공경했다는 것을 능히 미루어 짐작할 수 있습니다. 그렇다면 부모를 공경하는 것이 왜 중요합니까? 그것은 부모를 공경하는 것이 바로 우리들 자신의 존재 근원을 기억하는 것이기 때문입니다. 부모를 공경하는 것은 더 나아가 부모를 만드신 하나님을 공경하는 것입니다. 십계명 가운데 다섯 번째부터 열 번째까지의 계명은 사람과 관련된 계명입니다. 그런데 이 중에서 거룩하신 '하나님 여호와'라는 칭호가 들어간 것은 오직 "네 부모를 공경하라"라는 다섯 번째 계명뿐입니다. 이것은 부모 공경이 곧 하나님의 공경으로 이어지기 때문입니다. 우리는 부모 공경을 통하여 우리에게 생명을 주시고 그 존재 근원이신 하나님을 기억해야 하는 것입니다.

이상에서 살펴보았듯이, 진정 하나님의 말씀에 순종하여 죄를 범치 않는 자에게는 특별한 '장수'의 축복이 임할 것입니다(잠 3:1-2). '죄'의 결과가 얼마나 비참하고 무서운가를 깊이 깨닫고 죄를 멀리 하여, 각각 자기 사명의 위치에서 하나님을 경외하며 자기 본분을 다할 때, 좋은 기회가 찾아오고, 좋은 일이 생기고, 영적 생명의 역사가 나타나고 인생은 창성하며 전진하게 됩니다. 그것은 경건한 셋 계열에서 확인된 바와 같이, 우리 당대뿐 아니라 주님 재림하시는 그날까지 자손 대대로 계승되어야 할 영원한 말씀입니다.

그렇다면 아담 이후 모든 인생들이 죄로 말미암아 죽을 수밖에 없는 현실에도 불구하고, 하나님이 경건한 자손들에게 장수의 축복이라는 사랑과 자비를 베풀어 주신 이유는 무엇입니까? 거기에는 단순히 종족 번식이라는 생물학적인 의미를 넘어 더 큰 뜻이 담겨 있습니다.

첫째, 생육하고 번성하여 땅에 충만하라는 하나님의 축복이
　　　실현된 것입니다(창 1:28, 9:1, 7).

　이러한 축복에 따라서 셋 계열의 자손들은 대가 끊어지지 않았
으며, 아담의 20대손 아브라함의 후손들로 말미암아 이스라엘 민
족이 형성되었고, 마침내 예수 그리스도를 통하여 수많은 영적 아
브라함의 자손들이 나오게 되었습니다(갈 3:7-9, 29).

둘째, 경건한 자손들을 통하여 하나님의 구속사적 경륜을
　　　전수시킴으로 하나님의 약속을 성취시키기 위해서입니다.

　경건한 역대의 족장들은 장수하면서 자기의 후손들에게 하나님
의 말씀을 가르쳤으며(창 18:18-19), 그에 따라 그들의 후손들은 조상
들을 통하여 하나님의 말씀을 정확히 전수 받았습니다. 이처럼 장
수를 통하여 말씀의 계승이라는 섭리의 목적을 이루셨던 것입니다.
　창세기 5장에 28회나 나오는 '낳았다'라는 표현은 모두가 히브
리어 문법상 히필(Hiphil)형입니다. 곧 하나님이 그 배후에서 적극
적으로 개입하셔서 구원 섭리 가운데 자식을 낳도록 하셨다는 뜻입
니다. 경건한 셋 계열의 자손들이 끊임없이 이어진 것은 확실히 그
배후에 하나님의 절대 주권적인 역사하심이 있었던 것입니다.
　결국 하나님은 캄캄한 암흑 시대에 한 줄기 등불이었던 경건한
자손들을 장수케 하심으로써 당신의 거룩한 씨를 보존시켰습니다.
이러한 경건한 자손들의 장수는 말씀을 전달하는 방편이 되었으며,
하나님과 거룩한 교제가 더욱 깊어지고 친밀해지며, 언약을 확실하
게 계승하여 온전히 성취되도록 하시려는 하나님의 섭리였습니다.
　언젠가 모든 죄의 문제가 해결되고, 깨어진 자연 만물이 회복되
며, 사망이 없는 영원한 생명의 날이 반드시 올 것입니다(계 21:1-4).

이사야 선지자는 '그 만물들이 사람을 상하게 하는 일이 없는 날이 올 것'이라고 예언하였는데(사 11:6-9, 65:17-25, 참고-시 121:6), 그것은 장차 여호와를 아는 지식이 온 땅에 충만하게 될 때입니다(합 2:14).

바로 그날은 예수 그리스도의 재림으로 말미암아 만물을 새롭게 하시는 때입니다(계 21:5). 이날은 탄식하던 피조물들도 고대하는 때입니다(롬 8:19-23). 다시는 눈물과 사망과 애통하는 것이나 곡하는 것이나 아픈 것이 없는 새로운 세계입니다(계 21:3-4). 하나님은 이 영광스러운 날이 도래하는 길을 준비하시기 위하여 셋 계열의 족보 가운데 아브라함을 택하시고 부르셨습니다. 실로 그가 구속사의 전면에 나타나기까지의 역사는 죄로부터 선민을 불러내는 '분리'의 역사였습니다.

II
분리의 역사
THE WORK OF SEPARATION

창세기 12:1 "여호와께서 아브람에게 이르시되 너는 너의 본토 친척 아비 집을 떠나 내가 네게 지시할 땅으로 가라"

사실 이스라엘의 역사는 하나님이 아브라함에게 내리신 '떠나라'는 분리의 명령으로 시작되었습니다. 하나님은 메시아를 이 땅에 보내시기 위해 이스라엘이라는 한 나라를 세우시기까지 오랫동안 분리 또는 격리시키는 데 치중하셨습니다.

무엇으로부터의 분리였습니까? 족장들이 살았던 당시의 편만했던 죄악 세상으로부터입니다. 셋 계열의 족보(창 5:1-32)와 노아의 장자인 셈 계열의 족보(창 11:10-32)는 아담의 때로부터 아브라함의 때에 이르기까지 하나님이 택하신 백성의 혈통을 계속해서 따로 구별하시고 분리하시고 보호해 오셨음을 보여 주는 데 주안점이 있습니다.

분리의 궁극적인 목적은 하나님이 전 인류의 구원 역사를 진행시키시기 위한 것으로, 아담부터 시작하여 선민 이스라엘의 최초 직계 조상인 아브라함이 나기까지, 그리고 이 땅에 구원자가 오시기까지입니다. 바로 성경에서 말씀하시는 구속사의 결정적인 때까지 경건한 신앙의 맥이 끊어지지 않게 하시려는 것입니다(말 2:15, 호 11:4). 그래서 끝없는 사랑과 보호로, 때로는 막대기와 채찍으로 어둠의 세력과의 분리의 역사를 진행시키셨습니다.

분리의 역사는 언제나 아픔을 동반합니다. 가슴 아픈 눈물이 없이는 분리의 역사를 감당할 수도 없고 이해할 수도 없습니다. 믿음의 조상 아브라함은 바로 그 분리의 역사를 주관해 오신 하나님의 눈물과 땀의 최종 결정체로서, 인류 구원 역사를 위한 건실한 종자였습니다.

1. 노아 이후 족장들의 분리의 역사
The work of separation among the patriarchs after Noah

셋 계열의 족보 가운데 특별히 셈의 아들 아르박삿부터 아브라함까지 족장들의 이름 속에는, 신앙의 정착을 위해 세상에서 떠나는 끊임없는 분리가 점진적(漸進的)으로 암시되어 있습니다. 하나님은 홍수 심판 이후에 새로운 시대를 여시고, 경건한 셈 계열의 족장들이 우상 숭배와의 싸움을 온전히 극복하고 신앙의 정통을 지키면서 순례자의 길을 걷기를 원하셨던 것입니다. 그들은 신앙의 정통을 지키기 위해 땅에 정착하거나 안주할 새 없이 끝없는 순례자의 길을 걸어야 했습니다. 그때에 비로소 '셈의 하나님'은 그 자손들의 하나님이 되실 것입니다(창 9:26). 셈의 자손들의 이름에서는 그들이 피할 수 없이 겪어야 했던 분리의 아픔이 느껴집니다.

그러나 안타까운 사실은 벨렉 이후 셈의 후손들이 그 이름의 긍정적인 의미대로 살지 못하고 세상과 분리되기는커녕 오히려 세상과 짝하며 살았다는 사실입니다.

이제 경건한 자손을 얻기 위해 하나님이 제시한 분리의 방법들을 그들의 이름의 긍정적인 의미를 통해 오늘에 적용시키면서 살펴보도록 하겠습니다.

아르박삿 אַרְפַּכְשַׁד, Ἀρφαξαδ, Arpachshad

아르박삿은 셈의 아들입니다. 그 이름은 '영역'이라는 뜻입니다. 기존의 땅으로부터 자기들만의 새로운 영역으로 분리되어 나오는 것입니다. 원래 이스라엘은 아주 작은 민족이었습니다. 그러나 하나님은 그들을 택하여 하나님의 성민(聖民)으로 삼으시고 자기의 영역으로 세우셨습니다(출 19:6, 신 7:6-7). 그러므로 예수님께서 하늘 보좌 영광을 버리시고 내려오신 땅은 바로 '자기 땅(영역)'입니다(요 1:11). 우리 또한 하나님이 택하신 '자기 영역(땅)'입니다.

그렇다면 하나님의 자기 영역, 자기 기업의 백성이 된 자들은 어떻게 살아야 합니까?

첫째, 하나님의 말씀에 순종해야 합니다.

내가 어떤 나라의 국민이라면 그 나라의 법에 순종해야 하듯이, 우리가 하나님의 영역이라면 당연히 하나님의 말씀의 법에 순종해야 합니다. 그래서 출애굽기 19:5에서는 "세계가 다 내게 속하였나니 너희가 내 말을 잘 듣고 내 언약을 지키면 너희는 열국 중에서 내 소유가 되겠고"라고 말씀하고 있습니다.

둘째, 거룩한 영역이 되어야 합니다.

하나님의 영역이 된 자들을 가리켜서 출애굽기 19:6에서는 "거

룩한 백성"이라고 말씀하고 있으며, 베드로전서 2:9에서는 "거룩한 나라"라고 말씀하고 있습니다. 우리의 주인이신 하나님이 거룩하신 분이므로, 그의 영역 된 우리도 거룩한 자가 되어야 합니다(레 11:45). 죄악의 손, 흑암의 손이 나를 만지지 못하도록 자신의 성별을 지켜 가야 합니다(요일 5:18). 그것은 주님이 강림하실 때까지입니다(살전 5:23).

세상과 분리되어 나온 성도는 더 이상 사단의 통치 아래 있지 아니합니다. 하나님의 지대한 관심, 끝없는 권고하심이 있습니다. 그래서 '주의 백성, 주의 기업'(신 9:26, 29), '주의 백성'(신 32:43), '자기의 보배로운 백성'(신 26:18), '네 하나님 여호와의 성민'(신 26:19)이라고 불렀습니다. 세계 민족 위에 뛰어나게 하실 것이라고 약속하셨습니다(신 4:6-8, 26:19, 28:1). 그러므로 하나님의 주권적인 통치를 받는 거룩한 영역, 거룩한 성도는 이 땅에서 가장 큰 행복자입니다(신 33:29).

셀라 שֵׁלָח, Σαλά, Shelah

셀라는 아르박삿의 아들입니다. 셀라의 뜻은 '(멀리 밖으로) 내던지다'입니다. 특정한 방향이나 목표를 가지고 다른 먼 곳으로 보내어진 분리의 상태를 말합니다. 하나님의 목적과 뜻이 있는 곳, 하나님이 기뻐하시는 곳이라면, 아무리 낯선 곳이라도, 아무리 불편한 곳이라도, 가장 비천한 곳에 내던짐을 당한다 할지라도 지금 사는 영역을 훌훌 벗어 버리고 떠나는 결단이 있어야 하는 것입니다. 찬송가 355장처럼 '아골 골짝 빈 들'에도 하나님의 뜻이 머문 곳이라면 복음 들고 그 사명지로 달려가는 분리의 모습이 있어야 합니다.

예수님은 부활하신 후 승천하시면서 예루살렘을 떠나지 말고 머무르라고 말씀하셨습니다(행 1:4). 이것은 예루살렘이 자기 영역이심을 나타내는 것입니다. 그러나 이제 성령을 받은 다음에는 떠나라고 말씀하십니다. 사도행전 1:8에서 "오직 성령이 너희에게 임하시면 너희가 권능을 받고 예루살렘과 온 유대와 사마리아와 땅끝까지 이르러 내 증인이 되리라 하시니라"라고 말씀하고 있습니다. 하나님은 초대교회 성도들이 복음을 가지고 온 유대와 사마리아와 땅끝까지 내던져지기를 원하셨습니다. 그리하여 오순절 성령강림 사건 이후에 예루살렘에 큰 핍박을 일으키셔서 유대와 사마리아 모든 땅으로 흩어지게 만드셨습니다(행 8:1). 이것이 바로 거룩한 '내던져짐'입니다.

본래 살던 삶의 터전에서 다른 곳으로 내던져진다는 것은 고독을 향한 출발을 뜻하는 것입니다. 사실 우리가 '어디로 떠나라!'는 명령을 받는다면 쉽게 받아들일 수 없고, 그것을 실천하기도 어려울 것입니다. 그러나, 그것이 '복음'이라는 확실한 목적 있는 내던져짐일 때, 야베스와 같이 더 큰 영역으로 확장되는 축복, 지경이 넓어지는 역사를 경험하는 것입니다(대상 4:10).

오늘도 우리는 복음을 가지고 아직도 복음이 전해지지 않은 불신의 땅을 향하여 내던져져야 합니다. 사단이 통치하는 땅을 복음으로 점령하여 하나님이 통치하시는 땅으로 확장시켜 나가야 합니다. 하나님은 복음을 전하는 자의 발을 기뻐하십니다(사 52:7, 롬 10:15, 엡 6:15). 오늘 우리도 '자기 영역' 안에만 안주하여 있지 말고, 생명의 복음, 구원의 복음을 가지고 담대히 세상에 내던져질 때(마 4:18-22, 28:18-20), 그 복음의 역사로 말미암아 하나님이 다스리시는 새로운 영역이 온 천하로 확장되는 역사가 있을 것입니다.

에벨 עֵבֶר, Ἔβερ, Eber

에벨은 '강을 건너서 어떤 곳을 향해 계속 움직여 나간다'라는 뜻입니다. 이것은 특별한 사명지로 보냄을 받은 뒤, 목적지에 도착하기까지 험준한 장애물을 만나더라도 모두 극복하고 뛰어넘으며, 결코 뒤돌아보거나 멈추지 않고 계속 전진하는 모습을 연상시킵니다.

신앙은 장거리 경주요, 장애물 경주입니다. 어떤 장애가 와도 조금도 흔들림 없이 목표에 도달할 때까지 밀고 나가는 것입니다. 그 장애물은 나 자신일 때가 많고(잠 16:32), 가족과 친척, 친구일 수도 있고, 죽음의 위협, 세상의 물질일 수도 있습니다. 그러나 우리는 이러한 장애물로부터 분리되어 나와야 합니다. 장애물을 회피하거나 한탄하지 말고, 하나님의 말씀을 의지하며 붙잡고 능히 뛰어넘고 계속 전진해야 합니다. 그러기 위해서는 수없이 나를 쳐서 복종시켜야 하고, 내 생각과 싸워야 하고, 또 주변의 인간적 관계까지도 말끔히 청산하는 아픔까지 감수해야 하는 것입니다(눅 9:61-62).

사도 바울이 율법의 영역에서 벗어나 이방을 담는 그릇으로 내던져짐을 당했을 때(행 9:15) 그의 앞에는 수많은 장애물이 버티고 있었습니다(고후 11:23-30). 그러나 사도 바울은 이 모든 장애물을 오직 하나님을 의지함으로 뛰어넘었습니다. 그래서 고린도전서 15:10에서 "… 내가 모든 사도보다 더 많이 수고하였으나 내가 아니요 오직 나와 함께하신 하나님의 은혜로라"라고 고백했던 것입니다.

다윗도 자신이 출전하는 전쟁을 할 때마다 수많은 장애물을 만났지만, 하나님을 의지함으로 승전의 쾌거를 올렸습니다. 다윗은 시편 18:29에서 그 비결에 대해 "내가 주를 의뢰하고 적군에 달리며 내 하나님을 의지하고 담을 뛰어넘나이다"라고 고백하였습니다. 오늘 우리도 신령한 '에벨'과 같이 하나님을 의지함으로 죄악의 강을 건너는 분리의 결단을 통하여 복음의 영역이 크게 확장되기를 간절히 소망합니다.

벨렉 פֶּלֶג, Φάλεκ, Peleg

벨렉의 뜻은 '분리되다, 나누다'입니다. 물론 이것은 일차적으로는 당시 바벨탑 사건으로 인한 민족의 분열을 보여 주고 있습니다(창 11:9). 그러나 이것의 긍정적인 의미 속에는 분리를 원하시는 하나님의 의지가 담겨 있는 것입니다. 당시 온통 혼합되어 있는 부정한 신앙 상태에서, 믿음과 불신, 선과 악, 빛과 어둠, 영과 육이 분리되기를 원하셨던 것입니다(고후 6:14-16). 그런데, 벨렉은 경건한 셈의 후손임에도 불구하고 바벨탑을 쌓는 일에 동참하였습니다. 바벨탑을 쌓던 자들에게는 하나님의 이름 대신에 자기들의 이름을 내려고 하는 교만한 동기와, 성을 쌓아 스스로 자기들을 보호하려는 자기 안주가 있었습니다. 이렇게 사단은 하나님의 뜻이 전진하지 못하도록 교만이나 자기 안주와 같은 바벨탑을 쌓게 만듭니다. 벨렉이 바로 그러한 자들과 함께하고 있었던 것입니다.

인간들이 바벨이라는 성과 대를 쌓기 위하여 연합하였을 때 하나님은 분리의 작업을 하셨습니다. 언어를 혼잡케 하셨습니다(창 11:7). 하나님의 강력하고도 강제적인 분리의 조치로 말미암아 더 이상 큰 죄를 짓지 않게 하고 훗날 벨렉의 족보에서 아브라함 한 사람을 출생시킬 준비를 하게 됩니다.

벨렉부터 아브라함 이전까지 '벨렉-르우-스룩-나홀-데라'까지의 족장들은 죄악에서 완전히 분리되어 나오지 못한 자들입니다.

그들 자신이 그 이름에 담겨진 하나님의 소원대로 분리되지 않았기 때문에 그들의 이름은 구속사적으로 하나님이 아브라함 한 사람을 어떻게 분리시켜 데리고 나오셨는지, '분리하는 그 과정과 방법'을 암시해 주고 있습니다. 가나안 천국에 정착하기 위해서는 수많은 분리의 아픔을 겪어야 합니다. 모든 불신앙의 바벨론에서 분리되어 나와야 합니다(계 18:2-4). 그것은 악인의 꾀를 좇는 이중적인 신앙에서의 분리입니다. 죄악과 타협한 죄인의 길에서의 분리입니다. 오만한 자리에서의 분리입니다(시 1:1).

그 분리의 아픔을 딛고 일어선 그 자리에 하나님이 서 계십니다. 하나님이 권념하여 주십니다. 모든 눈물을 씻겨 주십니다. 모든 엉킨 문제의 실타래를 단번에 속히 풀어 주십니다(눅 18:8). 할렐루야!

르우 רְעוּ, Ῥαγαῦ, Reu

르우의 뜻은 '친구, 특별한 관계'입니다. 세상과의 분리를 위해서는 '하나님의 친구'로 칭함을 받을 정도의 믿음이 있어야 합니다(창 18:17, 요 15:14-15). 하나님은 창조주이시지만, 택하신 자들의 친구가 되어 친밀하게 교제하기를 원하시는 인격적인 분이십니다(욥 29:4, 시 25:14, 암 3:7).

아브라함은 본토 친척 아비 집을 떠나 믿음으로 과감한 분리를 함으로, 후에 '하나님의 벗'이라는 위대한 별명을 받았습니다(대하 20:7, 사 41:8, 약 2:23). 친구끼리는 비밀이 없습니다. 아브라함은 소돔성 심판의 비밀을 먼저 알았습니다(창 18:17). 요한복음 15:14-15에서 "너희가 나의 명하는 대로 행하면 곧 나의 친구라 이제부터는 너희를 종이라 하지 아니하리니 종은 주인의 하는 것을 알지 못함이라 너희를 친구라 하였노니 내가 내 아버지께 들은 것을 다 너희에게 알게 하였음이니라"라고 말씀하고 있습니다.

그렇다면 어떻게 해야 하나님의 친구가 될 수 있습니까? 예수님의 명령대로 행하는 절대 순종이 있어야 합니다. 요한복음 15:14에서, "너희가 나의 명하는 대로 행하면 곧 나의 친구라"라고 하였습니다. 행함이 없는 믿음은 죽은 믿음입니다(약 2:26). 친구는 시와 때를 가리지 않고 항상 곁에 있는 자입니다. 우리의 영원한 친구가 되어 주시는 하나님을 가까이합시다(시 73:28, 약 4:8). 우리가 기도할 때에 멀리 계시던 하나님이 가까이해 주십니다(신 4:7). 세상에서 제일 높다 하는 대통령이 나의 친구만 되어도 하루아침에 신분이 달라지건만, 하물며 하나님을 가까이하는 그분의 친구이겠습니까? 세상에서 분리되어 하나님의 친구로 칭함을 받기 위하여 하나님의 말씀을 그대로 행하는 순종의 사람, 진실한 기도의 사람들이 되시기 바랍니다.

스룩 שְׂרוּג, Σερούχ, Serug

스룩의 뜻은 '(칭칭 감는) 덩굴손, 매우 단단한 힘'입니다. 이것은 세상과 분리되고 하나님과 관계를 개선하는 아주 좋은 방법입니다.

하나님의 뜻과 하나님의 말씀으로 성도의 영혼을 담장의 덩굴처럼 칭칭 감아 함께 얽히게 함으로써 세상으로 빠져 나가지 못하게 하는 분리의 역사가 가능케 됩니다(요 15:7). 성도가 제 힘과 의지로는 세상과 분리될 수 없습니다. 오직 말씀과 기도로만 거룩해지며(딤전 4:5), 그 위에 하나님의 강권적인 사랑이 은혜로 부어질 때 분리될 수 있는 것입니다. 하나님의 주권적인 사랑이 성도를 붙잡으시는 '매우 단단한 힘'입니다.

고린도후서 5:14에서 "그리스도의 사랑이 우리를 강권하시는도다"라고 말씀하고 있습니다. "강권하시는도다"라는 단어의 난하주를 보면 '끄는도다'라고 해석되어 있습니다. 표준새번역에서는 "그리스도의 사랑이 우리를 휘어잡습니다"라고 번역하고 있습니다. "강권하시는도다"는 헬라어로 '쉬네코'(συνέχω)입니다. 이 단어는 '단단히 붙잡다, 사방에서 소를 몰다'라는 뜻을 가지고 있습니다. 이것은 예수 그리스도의 사랑이 우리의 손목을 단단히 붙잡아서, 목자가 소를 몰듯이 주님이 우리를 몰아 전진하게 하신다는 뜻입니다. 이는 자기 백성을 구원하시기 위한 불가항력적인 은혜입니다(롬 8:30). 하나님의 사랑의 고집은 세상의 그 누구도 꺾을 수 없습니다.

사도 바울은 그리스도의 사랑이 그를 꽉 붙잡고 억제하고 있기 때문에 자기 자신을 위하여 살지 않고 오직 복음 전파라는 그 어려운 성역을 힘껏 수행할 수 있었습니다. 오직 한 분, 그에게 사랑을 쏟아 주시는 하나님이 만족하실 때까지 그분에게 집중하였던 것입니다. 그 사랑이 너무도 강하여 전도하지 않을 수 없었고, 그 사랑이 너무도 강하여 온몸 바쳐 끝까지 충성하지 않을 수 없었던 것입니다. 그 사랑이 너무도 강하여 가진 재산, 가진 명예, 가진 지식도 모두 내려놓았습니다. 예수님의 강권하시는 사랑 앞에서 모든 것이 바울에게는 배설물이 되고 말았던 것입니다(빌 3:8). 그 사랑이 너무도 강하여 로마에서 생명까지 기쁨으로 바쳤던 것입니다.

그렇습니다. 참된 분리는 그리스도의 사랑에 미쳐야 가능한 것입니다. 그러면 분리의 아픔, 분리로 인한 고난, 분리로 인한 인간적 손해가 아무리 엄청날지라도 아까운 것이 없습니다. 그리스도의 사랑에 끌려서 살 때는 분리의 길이 순교의 길이라 해도 기쁨으로 그 길에 동참할 수 있는 것입니다.

나홀 נָחוֹר, Ναχώρ, Nahor

나홀의 뜻은 '거친 숨, 헐떡거리다'입니다. 이것은 긍정적인 의미로 볼 때, 세상의 죄악과 맞서 승리하기까지 싸우는 충돌과 적극적인 투쟁의 모습을 말합니다. 하나님의 말씀을 사단에게 빼앗기지 않고 끝까지 지키고 간수하려는 마음입니다. 자기 자신을 죄악에 물들지 않도록 하기 위하여 힘쓰고 애쓰는 일입니다. 옛 생활, 옛 사고에서 분리되어 나오는 일입니다. 사도 바울은 이러한 전 과정을 "선한 싸움"이라고 하였습니다(딤후 4:7). 그것은 다른 사람과 갈등이 아닌 자신의 내면 속에서 날마다 솟구치는 죄악과의 싸움이었습니다(롬 7:16-25). 그것은 날마다 자기를 쳐 복종시키는 일이었습니다(고전 9:27). 바울은 그렇게 최후 승리를 위해 분투하는 능동적인 모습을 가진 자, 즉 '이기기를 다투는 자'(고전 9:25)가 되라고 하였습니다.

그런데 우리는 주의 일을 행할 때에도 내 욕심과 내 만족을 채우려는 '자기 열심'일 때가 많습니다(마 16:22-23). 타인을 의식하는 열심, 비교 의식과 경쟁 심리에서 열심을 내기도 합니다. 이는 모두 하나님이 기뻐하지 않는 빗나간, 사람의 열심입니다. 잠시 스스로 만족을 느끼거나 사람을 기쁘게 할 수는 있어도, 중심을 보시는 하나님(삼상 16:7) 앞에서는 인정받을 수 없는 '헛열심'입니다. 이러한 열심으로 일을 하면 피곤하고 결실이 없습니다. 우리의 열심은 사도 바울의 고백처럼 '하나님의 열심'이어야 합니다(고후 11:2). 하나님의 열심의 영을 받으면 그분이 친히 일하십니다. 필요한 모든 힘과 능과 지혜, 물질을 공급하여 주십니다(빌 2:13).

예수님은 언제나 하나님의 열심을 가지고 일하셨습니다(요 5:17).

특히 겟세마네 동산에서 예수님은 오직 한 가지, 우리 각자 한 사람 한 사람의 죄 때문에 얼마나 간절히 기도하셨습니까?(눅 22:44) 우리를 위하여 얼마나 많은 눈물을 흘리셨고, 얼마나 많이 변명해 주셨습니까?(히 5:7) 얼마나 치열하게 사단과 피 흘리기까지 싸워 주셨습니까?

하나님의 열심을 가졌던 사도 바울은 고린도후서 7:11에서 일곱 번씩이나 '얼마나'를 반복하고 있습니다. '얼마나' 그것은 헬라어로 '알라'(ἀλλά)인데, '그 이상(以上) 더, 그것 외에 좀더'라는 뜻입니다. 맡겨 주신 주의 일에 더 충성하기 위하여, 더 기도하기 위하여, 더 봉사하기 위하여, 더 전도하기 위하여, 더 많이 수고하고 항상 주의 일에 더욱 힘쓰는 자가 되어야 할 것입니다(고전 15:58, 살전 4:1, 딤후 4:2). '더 많이 수고하는 일' 그것이 받은 은혜를 보답하는 길이요 죄악에서 분리되어 나오는 거룩한 방법인 것입니다(고전 15:10).

데라 תֶּרַח, Θάρα, Terah

데라의 뜻은 '이주하다, 지체하다'입니다. 범죄의 온실 갈대아 우르에서 우상을 숭배하면서 비참하게 살던 데라였습니다(수 24:2). 그러나 그는 자기 아들 아브라함에게 나타나신 영광의 하나님(행 7:2-3)에 대한 두려움에 싸여, 순간 회개하고 아브라함과 함께 갈대아 우르의 옛 삶을 청산하고 우상의 도시에서 분리하여 나오게 되었습니다(창 11:31).

그 후 아브라함의 아버지 데라는 죄악의 습성을 완전히 벗지 못하고 하란에 정착하여 살다가 죽었지만(창 11:32), 우상에 흠뻑 젖어 살던 그가 아브라함과 함께 우상의 도시 갈대아 우르를 떠나 강을 건너 하란까지 이주한 것은 대단한 결단이 아닐 수 없습니다.

데라의 삶은, 우리가 아브라함처럼 복(베라카, בְּרָכָה)이 되고(창 12:2), 많은 믿음의 후손들을 거느리는 영육간의 큰 부자가 되기 위해서는 계속적인 이주의 삶을 살아야 함을 가르쳐 줍니다. 만일 데라가 갈대아 우르에서 하란으로 이주한 후에 다시 가나안까지 이주하였더라면 그는 아브라함과 함께 위대한 믿음의 조상이 되었을 것이며, 나아가 아브라함처럼 후대 사람들에게 존경을 받는 큰 이름의 소유자가 되었을 것입니다.

데라의 또 다른 뜻인 '지체하다, 미루다'에서 보듯이, 사단은 우리가 가나안 천국을 향하여 이주하지 못하도록 하란과 같은 물질적인 풍요를 통하여 우리를 붙잡고 하나님의 뜻이 지체되도록 만듭니다. 당시 하란은 가나안과 메소포타미아 간의 대상로의 중간 지점으로 교통의 요지였고, 상업 활동이 아주 활발하여 물질적으로 풍요로운 도시였습니다.

사람들의 마음은 데라처럼 언제나 땅에 있는 보물, 물질에 붙잡혀 있습니다(마 6:21, 눅 12:34). 우리의 전 생애가 돈에 매여 돈줄을 따라가고, 돈 앞에 아부하고, 돈으로 성공 여부를 가린다면 그 마음에는 이미 하나님이 떠난 상태입니다. 하나님과 재물을 겸하여 섬길 수는 없기 때문입니다(마 6:24). 하나님은 정함이 없는 재물에 소망을 두지 말라고 말씀하셨습니다(딤전 6:17). 재물을 사랑하는 것은 일만 악의 뿌리가 됩니다(딤전 6:10). 돈을 좋아했던 가룟 유다는 돈 때문에 시험 들었고(요 12:4-6), 결국 돈 때문에 예수님을 배신하고 팔아 넘김으로 영원히 씻을 수 없는 과오를 범하였고, 자신은 목을 매어 자살하는 비참한 인생이 되고 말았습니다(마 27:5, 행 1:16-18).

분리(分離-나눌 분, 떼어 놓을 리: 갈라서 떼어 놓음, 또는 따로 떨어짐)!

그것은 말로만 되지 않습니다. 먼저 죄를 통분히 여기며 가슴을 치는 간절한 회개가 선행되어야 합니다(시 32:3, 34:18, 잠 28:13). 죄가 있어 세상과 벗이 된 상태에서는 하나님을 가까이할 수도 없고, 거꾸로 그 죄가 하나님과 우리 사이를 분리시켜 버립니다. 이간질합니다. 내가 저질러 놓은 죄는 나의 삶의 주변에서 맴돌며 머물러 그림자처럼 평생을 따라다닙니다. 그 죄가 우리를 끝까지 찾아와 우리를 쳐서 증거합니다(민 32:23, 사 59:12). 요한계시록 17:16에서는 그 죄가 우리를 망하게 하고, 벌거벗게 하고, 불로 아주 살라 버린다고 말씀하고 있습니다. 죄가 얼마나 끈질기고 지독하고 무섭습니까?

죄 없으신 예수님도 우리 속에 있는 죄가 분리되기까지 땅에 무릎을 꿇고 이마를 땅에 대고 더욱 간절히 애쓰고 힘쓰셨습니다(눅 22:44). 예수님처럼 죄에 대한 가슴 아픈 통분(痛忿-아플 통, 성낼 분: 몹시 원통하고 분하다)을 가지고 죄가 붙으려야 붙을 수 없을 정도로 철두철미하게 회개하시기 바랍니다. 죄를 완전히 분리하시기 바랍니다.

그리할 때 '떠나라!'고 분리를 명하시는 말씀에 온전히 순종할 수 있습니다. 지금 이 순례자의 길을 지체시키는 것이 있다면 믿음으로 분리하시기 바랍니다. 참신앙은, 당장은 이해가 되지 않아도 하나님의 말씀이라면 전폭적으로 '예', '아멘'으로 대답하고 구체적인 행동으로 옮기는 것입니다(고후 1:20). 하나님께 선택받은 것으로 만족하고 현실에 안주해서는 안 됩니다. 날마다 자기를 희생하여 바치는 충성과 최종 목적지를 향한 시선 집중이 없이는 한 걸음도 전진할 수가 없습니다.

이제까지 성경의 역사가 증명하듯이, 하나님이 그 작정하신바 인류 구원의 역사는 반드시 그 끝을 보고야 말 것입니다. 그 끝이 이를 때까지 이 땅에 안주하지 않고, 갈팡질팡 머뭇거리지 않고, 뒤로 물러가지 않고 한 걸음씩 앞으로 전진해 나갈 때, 세상과 분리된 거룩한 성도로서 마침내 하나님 나라에 들어가게 될 것입니다.

2. 아브라함의 분리의 역사
Work of separation in Abraham's life

아브라함의 생애를 전체적으로 살펴볼 때, 그의 삶에는 크게 네 단계의 중요한 분리가 있었습니다. 이 네 가지는 성도의 신앙 단계를 보여 주기도 합니다.

첫 번째 분리
- 고향·친척과의 분리, 아버지 데라와의 분리(창 12:1, 행 7:2-4)

갈대아 우르는 아브라함의 조상들이 우상을 숭배하던 곳이었습니다(수 24:2, 15). 아브라함이 여기에서 떠난 것은 신앙의 첫 단계인 세상과의 분리를 나타냅니다.

아브라함이 살았던 갈대아 우르는 바그다드 동남쪽 비옥한 지역으로 고대 문명의 중심지이며 우상 숭배의 집결지였습니다. 아브라함 시대에 최고 절정기였는데, 이곳에 살던 아브라함의 아버지 데라는 하나님을 섬기는 일보다 우상에 심취해 있었습니다.

이때 하나님은 아브라함에게 '네 고향과 친척을 떠나라'고 말씀하셨습니다(행 7:3). 아브라함은 아버지 데라와 함께 우상의 도시 갈대아 우르를 떠났습니다. 그러나 데라는 중간 지점인 하란에서 안락한 생활의 유혹으로 거기서 머물고 말았습니다.

급기야 하나님은 아브라함이 75세 되었을 때 두 번째로 그를 부르셨는데, 이번에는 고향과 친척뿐만 아니라 '아비 집을 떠나라'(창 12:1)라고 명령을 내리셨습니다. 아주 직접적이고 단호한 명령이었습니다. 이러한 명령이 나온 것은 아브라함이 갈대아 우르에서 하나님의 부르심에 온전히 순종하지 못한 결과였습니다. 그래서 창세기 12:4-5에서 아브라함은 아비 집과 완전히 결별하라는 그 말씀을 순종한 후에("이에 아브람이 여호와의 말씀을 좇아 갔고"), "마침내 가나안 땅에 들어갔더라"라고 기록하고 있습니다.

*유구한 역사 속에서 세계 최초로 데라의 죽음에 대한 모순된 두 기록 (창 11:31-32, 행 7:2-4)을 체계적으로 규명

당시는 가부장적(家父長的) 사회였기 때문에 아버지의 뜻을 거부하고 떠난다는 것은 쉬운 일이 아니었습니다. 하란을 떠날 때 아브라함은 75세였으며 이때 데라는 145세로 생존해 있었습니다(창 12:4, 11:26). 145세나 된 아버지 데라를 두고 떠난다는 것은 한 가정을 책임지고 있는 장자로서 가슴 아픈 일이 아닐 수 없습니다. 그래서 사도행전 7:4에서 '아비 데라가 죽은 후에야 하란을 떠났다'는 말씀은 아브라함이 하나님의 말씀만을 좇아 가고자 했던 신앙의 결단이 얼마나 컸는가를 보여 줍니다.

사도행전 7:4에 사용된 '죽음'이라는 단어는 헬라어로 '아포드네스코'(ἀποθνήσκω)로서, 여기에서는 이 단어가 상징적인 의미로 사용되었음을 알 수 있습니다(고전 15:31). 이것은 그의 마음에서 데라에 대한 정(情)이 그림자도 보이지 않을 만큼 완전히 분리되었음을 의미합니다(눅 14:26). 아브라함은 75세(데라 145세)에 부친에 대한 정을 끊고 하란을 떠나고, 그로부터 60년 후에 데라는 205세로 하란에서 죽었습니다(창 11:32). 아브라함은 이러한 분리의 모든 아픔을 이기고 오직 믿음으로 말씀을 좇아 갔던 것입니다(창 12:4).

두 번째 분리 – 롯과의 분리(창 13장)

창세기 13:10-11의 말씀을 통해 볼 때, 롯은 세상의 욕심을 가진 사람이었음을 알 수 있습니다. 하나님은 이러한 롯과 아브라함을 분리시키셨습니다.

이는 세상으로부터 분리되어 나왔음에도 불구하고 여전히 세속적이고 우유부단한 상태와의 분리를 의미합니다.

창세기 13:11-12 "그러므로 롯이 요단 온 들을 택하고 동으로 옮기니 그들이 서로 떠난지라 12 아브람은 가나안 땅에 거하였고 롯은 평지 성읍들에 머무르며 그 장막을 옮겨 소돔까지 이르렀더라"

롯은 아브라함과 헤어질 때 요단 온 들을 택하였습니다. 그 이유는 롯이 요단 들을 볼 때 소알까지 온 땅에 물이 넉넉하고 여호와의 동산처럼 좋게 보였기 때문입니다. 이것은 롯이 세속적이고 물질적인 욕심으로 가득했음을 나타냅니다.

창세기 13:10 "이에 롯이 눈을 들어 요단 들을 바라본즉 소알까지 온 땅에 물이 넉넉하니 여호와께서 소돔과 고모라를 멸하시기 전이었는 고로 여호와의 동산 같고 애굽 땅과 같았더라"

아브라함에게 조카 롯은 갈대아 우르를 떠나 낯선 이방 가나안 땅으로 이주하여 정착하기까지 가장 힘들고 어려운 시기에 줄곧 함께해 온 유일한 피붙이였습니다. 늘 곁에서 의지가 되었던 조카 롯과 헤어져야 했을 때 아브라함의 가슴은 찢어지는 아픔이 있었을 것입니다.

이러한 아픔이 있을지라도 그 아픔을 이기고 분리한 자만이 주님의 참제자가 될 수 있는 것입니다. 주님은 누가복음 14:26에서 "무릇 내게 오는 자가 자기 부모와 처자와 형제와 자매와 및 자기 목숨까지 미워하지 아니하면 능히 나의 제자가 되지 못하고"라고 말씀하셨고, 누가복음 14:33에서도 "이와 같이 너희 중에 누구든지 자기의 모든 소유를 버리지 아니하면 능히 내 제자가 되지 못하리라"라고 말씀하셨습니다.

오늘도 우리는 나와 함께 있는 세속적이고 물질적인 것들과 분리함으로 주님의 참제자가 될 수 있는 것입니다.

세 번째 분리 - 이스마엘과의 분리(창 21장)

마침내 약속의 후사였던 이삭이 태어나자, 아브라함은 자신의 인간적 수단과 잔꾀의 결과로 태어난 첩의 소생 이스마엘을 하나님의 지시를 따라 축출하게 됩니다(창 21:10-14). 이것은 하나님의 크신 뜻 앞에 자신의 계획과 능력의 포기, 즉 자기 부정의 단계를 말합니다.

> **갈라디아서 4:30** "계집종과 그 아들을 내어 쫓으라 계집종의 아들이 자유하는 여자의 아들로 더불어 유업을 얻지 못하리라 하였느니라"

아브라함은 창세기 17:18에서 "이스마엘이나 하나님 앞에 살기를 원하나이다"라고 고백했습니다. 또한 창세기 21:11에서는 "그 아들을 위하여 그 일이 깊이 근심이 되었으니"라고 하였습니다. 이것은 아브라함이 약 17년간 그의 첫 소생이었던 이스마엘을 붙들고 얼마나 큰 사랑을 쏟았는지를 보여 줍니다. 그러나 아브라함은 마침내 그렇게 사랑을 쏟았던 이스마엘, 어느새 대략 17세로 부쩍 성장한 이스마엘을 첩 하갈과 함께 내보내라는 명령을 받고 단호히 순종하게 되었습니다. 이스마엘과의 분리는 아브라함의 생애에서 한 인간으로서 겪는 가장 큰 아픔, 생살을 도려내는 아픔이었을 것입니다.

오늘 우리도 우리에게 있는 이스마엘과 같은 것들을 내어 쫓아야 합니다. 하나님의 뜻과 상관이 없지만 내가 너무도 사랑하여 도저히 놓을 수 없는 것들을 부정해야 합니다. 그럴 때 이삭과 같은, 하나님의 기업을 소유할 수 있는 참자격자가 되는 것입니다(갈 4:28-31).

네 번째 분리 - 이삭과의 분리(창 22장)

하나님은 이스마엘을 내어 쫓으라고 하신 다음에, 이삭을 번제로 바치라고 명령하셨습니다. 아브라함은 그 명령에 따라 독자 이삭을 하나님께 번제로 드리기에 이릅니다(창 22:1-12). 물론 이삭을 살려 주셨지만, 이 사건은 자신에게 있어서 가장 소중하게 애착하는 것, 최상의 것을 하나님께 아낌없이 바치는 분리입니다(창 22:16-17). 죽음과 맞바꾸는 분리요, 자기 전 존재의 밑둥을 송두리째 뒤흔드는 분리입니다. 아브라함이 애착을 가졌던, 육체를 따라 낳은 이스마엘뿐 아니라 약속의 자식인 이삭에 대한 애착까지도 끊어야 된다는 것입니다. 이삭은 당시에 아브라함이 가지고 있었던 마지막 애착이었습니다.

아브라함은 도저히 이해할 수 없는 하나님의 시험을 오직 하나님 한 분에 대한 절대 신뢰로 극복해 냈습니다. 이것은 하나님이 주신 축복까지 하나님께 돌려 드리고, 결국엔 그것이 하나님의 소유임을 인정하는 성숙한 신앙인의 자세입니다.

이는 요한계시록 4장에서 이십사 장로들이 주께로부터 받은 면

류관을(4절) 다시 주의 보좌 앞에 던지면서 만물이 다 주의 것이라
고 찬송하며 영광 돌리는 장면을 연상케 합니다.

요한계시록 4:10-11 "이십 사 장로들이 보좌에 앉으신 이 앞에 엎드려
세세토록 사시는 이에게 경배하고 자기의 면류관을 보좌 앞에 던지며
가로되 11우리 주 하나님이여 영광과 존귀와 능력을 받으시는 것이 합
당하오니 주께서 만물을 지으신지라 만물이 주의 뜻대로 있었고 또 지
으심을 받았나이다 하더라"

성도의 신앙 여정도 이와 같은 것입니다. 분리를 통해 신앙을 성
숙시켜 가는 것입니다(사 52:11).

죄악된 옛 생활, 옛 습관, 옛 모습과의 분리가 아니면 명령하신
새로운 사명지로 결코 나아갈 수 없습니다. 만일 하나님이 분리하
여 버릴 것을 요구할 때 철저히 버리지 못한다면, 훗날 그 대상이
나에게 가시와 올무가 될 수밖에 없는 것입니다(수 23:13, 삿 2:3).

아브라함은 하나님이 정든 고향 땅 갈대아 우르를 떠나라고 명
령하시고, 다시 아버지와 함께 이주하여 잠시 풍요를 누리던 하란
을 떠나라고 명령하셨을 때, 최종 정착지가 어디인지도 모른 채 복
종하여 순례자의 길을 떠났습니다(창 12:1, 히 11:8). 아브라함에게 있
어서 이 길은 당시 사회적 분위기로만 보아도 기득권의 상실이요,
안식처의 상실이요, 고독한 나그네 길이었습니다. 이것은 비상한
결단과 용기를 가지고 분리의 삶을 살지 않았다면 불가능한 여행길
이었습니다.

아브라함은 혈육인 아비 데라, 조카 롯, 첩의 아들 이스마엘, 본처
의 아들 이삭과 분리의 아픔을 모두 믿음으로 감내하고 승리함으로,
마침내 하나님만을 경외하는 신앙으로 정상에 우뚝 서게 되었습니다.

창세기 22:12 "네가 네 아들 네 독자라도 내게 아끼지 아니하였으니 내가 이제야 네가 하나님을 경외하는 줄을 아노라"

하나님은 '분리'의 명령에 순종하는 자를 '하나님을 경외하는 자'로 인정해 주시고 그러한 자를 통하여 구속사를 이루어 가십니다. 오늘날 믿음의 사람들도 아브라함이 걸어간 믿음의 발자취를 좇아 신령한 히브리인, 유브라데 강을 건너는 자가 되어야 합니다. 그 길은 어떤 이들의 눈에는 무모해 보이고, 정처 없이 떠도는 초라한 나그네처럼 보일 수 있으나 말씀대로 순종하기 위해 걷는 '거룩하고 영예로운 길'입니다.

거룩한 분리를 위하여 우리는 어떻게 해야 합니까?
먼저 우리는 세상 바벨론에서 나와 그 죄에 참예하지 말아야 합니다(계 18:4). 다음으로 우리는 세상과 구별된 삶을 살아야 합니다. 고린도후서 6:14-7:1에서는 거룩한 분리의 원리를 가르쳐 주고 있습니다. 성도는 세상 속에서 살되 세상과 타협하지 말고 철저히 구별된 삶을 살아, 하나님의 자녀다운 거룩함을 유지해야 합니다(레 11:44-45, 벧전 1:15-16). 또한 우리는 하나님의 말씀에서 벗어난, 세속적이고 자유주의적인 여러 가지 세상 학문이나 신학을 거절해야 합니다. 이들과의 타협은 결국 순수한 복음에서 이탈하게 만드는 것이기 때문입니다.

분리의 거룩한 길을 걷는 자에게는 어떤 축복이 있습니까?
하나님은 분리의 거룩한 길을 걸은 아브라함에게 '큰 복'을 허락하셨습니다(창 22:17). 이 '큰 복'을 영어 성경(LB)에서는 'Incredible

blessing'이라고 번역하고 있습니다. 이것은 인간의 머리로서는 도 저히 상상할 수 없으며 인간의 이해 영역으로는 도달할 수 없는 엄 청난 복을 말합니다. 이 '큰 복'은 아브라함의 후손으로 예수 그리 스도가 오심으로 성취되었습니다(마 1:1). 전능하시고 온 우주와 만 물의 주인이신 하나님이 아브라함의 후손으로 이 땅에 오시다니 이 얼마나 놀라운 축복입니까? 오늘도 아브라함처럼 분리의 아픔을 딛고 오직 말씀만 좇아 순종하는 자들에게 아브라함과 동일한 '큰 복'의 축복이 임할 것입니다(갈 3:6-9). 할렐루야!

창세기 22:16-18 "가라사대 여호와께서 이르시기를 내가 나를 가리 켜 맹세하노니 네가 이같이 행하여 네 아들 네 독자를 아끼지 아니하 였은즉 17내가 네게 큰 복을 주고 네 씨로 크게 성하여 하늘의 별과 같 고 바닷가의 모래와 같게 하리니 네 씨가 그 대적의 문을 얻으리라 18또 네 씨로 말미암아 천하 만민이 복을 얻으리니 이는 네가 나의 말 을 준행하였음이니라 하셨다 하니라"

Ⅲ
구속사적 입장에서 본 아브라함
ABRAHAM FROM A REDEMPTIVE-HISTORICAL PERSPECTIVE

이제까지의 족보는 모두 아브라함의 근원을 밝히기 위한 기록입니다. 하나님의 기록인 성경에는 군더더기나 쓸데없는 것이란 없습니다. 족보의 기록은 아브라함을 알리는 다분히 의도적인 기록입니다. 즉 전 인류의 구속을 위해 메시아를 보내시려는 통로, 경건한 자손 아브라함을 준비하고 택하시는 하나님의 깊은 수고와 눈물이라고 할 수 있습니다.

대부분 성경의 족보 기록은 가장 중요한 인물이 나중에 기록되면서 그 인물을 중심으로 새로운 세대가 시작됩니다. 믿음의 조상 아브라함을 염두에 두고 기록된 창세기 11장의 족보는 후에 그가 어떤 역할을 할 것인가를 짐작하게 합니다. 마치 마태복음 1:1-17의 족보가 예수 그리스도의 사역을 염두에 두고 기록된 것과 마찬가지입니다(갈 3:16, 창 17:19, 22:12-18).

아담의 20대손 아브라함으로 말미암아 메시아가 오실 첫 관문이 열렸으므로 그는 매우 중요한 인물이라 할 수 있습니다. 그래서 예수님의 족보는 아브라함부터 시작되고 있습니다. 마태복음 1:1은 예수님을 '아담의 자손'이 아닌 '아브라함과 다윗의 자손'이라고 기록하고 있습니다(마 1:1). 유대인들은 서슴지 않고 아브라함을 그들의 아버지라고 부릅니다(요 8:39). 심지어 이 땅이 아닌 지옥 구덩이에 빠진 부자가 나사로와 함께 있는 아브라함을 향해 '아버지, 아브라함이여!'라고 불렀습니다(눅 16:24, 30). 신령한 세계 만국 백성이 아브라함부터 시작된 것입니다. 또한 '믿음으로 말미암은 자들은 아브라함과 함께 동일한 축복을 받는다'고 말씀함으로써 아브라함은 신약에서도 그 중요성이 그대로 이어지고 있습니다(갈 3:6-9).

1. 아브라함이 나기까지 증폭되는 죄악의 역사
The work of sin proliferated until the birth of Abraham

창조로부터 시작된 하나님의 역사는 수많은 죄악의 큰 사건과 함께 아브라함의 시대까지 이르렀습니다.

아담 이후 인류는 선악과 사건(창 3장), 가인의 살인 사건(창 4장), 라멕의 노래(창 4장), 하나님의 아들들과 사람의 딸들의 결혼(창 6장), 홍수 심판(창 7-9장), 바벨탑의 건설(창 11장)과 같은 사건을 거치면서 점점 더 끊임없이 죄가 증폭되고 하나님으로부터 점점 멀어져 갔습니다. 이것은 타락 이후 죄악이 한 개인으로 시작하여 집단, 민족 단위로 점점 몸집이 불어나고 있는 모습입니다. 홍수 이후에 죄가 처음 드러난 것은 함을 통해서였지만, 그 죄가 세력을 더하여 전 인류로 확산되자 바벨탑 사건이 터지고 말았습니다. 그들의 세력은 너무도 막강합니다. 홍수 심판 전에는 하나님의 아들들을 자기 세력으로 만들었고, 바벨탑 심판 직전에는 하나님이 거처하시는 하늘을 침범하기 위하여 강력한 공동체를 형성하여 높은 성과 대를 쌓는 반역 행위를 시도하였습니다.

그들은 인간에게 주신 구원의 밧줄을 끊고, 스스로 잔꾀를 부렸던 것입니다. 역사적으로 볼 때, 바벨탑 반역 사건은 대홍수가 있은 지 백 년이 조금 넘은 후에 일어난 사건이었습니다. 어느새 죄가 독버섯처럼 급속히 번져 온 세상을 뒤덮어 버렸습니다.

> **계산>** 셈이 아르박삿을 낳은 시기(홍수 후 2년)부터 홍수 후에 에벨이 벨렉을 낳을 때까지 장자 낳은 나이를 합산(창 11:10, 12, 14, 16)
> → 홍수 후 2년 + 35 + 30 + 34 = 101

바벨탑을 쌓을 당시는 끔찍했던 대홍수 심판 중에 방주로 말미암아 구원받은 노아와 그 아들 셈이 살아 있었을 때입니다. 온 세상이 죄악으로 관영할 때 급기야 대홍수로 심판받은 사실을 안 노아는 바벨탑을 쌓은 인간들의 악한 행실을 보고 그 의로운 마음이 얼마나 상하고 또 얼마나 무거웠겠습니까? 노아가 홍수 후에 살았던 350년의 삶은 홍수 심판 전과 동일하게, 이 땅을 보존시키신 하나님의 구속 경륜의 뜻을 만방에 전하고 또 후대의 자손들에게 가르치는 일에 전심전력을 다했을 것입니다.

2. 죄악의 역사 속에 나타난 신앙 보존의 뼈대
Faith preserved throughout the history of sin and wickedness

하나님은 아담의 타락 이후 창세기 11장까지 점점 농후해지는 죄악의 역사 속에서도 인류 구속사가 중단되는 일이 없도록 신앙 보존의 뼈대 즉 그루터기를 남기셨습니다(사 6:13, 벧후 2:5).

선악과를 따먹은 아담과 하와를 에덴에서 추방하시면서 가죽옷을 입히셨고(창 3:21), 동생 아벨을 살해한 가인에게 땅을 유리하라는 저주를 내리시면서 동시에 살인자 보호의 징표를 주셨습니다(창 4:15). 대홍수 심판 이후에는 노아의 가족을 보존시키고, 무지개 언약을 주심으로 축복과 번영의 메시지를 다시 선포하셨습니다(창 8:17, 9:1, 7).

이처럼 하나님은 지속적으로 심판을 행하시는 동시에 구속사의 밝은 전망을 보여 주시면서, 언제나 인류를 향한 하나님의 구원 의지를 더욱 뚜렷하게 밝히셨습니다. 심판과 형벌 속에 하나님의 은혜와 사랑의 불빛은 더욱 아름답게 빛나고 있었던 것입니다. 죄가 많은 곳에 임하신 하나님의 은혜는 더욱 컸습니다(롬 5:20). 하나님의 은혜가 아니면 신앙 보존의 뼈대는 조금도 남겨지지 않았을 것입니다.

3. 아브라함을 통한 새로운 구원의 시작
The beginning of a new work of salvation through Abraham

바벨탑 심판을 끝으로 창세기 12장부터 전개되는 구속사는 이제까지와는 다른 획기적인 전환점을 맞게 됩니다. 전 인류를 상대로 역사하신 하나님이 이제 보잘것없는 갈대아 우르의 우상 숭배자 데라의 아들 아브라함 한 사람을 선택함으로 새로운 구속사를 시작하신 것입니다. 이로 말미암아 창세기 12장에서 구속사의 시야가 표면적으로는 갑자기 좁아진 것처럼 보입니다. 그러나 아브라함 한 사람의 선택은 창세기 3:15에 약속하신 여자의 후손이 오실 첫 관문을 여는, 구속사적으로 매우 중대한 사건이었습니다.

이후로, 지상의 모든 민족들을 구원하시려는 하나님의 구속사는 셈의 족보가 집중하고 있는 한 사람 아브라함을 통해 이루어지게 됩니다. 처음 아브라함을 부르실 때 말씀하신 것처럼 그는 한 사람이었지만, 결국 세계 모든 민족의 구원의 시발점이 되었습니다.

창세기 12:3 "땅의 모든 족속이 너를 인하여 복을 얻을 것이니라 하신지라"

에스겔 33:24 "… 아브라함은 오직 한 사람이라도 이 땅을 기업으로 얻었나니 우리가 중다한즉 더욱 이 땅으로 우리에게 기업으로 주신 것이 되느니라 하는도다"

히브리서 11:12 "이러므로 죽은 자와 방불한 한 사람으로 말미암아 하늘에 허다한 별과 또 해변의 무수한 모래와 같이 많이 생육하였느니라"

하나님은 이러한 점을 다시 확인시키시기 위하여 아브라함 99세에 언약을 갱신하실 때, 아브람과 사래의 이름을 개명하시면서 그 뜻을 뚜렷하게 밝히셨습니다. 아브람은 '열국의 아버지'라는 뜻을 가진 '아브라함'(창 17:4-5, 롬 4:17)으로, 사래는 '열국의 어머니'라는 뜻을 가진 '사라'로 개명하셨습니다(창 17:15-16). 또한 예수님이 오신 이후로 신약에서 아브라함은 모든 믿는 자의 조상으로 확대되었습니다(롬 4:11-12, 16, 23-24, 갈 3:7, 29).

이스라엘이 자신들의 실제 역사를 통해 만난 하나님은 유대인만의 하나님이 아닙니다. 앞서 창세기 1장부터 11장까지 살펴보았듯이, 세계와 인류를 창조하고 섭리하고 보존하셨던 전 우주적인 하나님이십니다.

또한 아브라함과의 언약 이후 그의 후손들의 역사는 그들만의 역사가 아닙니다. 그 속에는 이미 타락 이후부터 꾸준히 전개되어 온 구속사의 연장선 위에서, 하나님이 아브라함과 맺은 언약을 성취해 나가시고 마침내 전 인류의 구원을 이루시려는 계획이 담겨 있는 것입니다.

그렇다면 창세기 1-11장의 역사는 바로 이 사실을 알리고 아브라함을 부르시기 위한 길고 긴 전주곡이요 서론에 불과하며, 구속사의 실제는 창세기 12장의 아브라함과 더불어 시작됩니다. 창세기 11장의 셈의 족보는 '전 세계의 구원을 위한 아브라함의 등장'을 알리는 구속사의 여명이었던 것입니다.

이제 하나님은 아브라함을 통해 천하 만민을 구원하시려는 계획의 첫 테이프를 끊으셨습니다(창 18:18, 22:18). 바벨탑 사건 이후 참으로 절망적인 상황에서 구원의 서광이 비추이고 있는 희망의 장면 그 중심에 아브라함이 우뚝 서 있는 것입니다.

아브라함을 택하심으로 다시 시작된 구속사의 행진은 아브라함의 자손으로 오실 메시아를 통해 성취하게 됩니다. 결국 아브라함에게 하신 '너의 씨로 말미암아 천하 만민을 구원하시겠다'는 말씀(창 22:18)은 아브라함 개인에게 해당되는 말씀이 아니라, 아브라함의 자손으로 오실 메시아를 통해 이루어질 약속이었던 것입니다.

이렇게 창세기 11장의 족보는 인간의 끝없는 불신과 거역에도 불구하고 여자의 후손을 통해서 인류를 구원하시겠다는 약속을 기억하시고 구원을 이루시는 하나님의 미쁘심과 신실하심을 증거합니다(롬 3:3, 고후 1:18, 살전 5:24, 딤후 2:13, 히 10:23).

주님의 재림이 이루어질 때까지 경건한 자손들의 족보는 계속될 것입니다. 우리는 하나님이 마지막 때까지 이루시고자 하는 구속사적 경륜을 올바로 깨닫는 성도로서 하나님이 찾는 경건한 자손들이 되어야 할 것입니다.

이제 우리가 대망할 분은 오직 한 분, 나를 위해 십자가에 달려 죽으셨다가 부활하신 주 예수 그리스도입니다. 예수 그리스도가 영광스러운 모습으로 재림하시는 날, 아브라함을 부르심으로 구체적으로 시작된 하나님의 구속사는 거대한 구속 역사에 종지부를 찍고 마침내 최종 완성을 반드시 보고야 말 것입니다. 그때는 지금까지 하나님께 도전하고 하나님의 구원 역사를 훼방했던 마귀도 불과 유황 못에 던져질 것입니다(계 20:10). 오늘도 이러한 최후 승리의 한 날을 소망 가운데 바라보며 천성을 향해 힘차게 달려가시기를 바랍니다.

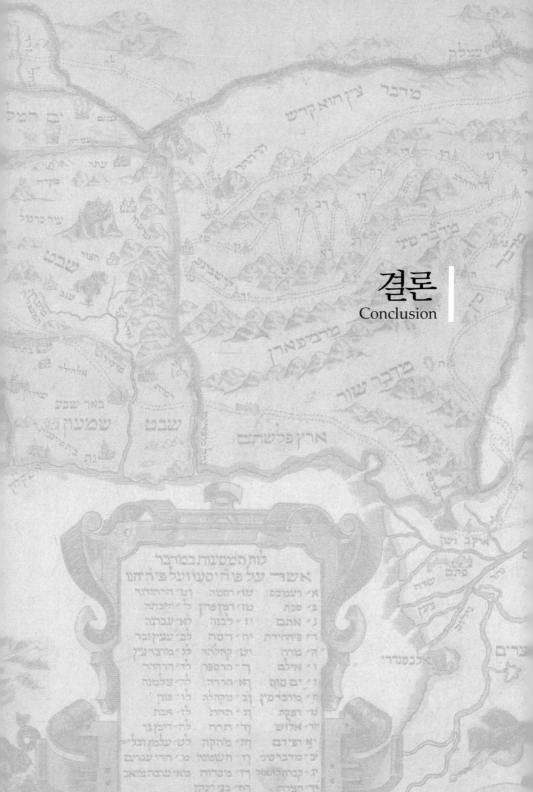

결론
Conclusion

결론
CONCLUSION

하나님의 구속사는 세상 역사와 분리된 별도의 역사가 아니라, '역사'라는 거대한 톱니바퀴 속에서 같이 맞물려 돌아가고 있습니다. 이미 영원 전부터 시작된 구속사는 하나님의 기쁘신 뜻 안에서 이 세상 가운데 전개되는 절대 주권적인 역사입니다. 그러므로 이 세상의 역사는 하나님의 구속 역사의 목적을 완수하는 수단으로서 그 의의가 있는 것입니다. 세월이 지나고 세상 풍조가 바뀌면서 보이는 세계 역사가 수없이 변천을 거듭했지만 그 속에서 하나님의 구속 사역은 도도히 흘러왔으며, 그것은 또한 예수 그리스도가 영광스럽게 재림하시는 구속의 완성의 때를 향하여 쉬지 않고 달려가고 있습니다. 이러한 관점에서 우리는 창세기의 족보 속에 중단되지 않고 흘러가는 구속 계시의 물줄기를 발견하고, 역대의 연대 속에 깊이 묻혀 있던 하나님의 기묘한 구원 섭리의 보화를 캐낼 수 있었습니다.

족보 속에 하나님의 구속사적 경륜이 감추어져 있었던 것처럼, 성경의 구석구석에 하나님의 놀라운 구속사적 경륜이 감추어져 있습니다(요 5:39, 45-47, 눅 24:25-27, 44). 그리고 하나님의 구속사는 성경에 기록된 말씀대로 반드시 이루어질 것입니다(마 5:18, 24:35, 눅 21:33, 사 55:10-11). 말씀은 하나님의 구속사의 시작이요, 계획이요, 설계도요, 더 나아가 그것을 성취시키는 강력한 원동력이요, 마침입니다(계 1:17, 22:13). 하나님은 말씀으로 온 우주 만물을 창조하셨습니다(요 1:3, 10, 시 33:6, 9). 그리고 그것을 붙드시고 진행하시는 것도 하나님의 말씀입니다(롬 11:36, 히 1:3). 세상 마지막 때 타락한 세상을 심판하는 것도 하나님의 말씀입니다(벧후 3:7). 그러므로 이제 하나님은 종말이 가까이 올수록 온 세상에 하나님의 말씀이 가득하게 하실 것입니다(사 11:9, 합 2:14). 이러한 놀라운 비전이 성경 여러 곳에서 예언되어 있습니다.

에스겔 47장에서는 예수 그리스도로 말미암아 나타날 구원의 복음 운동을 성전에서 흘러나오는 생명수(生命水)에 비유하였습니다. 수원지(水源地)는 성전이요, 그 물은 고여 있는 물이 아니라 계속 움직이는 물이요, 그야말로 살아 있는 생명수입니다. 또한 그 물은 점점 불어나는 물이었습니다. 성전에서 조금씩 '스미어' 나오던 생수가 계속 솟아 나와 순식간에 '큰 물'이 되고, 바다에까지 이르러 죽어 가는 생명을 살리고 강 좌우에 잎이 시들지 않는 새 실과를 맺게 하였습니다. 이 물이 닿는 곳마다 바닷물이 소성함(고침)을 얻고, 고기가 심히 많아지며, 각처의 모든 것이 번성하고 살아났습니다(8-9절). 그 강가에 어부들이 왕래하고, 고기가 각기 종류를 따라 큰 바다의 고기같이 심히 많아졌습니다(10절). 강 좌우 가에는 각종 실과 나무가 자라서 그 잎이 시들지 않고 달마다 새 실과를 맺고, 그 잎사귀는 약 재료가 되었습니다(12절). 다시 한 번 그렇게 되는 원동력을 "그 물이 성소로 말미암아 나옴이라"라고 강조하였습니다(12절).

이것은 마지막 때 예수 그리스도의 몸 된 교회를 통하여 말씀의 생명수가 흘러나와서 온 우주와 열방을 살릴 것을 예언한 말씀입니다(요 4:13-14, 6:63, 계 22:1-2).

지금도 예수 그리스도의 십자가가 세워졌던 지구의 중심 '골고
다'에서는 신령한 생명수가 한없이 솟구쳐서 전 우주까지 흘러 들
어가 살리는 역사를 계속하고 있습니다. 오늘날 십자가 피의 복음,
생명의 복음이 지속적으로 선포되는 세계 도처의 제단은 신령한 골
고다입니다. 거기에서는 여전히 생명수가 깊은 죄악의 땅을 뚫고
솟구쳐서 멈추지 않고 계속 흐르며, 자꾸만 불어나서 부흥하고 있
습니다. 전 인류의 죄를 대속하신 골고다에서 흘리신 보혈의 피, 그
십자가의 말씀이 살아 있는 교회(고전 1:18)에서는 생명수로 말미암
아 살리는 역사가 일어나고 있습니다. 이 생명수를 마시는 자는 그
심령이 '물 댄 동산'과 같습니다(렘 31:12, 사 58:11). 물 댄 동산이라
함은, 하나님이 땅 속 깊은 곳에 있는 물줄기의 방향을 계속 그 동
산 쪽으로 잡아 주신다는 말씀입니다. 물 댄 동산, 그곳은 늘 생명
수가 끊어지지 않는 동산입니다. 푸른 초장이 끝없습니다. 거기에
다시는 근심이 없으며(렘 31:12下), 항상 싱싱합니다. 우리의 영혼을
만족케 하며, 우리의 뼈를 견고케 함으로(사 58:11) 육신의 건강까지
도 책임져 주십니다. 오직 평강과 기쁨이 한량없이 흘러 넘칩니다
(사 66:12).

스가랴 선지자도 예루살렘에서 솟아나는 생명수가 끊어지지 않
고 동해와 서해로 흘러가는 계시를 받았습니다(슥 14:8, 참고-사 2:2-4,
미 4:1-2). 요엘 선지자도 여호와의 전에서 샘이 흘러 나와서 싯딤 골
짜기에 댈 것이라고 예언하였습니다(욜 3:18下). 싯딤 골짜기는 생명
이 도저히 살 수 없는 메마른 땅을 말합니다. 이러한 가뭄과 기근의
땅에 생명수가 차고 넘침으로, 포도가 익고 풀이 우거져 양떼들이

젖을 내는 풍요가 펼쳐집니다(욜 3:18下). 한때 성전에는 여호와께 드릴 제물이 없어서 제사장들이 통곡하였는데(욜 1:9, 13), 이제 그 갈증을 풀고 인간의 생명을 구원하는 생명수가 흘러나오는 원천이 되는 것입니다.

참된 교회는 영원히 목마르지 않는 생명수의 말씀이 나오는 강단이 되어야 합니다. 생명수의 근원은 바로 예수 그리스도입니다(계 21:6). 옛날 광야에 나온 이스라엘 백성은 반석에서 흘러나오는 생명수를 마셨습니다(시 105:41, 78:16). 모세가 친 반석에서 물이 솟구쳐 나왔습니다. 민수기 20:11을 현대인의 성경에서는 "… 물이 분수처럼 솟구쳐 나와 백성과 그들의 짐승이 다 그 물을 마셨다"라고 번역하고 있습니다. 반석에서 물이 나올 때 마치 폭포수처럼 콸콸 솟아올랐던 것입니다. 이렇게 나온 물이 강물을 이루었기에 광야에 있었던 수백만 명의 백성이 다 물을 마실 수 있었던 것입니다(시 105:41). 이 반석은 바로 예수 그리스도를 예표한 것입니다. 고린도전서 10:4에서 "다 같은 신령한 음료를 마셨으니 이는 저희를 따르는 신령한 반석으로부터 마셨으매 그 반석은 곧 그리스도시라"라고 말씀하고 있습니다.

그렇습니다. 오직 예수 그리스도만이 생명수의 근원이십니다.

요한복음 7:37-38 "명절 끝날 곧 큰 날에 예수께서 서서 외쳐 가라사대 누구든지 목마르거든 내게로 와서 마시라 38나를 믿는 자는 성경에 이름과 같이 그 배에서 생수의 강이 흘러나리라 하시니"

여기 생수의 역사는 하나님의 말씀과 성령의 역사를 뜻하고 있습니다. 말씀과 성령은 모두 예수님으로부터 나오는 것입니다. 에스겔이 여호와의 명을 좇아 말씀을 대언할 때 생기가 들어가서 죽은 자들의 뼈가 살아서 힘줄이 붙고 살이 붙어 군대가 되었듯이(겔 37:7, 10), 생기 곧 성령은 말씀을 통해서 일하고, 말씀이 살아서 선포되고 전파되는 그곳에 성령이 강력하게 역사하여 생명 운동을 일으킵니다(행 10:44). 그러므로 예수 그리스도가 살아 계신 교회, 예수 그리스도의 말씀이 강하게 역사하는 교회가 바로 생명수의 교회요, 우리가 지향하는 교회입니다. 바로 그곳에 성령이 강하고 뜨겁게, 충만하게 임재하는 것입니다.

아모스 8:11-13에서 "주 여호와께서 가라사대 보라 날이 이를지라 내가 기근을 땅에 보내리니 양식이 없어 주림이 아니며 물이 없어 갈함이 아니요 여호와의 말씀을 듣지 못한 기갈이라 사람이 이 바다에서 저 바다까지, 북에서 동까지 비틀거리며 여호와의 말씀을 구하려고 달려 왕래하되 얻지 못하리니 그날에 아름다운 처녀와 젊은 남자가 다 갈하여 피곤하리라"라고 말씀하고 있습니다.

이 말씀대로 세상은 점점 생명수의 말씀을 찾을 수 없는 '말씀의 기근'의 시대를 맞고 있습니다. 우리는 말씀의 생명수가 넘쳐 흐르는 본질적인 교회 운동을 일으켜야 합니다.

예수 그리스도만이 우리의 참된 목자로서(시 23:1, 요 10:11, 14), 우리들을 쉴 만한 물가, 생명수 샘으로 인도하십니다. 푸른 초장에서 배불리 먹고 부족함이 없게 하십니다. 요한계시록 7:17에서는 "이는 보좌 가운데 계신 어린양이 저희의 목자가 되사 생명수 샘으로 인도하시고 하나님께서 저희 눈에서 모든 눈물을 씻어 주실 것임이러라"고 말씀하고 있습니다. 우리의 참된 목자이신 예수 그리스도만을 따라갈 때, 우리는 영원토록 부족함이 없는 축복의 잔이 항상 넘치는 삶을 살게 될 것입니다.

이제 우리가 대망할 분은 오직 한 분, 나를 위해 십자가에 달려 죽으셨다가 부활하신 주 예수 그리스도, 나를 생명수 샘으로 인도하시는 예수 그리스도, 나의 참목자이신 예수 그리스도입니다. 이 주님께서 영광스러운 모습으로 재림하시는 날, 창세기의 족보를 통하여 시작되고 진행되었으며 아브라함을 부르심으로 구체적으로 나타났던 하나님의 구속사는, 마침내 거대한 구속 역사에 종지부를 찍고 최종 완성을 반드시 보고야 말 것입니다. 그 때 지금까지 하나님께 도전하고 하나님의 구원 역사를 훼방했던 마귀도 불과 유황 못에 던져질 것입니다(계 20:10). 그러므로 우리는 이 최후 승리의 한 날을 소망 가운데 바라보고 천성을 향하여 힘차게 달려 나갑시다.

가나안 입성을 앞두고 "옛날을 기억하라 역대의 연대를 생각하라"(신 32:7)라고 간곡하게 외쳤던 모세의 마지막 명령은 이제 하나님 나라의 입성을 소망하는 우리 귓가에 들리고 있습니다. 이것은 성경의 역대 연대를 통한 하나님의 구속사를 깊이 기억하고 깨달으라는 하나님의 준엄한 명령이요, 새로운 사명의 음성입니다.

성경 속에 감추어져 있는 하나님의 구속사적 경륜을 깨닫는 순간, 죄악의 먹구름이 온 세상을 뒤덮는 암울한 때에 하나님이 우리를 이 시대에 깨어 있는 등불, 경건한 신앙인으로 인정해 주실 것입니다. 하나님은 오늘도 여전히 경건한 자의 영혼을 등불 삼아 일하십니다(잠 20:27). 주의 마지막 재림의 예언이 이 땅에 이루어질 때까지 경건한 자손들의 계보가 끊이지 않고 지속되기를 간절히 소망합니다.

각 장에 대한 주(註)

제1장 역대의 연대를 생각하라

1) 사곡 - 하나님을 믿지 않고 비뚤어지게 하는 짓, 또는 그런 일을 하는 사람. '사곡'의 히브리어는 '하네프'(חָנֵף)로서, 그 뜻은 '하나님을 두려워하지 않는, 불신의, 비뚤어진'이다.

제2장 하나님의 구속 경륜과 창세기의 족보

2) Henry M. Morris, 「창세기 연구(상)」, 정병은 역 (전도출판사, 1994), 228-229.

3) Travis R. Freeman, "*The Genesis 5 and 11 Fluidity Question*", Journal of Creation Aug 2005 (volume 19, Issue 2), 84.

4) Samuel R. Külling, "*Are the Genealogies in Genesis 5 and 11 Historical and Complete, That is, Without Gaps?* " (Immanuel-Verlag, Switzerland, 1996), 30-31.

5) 김의원, 「하늘과 땅 그리고 족장들의 톨레돗」 (총신대학교 출판부, 2004), 233-234.

제3장 가인 계열의 족보

6) Matthew Henry, *Matthew to John: Matthew Henry's Commentary*, vol. 5 (Peabody, MA: Hendrickson, 1991), 20, 141, 275, 806.

Matthew Henry, *Acts to Revelation: Matthew Henry's Commentary*, vol. 6, 868-869.

7) "독사의 자식들아: 주께서 바리새인들을 규탄하신 말씀과 흡사하다 (마 23:23). … 그들은 아브라함의 자손으로 자부했지만 사실인즉 에덴에서 아담을 유혹한 사탄의 사자인 뱀의 후예들이었다는 것이다"[이상근, 「마태복음 주해」 (대한예수교장로회 총회교육부, 1966), 63.]

"요 8:38 나는 내 아버지에게서 본 것을 말하고 너희는 너희 아비에게서 들은 것을 행하느니라: 유대인들은 그들의 아버지(곧, 마귀)에게 들은 것을 행하였다"[박윤선, 「요한복음」, 박윤선 성경 주석 시리즈 (영음사, 1991), 282.]

"너희는 너희 아비 마귀에게서 났으니: 주님은 지금 이미 두 번이나 모호하게 말씀하셨던 바 곧 그들이 마귀의 자녀라는 것을 더욱 확실히 천명하신다. … 더욱이 주님께서 그들을 마귀의 자녀라고 부르시는 것은 그들이 단지 마귀를 모방하기 때문만이 아니라 또한 그리스도를 대적하는 그의 선동에 인도되기도 하기 때문이다"[John Calvin, 칼빈 성경 주석 신약 시리즈 3, 존·칼빈성경주석출판위원회 (성서교재 간행사, 1995), 317.]

8) 서철원, 「창세기 주석 1」 (도서출판 그리심, 2001), 238.

9) 제자원 기획·편집, 「창세기 제 1-11장」, 옥스퍼드 원어성경 대전 시리즈 1 (제자원, 2002), 337.

10) 옥스퍼드 원어성경 대전 시리즈 1, 371.

11) 옥스퍼드 원어성경 대전 시리즈 1, 339.

12) 옥스퍼드 원어성경 대전 시리즈 1, 339.

13) Gordon J. Wenham, 「창세기(상)」, WBC 주석 시리즈, 박영호 옮김 (도서출판 솔로몬, 2001), 249-250.

14) 풀핏주석 번역위원회, 「창세기(상)」, 풀핏성경 주석 구약 시리즈 1

(보문출판사, 1994), 304.

15) Morris, 「창세기 연구(상)」, 230.

16) Wenham, WBC 주석 시리즈: 창세기, 250.

제 4 장 셋 계열의 족보

17) 제자원 기획·편집, 「성경 총론·창세기」 그랜드 종합 주석 시리즈 1 (성서교재 간행사, 1991), 385.

18) 김의원, 「하늘과 땅 그리고 족장들의 톨레돗」, 153.

19) 박윤선, 「창세기」, 박윤선 성경 주석 시리즈 (영음사, 1991), 119.

20) 이희학, 「인간의 죄악과 하나님의 구원행동」 (대한기독교서회, 2003), 174.

21) Gordon J. Wenham, *Word Biblical Commentary: Genesis 1-15*, vol. 1 (Dallas: Word, Incorporated, 2002), 127.

22) 박윤선, 성경 주석 시리즈: 창세기, 119.

23) Wenham, WBC 주석 시리즈: 창세기, 255.

24) 서철원, 「창세기 주석 1」, 232.

25) 옥스퍼드 원어성경 대전 시리즈 1, 368.

26) 서철원, 「창세기 주석 1」, 235.

27) 그랜드 종합 주석 시리즈 1, 385.

28) 서철원, 「창세기 주석 1」, 237.

29) Morris, 「창세기 연구(상)」, 230.

30) James Montgomery Boice, *Genesis: An Expositional Commentary*, Vol. 1 (Grand Rapids: Zondervan, 1982), 292.

31) 서철원, 「창세기 주석 1」, 242.

32) 김희보, 「구약의 족장들」 (총신대학교 출판부, 1999), 31.

33) 풀핏성경 주석 시리즈 1: 창세기(상), 304.

34) 서철원, 「창세기 설교 1」, 245.

35) 박윤선, 성경 주석 시리즈 1: 창세기, 124.

36) John H. Walton, 「NIV 창세기 강해」 (성서유니온선교회, 2007), 433.

37) 옥스퍼드 원어성경 대전 시리즈 1, 379.

38) 옥스퍼드 원어성경 대전 시리즈 1, 594.

39) Isaac Asimov, 「아시모프의 바이블」, 박웅희 역 (들녘, 2002), 76.

40) 김성일, 「한민족기원대탐사·셈 족의 루트를 찾아서」 (창조사학회, 1997), 88-93.

41) 원용국, 「성서 고고학 사전」 (생명의 말씀사, 1984), 704.

42) 원용국, 「모세오경」 (호석출판사, 1996), 73.

43) 김성일, 「한민족기원대탐사·셈 족의 루트를 찾아서」, 120.

44) 김성일, 「성경으로 여는 세계사: 제2권」 (신앙계, 1996), 102-103. 원용국, 「성서고고학 사전」 (생명의 말씀사, 1984), 701-705.

45) 옥스퍼드 원어성경 대전 시리즈 1, 637.

46) 그랜드 종합 주석 시리즈 1, 457.

47) Wenham, WBC 주석 시리즈: 창세기, 455.

48) Wenham, WBC 주석 시리즈: 창세기, 456.

제 5장 새로운 구원의 역사

결론

개정증보판

하나님의 구속사적 경륜으로 본
창세기의 족보

초판	2007년 10월 27일
3판 26쇄	2024년 9월 1일

저 자	박윤식
발행인	유종훈

발행처	휘선
주 소	08345 서울시 구로구 오류로8라길 50
전 화	02-2684-6082
팩 스	02-2614-6082
이메일	center@huisun.kr

등록 제 25100-2007-000041호
책값 14,000원

Printed in Korea
ISBN 979-11-964006-9-9 04230
ISBN 979-11-964006-3-7 (세트)

※ 낙장·파본은 교환해 드립니다.
이 도서의 국립중앙도서관 출판예정도서목록(CIP)은 서지정보유통지원시스템 홈페이지(http://seoji.nl.go.kr)와
국가자료공동목록시스템(http://www.nl.go.kr/kolisnet)에서 이용하실 수 있습니다.
(CIP제어번호: CIP2018025478)

휘선은 '사단법인 성경보수구속사운동센터'의 브랜드명입니다.

휘선(暉宣)은 예수 그리스도의 복음의 참빛이 전 세계 속에 흩어져 있는 수많은 영혼들에게
널리 알려지고 전파되기를 소원하는 이름입니다.